U0100528

大展好書　好書大展
品嘗好書　冠群可期

大展好書　好書大展
品嘗好書　冠群可期

中華傳統武術 8

自然門功夫精義

陳懷信 編著

大展出版社有限公司

著名武術大師杜心五先生遺墨
「畿無為，神變化」

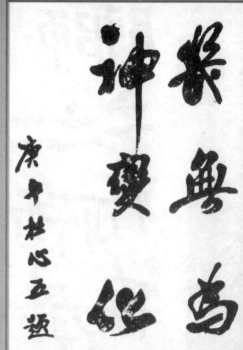

中國自然門第四代傳人之一，
作者恩師杜飛虎先生題詞

「意无他想，神入气穴，
善调開闔，功从中出。」
上述四語，乃為師從徐祖師羊泊笙門「自然而然」一
語中悟前，可視之為我飛虎自然門之内功心法。陳生
怀绪，系吾門内之智慧，善解师意，悟性实高，
习武有恒，喜營修道，若能據此四語之心法勤
修精進，自当有可造之一日。
　　　　杜飛虎題贈．
于2000年3月2日

作者的師兄梁超群
先生題詞

道之所存
師之所在

梁超群
癸未年春

張肇平先生題詞

弘揚中華文化
恢復民族精神

張肇平題賀 2010.6.

杜心五先生的長子杜修嗣（左）
和長孫杜飛虎的合影

自然門第二代傳人杜心五大師像

杜心五先生的故居——湖南省慈利縣岩板田杜家坪

1989 年 3 月，萬籟聲先生聞知作者的母親多年風濕病未癒，提筆開此中藥方，分文不取。作者一直保存此方，今日已成萬師之墨跡

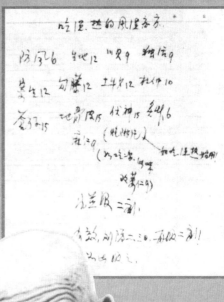

作者的恩師，自然門第三代傳人、中國著名武術技擊家萬籟聲大師像（1989 年 3 月 1 日，87 歲生日紀念照）

高齡的萬籟聲先生威風不減當年。圖為萬先生技擊英姿

1. 師兄梁超群與
中國武術協會
主席王筱麟先
生合影

2. 梁超群先生和
他的獲法國武
術冠軍的弟子

3. 梁超群先生給
他的洋弟子們
做技擊示範

4. 廣東電視台專
赴法國採訪梁
超群,拍攝大
型紀錄片《武
林探秘》

隨杜飛虎老師（右）參加第二屆武當
國際聯誼大會

作者近照

與杜飛虎老師（右）、台灣太極拳國際
聯盟總會理事長張肇平先生（中）合影

與師兄梁超群先生（右）合影

1. 在「首屆世界太極拳健康大會」
   期間，與太極拳大師陳正雷先生
   合影
2. 與《武當》雜誌社主編譚大江先
   生合影
3. 與武當山道教武術館館長鍾雲龍
   道長合影
4. 與武當松溪派傳人游明先生合影

演練自然門負重矮襠走圈功

作者之子陳則豫正在學練
「少年五步拳」

演練自然門上木盆輕功

出席「第二屆中國武當
拳國際聯誼大會武術論
文研討會」

作者介紹

陳懷信，男，漢族。生於 1964 年 11 月。雲南會澤人。畢業於雲南師範大學中文系。大本學歷，國家一級武師，杜飛虎自然門武術主要傳人，武當拳法研究會會員，昆明市東川區自然門武館館長。

自幼嗜武，並得到著名武術技擊家萬籟聲、呂耀欽等眾多大師親自指點。他尊師重道、品德高尚、練功刻苦、悟性頗高，深受師父杜飛虎喜愛，爲杜飛虎宗師入室高徒。學得少林金剛拳、六合拳、武當原式太極拳、自然拳、六合刀、八仙劍、九洲棍、一著膠、駕鴛環、大力神功、矮襠腿、上樁等。在武學大道上拜山訪川、探古求玄、飽經風霜，經受了艱苦的磨練，練就了一身過硬的功夫。

曾榮獲「湖南省八運會自然門內功表演」優勝獎。1998 年 8 月 10 日悟道，遂作《七律‧修身》一詩以示所悟：「三十四年皆盲動，悟道修德今日始。執一迎萬一敵萬，無回存勢回失勢。觀右督己行達度，固精斂神游有餘。寅卯功課走矮襠，念常注心有大力。」並於該年設館授徒。1999 年榮獲「首屆中國武當拳國際聯誼大會自然拳表演賽」優勝獎，2000 年榮獲「第二屆中國武當拳國際聯誼大會武當原式太極拳表演賽」一等獎及優秀論文獎，以及2001 年參加「首屆世界太極拳健康大會」，榮獲「自然門太極拳表演賽」一等獎。2002 年 8 月參加首屆海峽兩岸武

術精英賽暨中華張氏太極拳聯誼會，榮獲自然門內家拳第二名。2003 年參加第一屆東亞武術運動會，論文《還「道」的本來面目》榮獲優秀獎。

多年來他潛心鑽研佛道經典，探求傳統武術之內涵，先後在《武當》《武魂》等雜誌上發表武學論文數十篇，深受讀者好評。其中較具代表性的論文篇目有《自然門功夫述真——矮襠走圈之眞義》《自然門武術恢復疲勞之我見》《內實丹田，外示神勇——自然門大力神功之訓練原理》《淵源於莊朱二哲的自然門功夫內涵》等。並立意以自然門武術爲歸宗，專精自然門，以推廣武術、弘揚自然門爲己任。

教學上注重實戰搏擊與傳統武術的嚴格訓練，不搞花拳繡腿，注重提高學員的技擊水準。有眾多新聞媒體介紹過其先進事跡，並入編《世界體壇頂峰的中國人》《中華太極人物志》《共和國專家成就博覽》（中國畫報出版社出版之大型畫冊）等大型圖書中。

通訊地址：雲南省昆明市東川區第三中學
　　　　　或東川區自然門武館
郵　　編：654100
電　　話：13769120732

序

　　我與陳懷信的相識是在 1993 年 7 月初，屈指算來已有 10 年的時間了。自 1993 年起，他常利用暑假從路途遙遠的雲南跑到我的武館裡來學武，起初我對他並不在意，因像他這樣到我的館裡來學武的人很多。但隨著他來的趟數的增多，功力也有明顯的長進，加之我與他很談得來，自然我對他也就特別看重。他留給我的印象是說話風趣、性子倔強、文氣十足。

　　矮架山一到夏天就特別熱，每天吃過晚飯後，我總喜歡提著小木凳、拿著竹扇子到山上去納涼，跟在後面的他就開口說道：「師傅，你這是去吹點自然風吧！」我聽了高興地說：「是呀是呀，吹點自然風！」

　　又一次吃過晚飯後，我見滿天烏雲，電光閃閃，大雨將至，本已不打算去山上納涼，而他卻滿有興致地說：「師傅，走，納涼去！」我說：「快下雨了，算了吧，今晚就別去了！」他卻堅持說：「看大自然的電光啊，難得一飽眼福啊！」他掂了掂手裡的兩把雨傘，又說：「真要下雨，還有這遮雨的可以排上用場，走吧！」我拗不過他，又想著「大自然的電光」的話，若有所思，就不由自主地隨他去看閃電了。

　　還有一次，已經夜深了，別的師兄弟都睡去了，他卻披衣在田邊小路上走過來走過去的，被我發現了，我問他：

「幹嘛現在還不睡！」他說：「聽田邊蛐蛐、青蛙的叫聲唄！」我說：「這有什麼好聽的，莫不是記掛著什麼事吧！」他卻說：「記掛者有心，不掛者無心，只有無心，才能合乎自然之道，再說，蛐蛐、青蛙的叫聲不就是大自然的聲音嗎？我這話對否，還望師傅點撥一二。」我說：「眞有你的，學武有心，修道無心……睡了吧，要不明早起不來的。」他說：「無心即睡，睡即無心，師傅放心，明早起得來的。」

說完就去睡了，而我卻似有所悟：吹點自然風，看看自然光，聽聽自然聲，還有喝口自然水……他總愛把什麼都跟「自然」這兩個字扯在一起，但細想下來，卻又不無道理。他就這樣，說話總是很風趣，總是讓人回味不已。

他雖然說話風趣，但性子卻很倔，他見我吃飯蹲著吃，他也蹲著吃，我說：「有凳子呀，你幹嘛不坐！」他卻說：「不坐不坐，天下哪有讓師傅蹲著吃飯而徒弟坐著吃飯的道理！」我說：「你遠來是客，是客就理該坐著吃飯呀！」他卻說：「桌邊不是有兩個空凳子啊，照理，師傅你也可以坐著吃飯呀！」我說：「師傅沒有坐著吃飯的習慣，你要我跟你一樣坐著吃，天下也沒有強人所難的道理呀！」不想這話說走了口，他趁機說：「師傅養成了蹲著吃飯的習慣，是否我們自然門的師爺、師祖也都有蹲著吃飯的習慣！」我拗不過他，只好說：「這一下還眞被你說中了。聽吳四爺說，當年我爺爺杜心五就有這習慣，他吃飯時總是蹲著吃，抽煙也總是蹲著抽，有時只用一隻腳蹲著，另一隻腳卻直伸著……」他說：「我們自然門創派的標誌功夫是蹲矮樁子走圈圈，這蹲著吃飯、蹲著抽煙……這些只蹲不坐的生活習慣，

其目的理應是爲了使蹲樁走圈的功夫不抽吧！」我說：「被你說中了，確實是這樣的。

從這次談話後，我就再也沒有看到過他坐著吃飯。他就這樣，認定的理，就做下去，就是用十條牛去拉他，也難把他拉回來。再就是，他說話總喜歡引經據典，老子有《道德經》一書，莊子有《莊子》一書，這兩本書，一般人都覺得玄乎其玄，很難讀懂，可是經他的口一說，就很好懂。據此，我深信，經他的手所寫的《自然門功夫精義》這部武術專著也理應是一部見解精闢的武術書籍。

我之所以說這部即將出版的書是一部見解精闢的書，是因爲這部書有如下幾點與眾不同的風格。

第一，作者在摸索自然門歷代傳人出眞功夫的内在規律方面，既做了長期親身參加自然門功夫訓練的嘗試，又在這種嘗試基礎上提出了「自然門功夫訓練程序」的理論，這一程序論很能經得起功夫訓練的考驗，因爲它本身就是從作者多年的功夫訓練中總結出來的。

這一程序論指出武術功夫訓練理應與道功訓練同步，應將道功訓練中的「先練下丹田→繼練中丹田→後練上丹田」這一程序與武術功夫訓練中的「先練下肢腿部→繼練上肢手部→後練頸上頭部」這一程序對應起來。

就是說，在訓練下肢腿部矮襠走圈功夫的同時，要注重對下丹田做小腹功的同步訓練；在訓練上肢手部駕鴦環、雙推手功夫與閃電手技擊法的同時，要注重對中丹田做上樁功的同步訓練；在訓練頸上頭部頂功的同時，要注重對上丹田做內八段錦的同步訓練。

這一同步訓練程序論的提出，是作者多年來習武經驗的

總結，其中也蘊含著自然門歷代傳人的寶貴經驗，比如說，閃電手技擊法，如果沒有上樁功作根柢，不論你怎樣練，也是無法練出閃電手的內在功力的。

第二，這部書對「自然」這一詞語提出了比較新穎獨到的見解，認為意無他想就是自然，神入氣穴就是自然，本能反應就是自然，強調自然是一種境界，一種經過六年以上矮襠頁重走圈所達到的形神合一、不動則已、動則快若閃電的境界。一種以內氣打通陰蹻氣穴的、不是我要走、而是這種內氣在牽著我走的境界。

指出意無他想可使神充沛，神入氣穴可善調陰陽，主張「神入氣穴裡面出真功夫」！

第三，這部書雖是以介紹自然門功夫的訓練法與技擊法為主，但卻寓有道學、生命學、哲學、運動力學等多種學問，運用抵抗生力說、直線延伸說、採外補內說、內氣外放說、經絡走向說、內實丹田說、體中有體說、能量提煉說、善調陰陽說、神入氣穴說、動靜互為其根說、生命本源說、光合作用說、無極而太極說、形神合一說等諸多原理來深入淺出地解說自然門歷代傳人出真功夫的內在精義，並善於將這些學問、原理與武術實踐經驗相結合，提煉並昇華為精闢的武術理論——如功夫訓練中的內實丹田、外示神勇；起伏提按，上功之吉；吸斥振顫，長功之兆。如技擊實戰中的以速快打速慢，以力大打力小，以專心打分神等。

第四，這部書能夠對自杜心五以下分出的萬籟聲與杜修嗣兩大支系的各具特色的自然門功夫作兼收並蓄的介紹，這樣做在客觀上有助於自然門武術愛好者開闊眼界，而不局限於杜氏一支或萬氏一支之見，這就有利於廣泛地開展自然門

功夫的學術交流，有利於淡化、消除那些落後的、狹隘的、自私的門戶之見，促進杜、萬兩支相互借鑒對方的精華，同時也有利於自然門同仁的進步和團結，有利於自然門武術的普及和推廣，這一點應該說是這部書的難能可貴之處。

由於作者富有魅力的人格精神，由於作者上述四點獨創的著書風格，我深信這部書的出版，是會受到廣大武術愛好者、散打搏擊者、道學研究者的歡迎的。全民強身，武宜普及；全民健體，武宜推廣。故樂爲這部書作序。

杜飛虎

前　言

　　《自然門功夫精義》一書作爲對自然門功夫精髓的探微，即將與讀者見面了。

　　2003 年這一年是武術教育家、技擊家萬籟聲先生誕辰一百周年紀念日，筆者出版此書更主要的是爲紀念萬籟聲先生誕辰一百周年，編著這樣一部以「自然門功夫扼要」爲主，以「自然門技擊法」爲輔的武學著作，是當代中國武術事業發展的需要，是從科學的角度普及介紹自然門功夫並使之走向世界的需要，是受萬籟聲恩師與杜飛虎恩師的囑托及師兄梁超群的厚望，也是筆者多年來的夙願。

　　應該指出的第一點是：從悟道的角度、從探明生命本源的角度、從哲學的角度來闡明怎樣以功夫修練來積蓄與開發人體內在潛能。此方面向無先例可循，筆者力圖獨闢蹊徑，明知其難而以堅毅赴之。縱觀中國武術史上的武學宗師，無不是走的爲實證其所悟武學之道而勤習功夫、以致學有所成、力挫群雄而開宗創派的路子的。

　　有陳卜爲踐履其於太極所悟之道而創陳氏太極拳；有姬際可爲踐履其於槍法所悟之道而創形意拳；有董海川爲踐履其於《河圖》《洛書》所悟之道而創八卦掌；有徐矮師爲踐履其於「道法自然」所悟之道而創自然門；有李小龍爲踐履其於極短時間內將對手擊倒之理念而創截拳道……由此觀之，悟道是武學愛好者功夫達到化境的關鍵，只要能找到一

條屬於自己的通往大道境界的路子，功夫達到化境就指日可待。大道境界猶如一面旗幟，旗幟樹起來了，習武者才知所趨避，才不至於多走彎路，枉費時日，故筆者以所悟之大道境界告知讀者，使更多的武學愛好者能藉此悟使功夫日臻化境，是爲本書之宗旨。

應該指出的第二點是：編寫此書，在以體用兼備爲要旨。蓋體用之法不明，則學功夫難收身心互補之效。自然門注重文武道兼修，誠專恆並練，以道貫武，以武入道，丹道與功夫同修併練，是一個傳承有序、體用兼備，集氣、動、理於一體的武術門派。以「念無他想，神入氣穴」的道功修練爲體，以「一気伸縮，循環無端」的功夫訓練爲用，如是體用兼修，動靜並練，形神合一，即可謂之以武入道、拳道合一矣！故筆者認爲：各門派之拳術，儘管招式運用不盡相同，但卻有一條共同的、相通的、内在的聯繫，使學拳者可以聞一以知十，觸類而旁通，一通而徹悟，這一條内在的線索正是「念無他想，神入氣穴，一気伸縮，循環無端」這十六字心法。

從傳統的角度看，中國功夫注重的是個人的内在武功修爲，而不注重外在形式的實戰技擊。換而言之，中國功夫注重的是通過搏氣結丹的丹道修練來將人的體能推到最高極限，而外在形式的實戰技擊僅只是作爲丹道修練過程中的一種輔助手段而已。因而在注重生命能量外向性之拳架訓練的同時，更注重生命能量内向性之丹道修練。

應該指出的第三點是：本書分上、下兩編，上編主要根據武術界一般都將武術分爲「基礎功、拳術、器械、内壯功」四個部門之理，遂擬定爲「一、基本功訓練；二、套路

訓練；三、器械訓練；四、根基功訓練」四個框架。基礎功乃概指，又可細分爲基本功與根基功兩類，基本功是武術界各門派皆要求之必修課，是要求習武者每天、每月、每年……乃至一生非練不可的。拳諺所謂「冬練三九、夏練三伏」，不可有一日間斷者，即指基本功之訓練，因基本功是武術最初級之基礎。與基本功不同，根基功則是要求分階段訓練的。根基功之具體訓練項目，各門派皆各有其特色與風格，但要求習武者能達到武術全能則是武術界各門派之共識。自然門根基功不下三十餘種，但其主要的根基功有九種，九種根基爲：一著膠、鴛鴦環、子母球、踮竹、駢板（擋板）、雙推手、內圈手、小腹功、大力神功。每練成一種，均可成爲一門實戰技擊之絕活。

九種根基功中，多數已爲武術界所熟知，而其中之小腹功，則鮮爲人知。此小腹功一項，乃爲矮襠走圈打基礎之必修功夫，因腹實則腰強，腰強則矮襠走圈之訓練易爲。此乃一定之常理。小腹功在自然門各項根基功中十分重要。萬籟聲宗師曾在《福州市自然門武館教學提綱》一書之編後語中透露其端倪：「意微存小腹……爲政不在多言，眞傳只在『一指間』耳！記之記之。」此即爲一、四兩框之特徵。第二框之套路訓練，本著擷取少林、武當之精華的宗旨，一取少林拳之剛勁，一取武當太極拳之柔勁，將剛柔二勁化之於自然拳之快捷中，自然拳雖簡，然欲融剛柔二勁於快捷之中，殊非易事，誠其爲「易看不易吃」之謂也！

自然門自杜心五以下分出兩支：一支爲萬籟聲，因畢生致力於武術教育，且著書奪魁，故成就豐偉，造詣宏深。其在武當傳張三豐簡化太極拳及七十二式太極拳；其在少林屬

六合門，傳少林六合拳、六合刀、六合槍等，福建呂耀欽、吳明懷，湛江梁超群均得其眞傳而開館推行，傳藝六合。另一支爲杜心五之長子杜修嗣、長孫杜飛虎，其在少林屬金剛門，傳少林金剛拳、單刀、虎杖等。第三框爲器械訓練，其中所介紹之單刀，由杜心五傳杜修嗣，杜修嗣傳杜飛虎，係自然門杜氏一支三代單傳之器械。

下編主要闡述自然門技擊法，與上編內容相對，上編側重於介紹練法，下編側重於介紹打法。上編屬知己的功夫，而下編則屬知彼的功夫。誠所謂：練法以知己，打法以知彼，知己知彼，方能百戰不殆。是爲上下編內容之梗概。

應該指出的第四點是：作者在闡述過程中，力圖闡述的科學化、系統化、通俗化。言系統則注重有條不紊，言通俗則注重易於讀懂。爲使讀者易於讀懂，作者對書中所介紹之各項功夫之訓練，皆有圖示、歌訣、解說，讀者可按圖示、歌訣、解說學之，可無師自通，即從悟道之角度讀之，亦不無幾許參考價値也。又，自然門功夫是中國武學文化中的一大寶藏，要把它開掘出來，就必須以科學的方法來加以闡述。這是因爲，科學的東西易於普及，因其合乎規律；而反科學的東西易被淘汰，因其違背規律。

應該指出的第五點是：編著此書的緣起。作者曾習過多種門派的功夫，經比較覺得自然門功夫是較好的。覺得學了自然門功夫，長功快，既長內氣又長速度；覺得自然門確實綜合了武當、少林之長處，既可用之於實戰技擊，而又甚合於養生之道，具有合乎自然法則、內柔外剛、拳道合一、實戰力強等特點，尤其適合於廣大青少年武學愛好者學習。

應該指出的第六點是：筆者編著此書，力求有所繼承，

並有所創新與發展。沒有繼承的發展是缺乏生命力的。在繼承上，筆者主張矮襠走圈與大力神功並重。因爲矮襠走圈是自然門創派的標誌功夫，其功之成，速快絕倫，而速快絕倫則是搏擊之第一要素。單有速度快還不夠，還必須有給對手以重創的功力，這就是大力神功，功成出手如帶電，擊人可放之丈外。又，沒有創新的繼承是停滯不前的。在創新上，筆者鑒於矮襠走圈功夫非超群之腰腹功根柢實難以練成，故而增加了以訓練腰腹功力爲主的小腹功，小腹功成則矮襠走圈功夫易於著手。

應該指出的第七點是：該書闡述之自然門功夫理論，旨在使人們據此以徹悟長生久視之道，將晝則意守臍內、勿忘勿助，夜則閉目打坐、意注關元的丹道修練，作爲健康長壽的最佳生命方式，融入於日常生活之中，使人們確信：健康長壽之於丹道修練須臾不可或離。

如今競爭日趨激烈，人們越來越感受到身心疲憊，健康狀況下降，因而越來越強烈地意識到健康長壽的重要，甚至喊出了「什麼都不重要，只有健康最重要」這一發自內心深處的共鳴之音。然而，什麼是健康之道？人類延續己體生命的本源究竟是什麼？很多人卻茫然不解。

二戰中，西方人經受了戰火的洗禮，精神陷入了極度苦惱的困境之中。戰後，爲了從困境中走出來，爲了從瘋狂而荒誕的外在現象世界中解脫出來，現代西方著名心理分析學家榮格，從其好友德國傳教士衛禮賢譯介的題名爲中國呂洞賓著寫的《太乙金華秘旨》一書中，找到了由中國的丹道文化來解脫精神苦惱之枷瑣並重建西方人之精神樂園的鑰匙，找到了由丹道修練來溝通東西方人精神世界的橋梁，找到了

健康長壽之道。爲健康長壽，於是出現了「東學熱」，出現了「道學、禪學熱」，出現了太極熱，乃至出現了「首屆世界太極拳健康大會」。東方的大量道學、禪學、武學書籍被譯介到西方，學的是中國的道學、禪學、太極拳。目的是學習東方的健康之道以解脫精神苦惱，得到健康，重建西方人的精神樂園。

但遺憾的是，丹道作爲一種東方神秘的玄學文化與實踐活動，其作爲健康長壽的深刻內涵和眞正價值至今尚未被人們所完全徹悟和接受，人們只是模糊地認爲它只是一種神秘的宗教修練術，並沒有將它作爲人類健康生活不可缺少的一部分。如同牧羊人只知放羊，卻不知將羊趕回羊圈一樣，人們只知將念頭一味地外馳，而不知該如何將念頭趕回空寂無慮之本然狀態中；只知將念頭處於思慮煩惱之人爲狀態，而不知將念頭處空寂無慮之本然狀態；只知外向性的動以練形，不知內向性的靜以練神；只知以外在形式的體育運動來使肌肉隆起，不知以內在形式的丹道訓練來打通經絡。提煉與搏積生命能量──將這一認識層次拔高，上升到丹道修練爲健康長壽不可或缺之體育鍛鍊，使人們認識到：健康長壽之道實乃是一種以由外向內的內斂形式爲本質特徵的修練路線，表現爲收外視之目光以內視、轉聞聲之耳以內凝、調粗端之鼻息以細勻、變說話之舌以抵齒、改動作之形體以端坐、趕思慮之念頭以返空寂。而一切以由內向外爲特徵的表現，諸如外視、聞聲、粗端、說話、動作、思慮之類，均是與健康長壽之道相違背的路線。

而在一般情況下，人們常常喜外視而厭內視，喜縱情聲色而厭寧靜淡泊，喜奇談怪論而厭無言以對，喜手舞足蹈而

厭端坐不動，喜思慮牽掛而厭無慮省心。殊不知其所喜者皆背道而馳，其所厭者皆道之所存。故古訓有言：「道不遠人人自遠。」斯言至當。

在競爭日趨激烈的社會中，人們既需要外向性的追求以謀取生存必需品，同時也需要對自身內在的理解，對延續個體生命之本源的理解。只有對延續個體生命之本源加以理解，才能知曉丹道修練之於健康長壽須臾不可或離；健康長壽不僅是靠外在形式的運動獲得，更是靠內斂形式為特徵的生命能量的提煉與搏積才能獲得。西方哲學家狄德羅曾有一句名言：「生命在於運動！」但運動只能煉飲食水穀以化精水，而不能使精水化炁，精水化炁靠的是丹道之命功修練。只有通過命功修練，才能煉精化炁，並將生命低能量內炁提煉為高能量內氣，從而實現身體素質的根本性提高，進而透過丹道之性功修練，將生命高能量內氣搏結為高能量核之內丹，從而根本上實現健康長壽。

究其原理，積氣多則長壽，積氣少則命短，而積氣之關鍵在念處空寂，空寂則氣積而神火旺盛，思慮則氣散而神火微弱。故空寂本身並無價值，有價值的是因空寂而念不外馳，因念不外馳而氣自積存，因氣自積存而得以長壽。作為長壽內質的生命高能量內氣，易於散走流失而難於堅固搏積，故須修練性功使其搏積不散。而作為生命之大源的精水易於外泄而難於內化，故須修練命功以使其內化。

性功方面，須以意作主，將念頭從馳於外在世界之追名逐利返回於內在世界之寧靜淡泊，從思慮煩惱之人為狀態返回於空寂無慮之本然狀態，以使氣積神旺。命功方面，須以元神神火貫注於關元氣穴，以使精水內化，惟其如是，才能

祛病強體、身心兩益、健康長壽。由是觀之，命功可使精水內化，性功可使內氣積存，而化精積氣，是實現健康長壽之有效途徑。故筆者認爲：生命不僅只是在於運動，而更在於生命能量的提煉與搏積。換而言之，生命在於打坐！在於將丹道之打坐融入於日常生活之中！

更主要的是，應使習武者認識到：武術不僅是靠拳架運動來動以練形，更是靠丹道打坐來靜以練神，靜以內通經絡，靜以日增其體能，惟其如是，才能使習武者日臻於形神合一、動若閃電之迅捷的最高極限！

爲了增進更多的武學愛好者對自然門的了解，爲了使自然門更加發揚光大，更爲了不負萬籟聲恩師與杜飛虎恩師之囑托，以及師兄梁超群之厚望，筆者歷十三載春秋，苦其心智，勞其筋骨，而編著成這部自然門武學專著，相信此書對建設社會主義精神文明，對發掘整理中國武學文化遺產，對廣大武學愛好者習練自然門功夫必有裨益一二，此筆者著書之良願！書中不足之處，誠望海內外有識之士予以斧正。

陳懷信

ABSTRACT

The Essence of Chinese Ziranmen Wuxue is a book systematically studying one of Chinese martial arts—Ziranmen (exercise in accordance with nature), from four dimensions such as Dao Study, human existence, philosophy and Wuxue. First of all, from the dimention of Dao study, the author personally especially the origin of Dao in Lao Zi's terminology. Secondly, from the dimention of Dao of human existence, the author deems that the origin of life is food and fresh air, thus people should have a regulated diet and focuson breathing exercise in order to strengthen the life energy. In so doing, people can realize that life is from the higher level energy storing in the public region, thus people can cherish the energy with eyes and ears being controlled and regulated by mentality to keep a sound mind and through breathing exercise as well. Thirdly, form the philosophical dimention, the author redefines Lao Zi's doctrine of Dao so innovately that he says that Dao itself is the origin of universe but not qi, not rules, thus comes of his idea of *Body—within—body*. Finally, from the dimention of Wusue, the author points out that the highest pursuit of Wuxue is to obtain the highest level energy of human body by the unity of physique and vitality.

All the above information comes: first from the late Master

Wang Laisheng who introduced the author to Ziranmen Wuxue; thirdly from Master Lü Yaoqin and Master Pan Xinpeng; thirdly from Master Du Feihu, whose typical methods and techniques will be shown in *The Brief Introduction* to Du Feihu's *Ziranmen* by the same author and those interested can get more details from it; and finally from the author's 13-year of personal experience and study.

The book is a great help to those interested in Chinese martial arts, Chinese traditional culture, and those who want to cultivate life, build up health, and prevent disease so as to achieve the purpose of prolonging life through natural ways.

目　錄

上編　自然門功夫扼要

下編　自然門技擊法

CONTENTS

上　編
自然門功夫扼要

第一章
自然門概言

第一節　自然門之影響

　　中華武術之門派，不下百種，一門有一門之獨到，一派有一派之專長。在眾多武術流派中，有一派以其奇特的身姿，蘊含著深邃的道學真諦，使中華武術於少林、武當之外，奇峰突起，大放異彩，成為中國武學中的一支奇葩。這，就是自然門。

　　中國同盟會組建於日本東京期間，該派第二代傳人杜心五，就以自然門絕技，出色地完成了擔任偉大的革命先行者孫中山先生貼身警衛的光榮任務。

　　1927 年，該派第三代傳人萬籟聲發表《武術匯宗》一書，深受海內外武術家重視，在中華武術史上影響深遠。1928 年，萬籟聲在參加南京舉行的全國國術比賽中奪魁，使武術界為之矚目！經武術教育家萬籟聲先生的畢生努力，後起之秀杜飛虎、洪正福、呂耀欽、吳明懷、梁超群等名家的推廣，該派遂在海內外廣為傳揚，已為武術界同仁所熟悉。

第二節　自然門之淵源與傳承

一、自然門創始人兼第一代傳人徐矮師

　　徐矮師，生於清代道光年間。祖籍川東。父為舉人，為自然門創始人兼第一代傳人，清代中葉四川民間一位武術奇人，時人譽稱「川中怪傑」。高顴骨，臉、鼻子、嘴唇好像都是畫在一個平面上的，只有鼻子尖微凸。焦黃頭髮，右手只有三根手指頭，無名指與小拇指齊根斷去。因身高不滿三尺，身材奇矮，只有尋常桌面一般高，加之鄰童取笑，不呼他正名，只叫他「小矮佬」。

　　長大後身材仍奇矮，出於憤世嫉俗的緣故，遂一生不用正名，自己亦稱「徐矮」。加之不願他人與後人刨根問底，終不肯吐露自己家族史，以致今之研究武術史者，難以寫全其傳記，成為武林一大憾事。平素喜讀諸子百家之書，尤喜讀老莊之書。讀書之餘，總喜歡像猴子一樣，或蹲在凳上叭哧叭哧吸著那根八寸長的小銅煙杆，或蹲在凳上打瞌睡，或端坐不動，或無牽無掛，或緘默不言，或充耳不聞，或閉目養神……甘處寂寞，一心向道。

　　其父早逝，家漸式微。少年時參加鄉試，考中秀才，繼而參加省試，被馬家少爺以金錢買通主考官將試卷掉包而落選。因上門找馬家少爺評理被打成重傷而被草藥李救下，為感謝救命之恩，遂拜草藥李為師。草藥李曾為綠林豪傑，學過少林拳、武當內家功。徐矮師為找馬家少爺報

仇，即跟草藥李苦學武藝。

一日，因師姐李玉婉點醒：自己之手短、腿短、身材矮小，跟師父之手長、腿長、身材高大相較，用的又是師父教的同一種少林拳，是無論如何也打不贏師父的，因己短，己打彼搆不著；因彼長，彼打己一打即著。

於是心有所悟：縱觀虎、豹、鷹、蛇諸飛禽走獸，或因不斷地改善自身之某些攻擊器官而得以存活；或因不斷地改進自身之保護色而得以存活。不論是攻還是守，都是為著保全自己之生命，都是從自身有限的條件出發，來最大限度地發揮自身的長處，誠可謂之「擴有限以為無限，謀活命之於競爭」。觀虎之善嘯，鷹之善撲，牛之善抵，兔之善彈，螳螂皮膚之與青草同色，此皆禽獸之所擅長也。禽獸皆秉自身之長而用，順自然之理而用，故要在武學上有所深造，就當不斷揣摸各種弱獸之躲閃、猛獸之攻擊，擇其合己者仿之練之，其不合己者改之革之，據此走出屬於自己的武學路數。於是乎徐矮師遂以自身矮的有限條件出發，擴有限為無限，將走椿子向矮處做最大限度的發揮，將中華武術千百年來太極八卦高椿、中椿走圈的架式加以變革，變高椿、中椿為圈為矮椿走圈，創出了亙古未有的矮襠走圈功夫！

徐矮師不但創出了以矮襠走圈為標誌的自然門功夫，而且在武學上有著獨闢蹊徑的見解。

首先，徐矮師認為，少林拳之精，乃兆始於佛家之禪宗；武當劍之精，乃兆始於莊周之道學。莊周之道學，有三點精義：「道法自然」「無心而任乎自然」「藏於下於天下」。且道學以無為始，無中生有，有而一，一而二，

二而三，三而萬象；禪宗以空為始，空而有，有而萬象。由是觀之，道學之與禪宗，在性功原理上是相通的。內之念頭元神，以無、以空、以虛為主，要求淨除雜念，常處空寂；外之拳架身形，以空以圈以矮襠成勢，以矮襠走圈來增長功力。又，圈者，無始無終；圈者，可大可小。小則有限，大則無限，至小無內，至大無外，囊括宇宙，無往不適。圈者，通體均衡，無懈可擊。

徐矮師又取法道家《莊子》的三點精義：「道法自然」「無心而任乎自然」「藏天下於天下」，而將矮襠走圈的功夫歸名為自然門，以示此門功夫修練純出乎自然，而無人為思想的參與。

三點精義：其一，「道法自然」，就是順乎自然規律而自成的道體法則。自然規律，人體內在生命能量的變化規律，練穀化精、練精化炁、凝炁結津、練津化氣、積炁黃庭、搏氣結丹、馭炁神行、練神還虛之內在變化規律是也。道體法則，「無極而太極」是也。「無極」者，意牧念頭、常處空寂淨慮之本然狀態是也；太極者，丹也。念處寂不起，是為元神，元神乃屬自然之舉；念起而向外，是為識神，識神乃屬人為之舉。其二，「無心而任乎自然」，是指不用識神而用元神。其三，「藏天下於天下」，就是說意作主宰，將元神收藏於黃庭裡而不馳乎黃庭之外。並據此門功夫的特點總結出十六字要訣：「動靜無始，變化無端，虛虛實實，自然而然。」

其次，徐矮師認為，自然門之要旨，就在「自然」二字，雖不列少林，不在內家，卻似少林，似內家；亦實亦虛，亦剛亦柔，亦講招亦不講招，以氣為歸，以神為本，

集各門派之精粹，樹技擊法之心裁，一出手，一踢腿，皆以意導氣而不外加絲毫氣力，意到氣到，意止氣止。手眼身法步，肩肘腕胯膝、頂項胸腰背，處處練得隨意自如，自然而至，動到哪處，哪處即起本能反應，不須你去想它。練功至此，方可一洗少林剛毅，一改武當柔綿，變成有剛有柔，柔中有剛，剛中有柔，剛柔兼濟，故謂之「自然門」。自然者，以神馭形，形神合一，圓轉自如也。具體言之，自然之含義有三：

含義之一，練功之時，不要憋氣，呼者自呼，吸者自吸，故要不固執以呼吸。動作快，呼吸便急促；動作慢，呼吸便舒緩，若著意用呼吸去配合動作，反而感到憋悶，倒是不管呼吸，反倒覺著舒暢，故要不著意以動作。

含義之二，練功夫要由不自然狀態以進入自然狀態。凡事不可過度，不可過猶不及。練功夫，既要吃得苦，又不要練得身體吃不消。太過度，身體就會太疲倦。練功夫，既要狠練，練得熬不住了，還要熬一下子，這才能練得出神入化，神出鬼沒，誠可謂之「寶劍鋒從磨礪出，梅花香自苦寒來」。練功夫又要不至於損傷身體，要順乎自然。譬如挑夫挑擔，起初只能挑五十公斤，卻硬要一下就挑一百公斤，這就違反自然，就會被壓傷。反之，今天挑得動五十公斤，就老老實實挑五十公斤，以五十公斤為始，明天挑五十一公斤，後天挑五十二公斤……一公斤一公斤地增加，身體既不會弄得吃不消，又不致損傷，還能長體力，這就合乎自然。

矮襠走圈亦如是理，只能逐漸增加。初習時以走十圈為始，以後就每天加一圈，如是十一圈、十二圈、十三圈

……以至於一百圈，練至腳下輕快有力了，繼由一百圈為始，以後同樣每天加一圈，如是一百零一圈，一百零二圈，一百零三圈……以至於二百圈！練至兩腳靈轉自如了，繼由兩百圈為始，仍守每天加一圈之度，如是二百零一圈，二百零二圈，二百零三圈……以至於三百圈。

　　練功夫還要合乎規矩，誠所謂「不以規矩，不成方圓」是也。自然門矮襠走圈功夫之規矩要求：大腿要跟水平面一樣平，不忽而高忽而低；速度均衡，不時而快時而慢；呼吸均勻，不時而急促時而舒緩。然，合乎規矩並不等於已進入自然之狀態。何謂自然之狀態？乃是經過長達六年之久的矮襠走圈功夫訓練而達到的形體與元神之動作在速度上達到同步、達到快若電閃之迅捷的境界，趨於熟能生巧、圓轉自如的境界。達此境界，襠一矮下，兩腳便不由自主地走動起來，而且越走越快，根本不要你去管它。走到快若電閃之時，覺得不是我要走，而是有一種無形的力在拉著我的兩腳圍著磨心轉圈圈。至此，方進入真正意義上的自然之狀態。

　　含義之三，自然乃是一種和諧整體，不可逆勢而動，而須順應各物各界之固有規律。只有順應其規律，懂得萬籟之有序，才能如疱丁之解牛，按牛之身體結構規律，游刃於牛體內的筋骨之間，不砍不割，牛雖解而刀之刃口仍完好無損，才能使己之武技脫穎而出，運用自如。故而學武之餘，還須學文，一文一武，須相輔相成才好。只一味學武，徒具拳腳之勇，領略不到自然萬物之內在規律；只一味學文，徒知口舌之利，感受不到體魄強健之爽心悅目。偏武或偏文，皆難以上報國家民族，下保身家性命。

學文的方面，只有書讀得多，道理懂得多，腦筋才靈，學什麼都比人家快，誠所謂：「積金千兩，不如明解經書。」懂理，懂什麼理？

懂理之一，做人也好，練功也罷，都要紮紮實實，不要搞花架子。做人、練功夫都不能學吹肥皂泡，表面看來，五光十色，特別好看，可一下子就破了，並且越大的泡泡越容易破。《老子》一書中所言「天下之難作於易，天下之大作於細，是以聖人終不為大，故能成其大」是也。是真功夫，一兩招之內就能制服對手，花架子平時練著好看，實戰搏擊卻用不上。自然拳術只一套，招式只有十三個，儘管只十三招，少林、武當之技擊精華皆熔鑄於其中矣！誠之為於實戰搏擊有用之十三招！

懂理之二，練自然門，為什麼先要練矮襠走圈功夫？自然門在技擊中，講究的是虛虛實實，變化無端，《老子》一書有言：「天下莫柔弱於水，而攻堅強者莫之能先。」柔弱之水，怎麼能勝過剛強呢？水的特徵，流動自如，隨機應變，避實擊虛。平時柔弱，但一凶猛起來，便沖堤毀壩，誰也擋它不住，故老子說它「攻堅強者莫之能先」，誰也比它不過。學功夫，只有學得如水一般流動自如，才能虛者實之，實者虛之，隨機應變，避實擊虛。與人相鬥，對方一拳向你打來，這便是實，你得避開，不能像牛打架，頭頂頭，角抵角，蠻鬥硬拼。避得慢，避不開，就要挨打；避得快，避開了，對方的拳頭就打在空處，這又是虛，故謂之「實來者以虛應之」。倘於此時，對方防守不嚴，露出破綻，這便是虛，你迅發一拳擊中對方，這又是實，故謂之「虛露者以實擊之」。由是觀之，

要制服對方，一要身法快捷，二要打擊力大。打擊力大源自大力神功之類的訓練，身法快捷源自樁穩腿快，而樁穩腿快則源自矮襠走圈功夫之類的訓練。故練自然門，必須先練矮襠走圈功夫。這矮襠走圈功夫，就成了自然門功夫入門之第一步，須練兩年半，始歇去體內火氣，目露琥珀神光，內氣始沉而不浮。矮襠走圈功成，則踢彈掃掛、騰摟閃展、閃躲刺扎、揮劈撩砍，氣不上浮。

知懂理之一、之二，則由此推開去，以至於懂成百上千之里。蓋悟理不明，則行多遲疑；行多遲疑，則裹足不前；裹足不前，則功力難長。反之，悟理愈徹，則行無旁顧；行無旁顧，則一往直前；一往直前，則功力必增。

第三，徐矮師認為，習自然門功夫，沒有非凡之毅力，過人之秉賦，超眾之大動，是無法擷取少林拳之剛猛與武當拳之柔綿以熔鑄自然拳之快捷的。其訓練方法也很獨特，要求每天寅時（3～5點）起床，且起床第一件事，便是上廁所，解完大小便，腸肚輕鬆，方才練功，一輩子如是。這就跟其他門派要求憋著大小便練功，怕解大小便會把內氣泄了的訓練方法截然不同。

第四，徐矮師認為：習武宜以拳熟為根本，以練腿為重點。拳熟則身法靈巧，擅腿則攻守有餘。俗語有言「文講八法，武講八式」，何謂「八法」？即漢字書寫之八個筆畫——點、橫、豎、鈎、折、提、撇、捺。何為「八式」？即手上四式與腳下四式之合稱——「踢、彈、掃、掛、摟、打、騰、封」。字寫得再妙，不離乎此八法之運用高明；功練得再深，不出乎此八式之運用精到。

八式訓練，寓於拳熟之中，寓於練腿之中。八式之運

用精到，不僅在拳熟，在練腿，更重要的，在以自然之心去加以融貫。

徐矮師不但在武學上有著獨闢蹊徑的見解，而且在實踐上有著名副其實的武功修為：他擅長平地奔馳的輕功，可踏鍋邊之上奔走自如而鍋不傾側；且擅長搏「結丹的丹道功夫，能一提氣即身體離地兩公尺，騰於空中，盤腿而坐；並臻於發功時體內生物電敷布周身皮膚，對手沾著即受電擊而倒，彷彿達到渾身長眼睛之化境。

二、自然門第二代傳人——杜心五

杜心五（1869～1953），姓杜名「慎愧」，有父望之意，望他一生辦事謹慎明辨事理，故以此為名。9歲時，為表決心，更名號「星武」為「心武」，取「一心向武」之意，以表崇武之志。青年時代，一次保鏢至大理，因一時莽撞，夜闖提督府，刺殺貪官滑子賢，釀成碧雲師父身受重傷，洪幫事業受損之禍，遂更名為杜心五，以示不再以「一心向武」自傲，痛感大局重於小利，齊力勝過獨鬥，改名號「心武」為「心五」，既不露「武」字，又不離武心，以表一定要把碧雲師父所授之武學用於反清復明之大業，以光復大好河山為己任。號稱儒俠，道號「斗米觀」居士，湖南慈利人。畢業於湖南常德高等普通學堂。1900年考入日本西京帝國大學農科。

從政方面，中國同盟會成立於日本東京期間，經同鄉宋教仁薦舉，擔任孫中山先生貼身第一保鏢，出色地完成了保鏢任務。以保鏢身份而言，堪稱華夏第一能人，蓋所

保之孫中山先生，乃是中華第一偉人、大革命家，則其保鏢之位應是莫大殊榮。又曾以青紅兩幫雙龍頭之身份策動了舉世震驚的武昌新軍起義。後出任北京農業傳習所氣象學教授、民國政府農林部僉事。1939 年任中國人民抗日動員委員會主任，積極宣傳抗日。新中國成立後，曾任湖南軍政委員會顧問、省人民政府參事、省政協委員等職。

習武方面，9 歲學武，師從嚴克，學藝一年，學得少林拳、鷹爪拳、梅花拳。繼而師從岩板田村附近山上之「斗米觀」觀主碧雲道長，學藝三年，學得「一著膠」硬功、縮骨功及「飛燕凌空」輕身術。碧雲道長，姓于，其名已無從考證，乃太平天國忠王李秀成屬下之一員大將，1864 年 7 月，曾國荃攻陷天京，忠王被俘，從容就義，于將軍亦遁跡空門，以避開清廷之追捕。13 歲上，杜心五參加縣試，考中秀才，然其志不在「學而優則仕」，不在文而在武，自師從嚴克、碧雲道長及各有一技之長的十幾位拳師之後，儼然已是湘北大地上「無人能敵」的頑童了。為在武學上更上一層樓，遂廣貼「招師榜」。榜云：「茲為求師授藝事，榜告四方英雄豪傑；小子年方十三，不揣淺陋，欲精拳技，願以武會友，誠心拜師，酬金從優，落敗者贈盤纏送回。慈利縣後埡岩板田杜家坪杜心武，光緒九年秋月。」自師從徐矮師學自然門功夫 6 年之後，功力大增，罕遇敵手，尤以腿功著稱，譽稱「自然大俠」「神腿大俠」「南北大俠」「關東大俠」等。

行俠方面，他走鏢西南、川陝、蒙疆、東北，沿途之中，智除匪首李霸羽，力誅貪官滑子賢，又收降馬匪龍七。戊戌變法，因袁世凱泄密，1898 年 9 月 21 日，慈禧太

后發動政變，宣布自己重新「親政」，軟禁光緒皇帝，並下令捕殺維新志士，譚嗣同、楊銳、林旭、劉光弟、康廣仁、楊深秀六人被殺害，時稱「戊戌六君子」，戊戌變法運動遂告失敗。譚嗣同臨刑前在獄壁之上寫下了豪氣干雲的詩句：「望門投止思張儉，人死須臾待杜根。我自橫刀向天笑，去留肝膽兩崑崙。」其中「杜根」即指杜心五。杜心五與譚嗣同既是同鄉，又是肝膽相照的知己，且譚嗣同視杜心五為同根相生相連之兄弟，故稱杜心五為「杜根」。譚嗣同臨死之前惟一想到的是杜心五，這表明譚嗣同是視杜心五為變法革命之後繼人的。誠可謂：「慷慨赴死譚嗣同，甘為變法拋頭顱。肝膽相照譚和杜，後繼有人杜心五。」譚嗣同的慷慨赴死，使杜心五極為悲痛，為了替好友報仇，杜心五毅然北上。「袁世凱，你出賣譚復生（譚嗣同，字復生），我便讓你付出代價！」遂孤身夜入紫禁城，以飛蝗石行刺慈禧，並第一次行刺袁世凱。袁世凱為復辟帝制，覺得宋教仁總是礙手礙腳的，遂派人將宋教仁暗殺於上海。

宋教仁與杜心五亦為同鄉至友，宋的被殺，引出杜心五二刺袁世凱之義舉。兩次行刺，儘管都沒有成功，卻使慈禧、袁世凱魂飛魄散，終日間如坐針氈，如芒在背。且杜心五能孤身而往，全身而退，堪稱武功第一！

在義舉方面，杜心五早年經同鄉宋教仁介紹加入同盟會，並被薦為孫中山先生第一保鏢，與宋教仁、黃興、秋瑾結為至交好友，曾為反清大業隨孫中山赴美洲募集革命經費，並以青紅兩幫雙龍頭身份聯合青紅兩幫策應武昌新軍起義，堪稱民國元勛！

在學識方面，杜心五 13 歲是晚清秀才，30 歲畢業於日本西京帝國大學農科，40 歲是北京農業講習所氣象學教授，50 歲擔任民國政府農林部僉事，晚年擔任湖南省政協委員、軍政委員會顧問等職，通古博今，學貫中西，堪稱一代儒學宗師！

在弘揚武學方面，自 30 年代開始，杜心五培養了眾多武術名家，如萬籟聲、李驪九、郭鳳岐等著名武術家。得其嫡傳者有其長子杜修嗣、女兒杜玉瑩、同鄉吳四爺等人。綜觀其一生，曾為鏢師、同盟會會員、北洋軍閥政府教授、青紅兩幫之總舵主、抗日幫會領袖、湖南省政協委員，可謂是波瀾壯闊的一生，堅持原則的一生，行俠仗義的一生。一言以蔽之，「武功第一，人品第一」的一生。

三、自然門第三代傳人之一——杜修嗣

杜修嗣（1920～2000），杜心五長子，自然門第三代傳人之一。湖南慈利人。幼年學文習武，讀四書五經，精通哲理，尤喜書畫。自小隨父習學家傳武學。曾先後就讀於上海政法學院及廣東黃埔軍校，任舊軍隊師長。新中國成立後，黨和國家安排他在湖南省文史館工作。

1958 年，湖南省衛生廳、衛生局協商批准首期開辦健身氣功培訓班，自那時起開班授徒，受到各界人士高度贊揚。教出不少弟子。1990 年應四川省瀘州市體委邀請，前往自然門始祖徐矮師家鄉歸新縣做尋訪自然門始祖調查工作。1983 年成立杜心五自然門研究會，杜修嗣任會長，杜飛虎任武館總館長。

杜修嗣先生教學重武德、勤修練，認為不怕苦，才能學武有成。他常說：「受得苦中苦，方為人上人。」「學武功講武德，學內功講道德。」由於他博學精深，才學通慧，鑽研有得，各界人士與他多有交往。在武學與道學上形成系統的見解。

他在教徒時經常說：「虛中含實，實中含虛，無中含有，不空而空，空而不空。」又言：「從不自然到自然，從自然到不自然，達到先父杜心五功夫出神入化之境界後，練至爐火純青、隨心所欲的境界，就能出神入化，成就高深武功。」

杜修嗣主張功夫與醫理並重，他說：「練武不練功，到老一場空，練功不知藥，到老病殼殼。」細而又論之：習武術，只能靈活四肢，肢體內氣血卻不能運行，久之則生疾病。懂得了武術和氣功，不懂醫理，如果傷殘，不能自救，尤其不能幫助救護他人，不能行人道主義，故光憑武功二字，遠遠不及也。武功、氣功、醫學三者相當重要。後學一定牢記。

為了更好地繼承、傳播杜心五自然門獨特武功，他與本門大師兄萬籟聲多次會晤，研究探討杜心五自然門的武術淵源，將先師留下的這一門武學、國寶更好地留傳後世。他培養的武術門生眾多，並先後派弟子前往長沙和福州兩地互相學習，相互交流。

杜修嗣先生為將杜心五自然門武功發揚光大，留傳後世，傳播中華武術作出了畢生的努力。他為將先父留傳下來的武術瑰寶「來之於民間，用之於民間」這一夙願能得以實現而深感榮幸！

四、自然門第三代傳人之一——萬籟聲

萬籟聲（1903～1992），學名萬常，號常青，後發表《武術匯宗》一書時取筆名為萬籟聲。自然門第三代傳人之一，是馳名中外的武術家、技擊家，自然門一代宗師，也是譽滿南國的傷科醫生。生前以「文、武、道、醫、拳」五寶行世，「信、義、俠、勇」四德立身。1903 年 2 月 21 日出生於湖北省鄂州葛店鎮。少年時代，萬常青遠離家鄉，負笈北京，寒窗苦讀，17 歲考入國立農業大學森林系，畢業後留校任助教、講師等職。

萬籟聲的武學，均得自異人高手之傳授。在校期間，拜武術教員趙鑫洲（曾任永勝鏢局總鏢頭）為師，學習少林六合門武功。萬常青從其習武 6 年，朝夕與俱，不避寒暑，盡得其傳。

後又拜杜心五為師，學習自然門武功達 7 年之久，盡得其精髓，其功力臻於爐火純青之境界。接著，又先後拜川西大俠楊畏之、達人奇士鄧芷靈、蘇恢元、王榮標、江南第一腳劉百川、名噪大江南北的劉神仙、譽滿京華的王顯齋等為師，學習武功、醫術和道功，均得其秘要，因而在內外功方面都有很深的造詣。

其學擷取少林、武當之精華，融內外家、南北派於一爐，且揚長避短，寓「軟、硬、輕」三功，蘊「巧、妙、化」三法，多屬先賢擇徒口耳相授的不傳之秘。在這些蜚聲武壇的近代著名武術家的悉心精傳下，加上萬籟聲自己潛心研習，很早就在武壇上露出鋒芒。

1927 年春，他在《北京晨報》上連續發表數篇武術論文，引起武術界的矚目。翌年，他的武術專著《武術匯宗》一書問世，震動武林，享譽江湖。該書匯中國武術南北派、內外家於一爐，各種風格流派的拳術器械、暗器也盡收於此書中。

1928 年 10 月 10 日，萬籟聲在北京舉辦的華北五省武術選拔賽上，以絕對優勢取得第一名，並以華北五省武術總代表率隊前往南京，參加由「中央國術館」舉辦的第一次全國國術考試（即擂臺賽）。由於他技藝高超，被公推名譽第一。當時中央國術館館長張之江擬請萬籟聲首任教務處主任，但卻被兩廣總指揮兼廣東省主席李濟琛先生捷足先登，遂被盛聘南下廣州，創辦「兩廣國術館」，任館長，授少將級軍銜，時年 25 歲。

同時聯袂南下的還有耿德海、顧汝章、傅振嵩、王少周等著名北派拳師，這就是武林掌故中有名的「五虎下江南」。此後，萬籟聲又輾轉南北，在上海、河南、湖北、湖南、廣西、四川、福建等地從事武術活動。

抗日戰爭期間，萬籟聲先後任重慶中央訓練團武術總教官、南京軍校武術總教官、河南洛陽補充兵訓練處武術教官、國民黨中央訓練團武術總教官、湖南省國術訓練所所長、廣西大學體育部主任、福建省永安體育師範學校校長、福建省農學院體育教授、福建省國術館館長等職。

1946 年後，萬籟聲老師定居於福州。他曾代表福建省參加過 1956 年和 1957 年兩次全國武術表演賽及華東五省武術比賽，1957 年，在福建省武術比賽中，任裁判長。萬籟聲生前曾擔任中國武術協會委員、福建省政協委員、福

建省武術協會名譽主席、福州市武術協會顧問團團長、福州市自然門武術館名譽館長、福州市氣功協會顧問、廣東省湛江市中國萬籟聲功夫研究會永遠名譽會長兼總顧問等職。

1982 年 12 月，被特邀參加在北京舉行的首屆全國武術工作會議，在會上受到國家總理及國家體委領導親切接見。

1992 年 2 月 27 日，萬師 90 大壽，兩千多海內外來賓、武林同道、學生弟子，在福建省體工隊凌雲宮為他祝壽。全國人大副委員長彭沖、全國政協副主席洪學智、中顧委常委李德生等中央領導同志特題詞致賀。萬師海內外弟子也紛紛發來賀信賀電，讚譽萬師「武術之光」「武林文星」「秦松漢柏精神，商鼎夏彝骨氣」。全國體總主席、國際武聯主席李夢華，代表全國體總向萬師表示熱烈祝賀，讚譽他「為中國武術事業作出了巨大貢獻」。

萬籟聲老師在國外武術界亦享有盛名。1982 年 8 月和1988 年 8 月，美國「虎道場」創始人蘇三魂（音譯）及其高足康丕勁（音譯）曾先後兩次專程到福州向萬老求教。日本沖繩傳統古武道保存會會長仲本政博等訪華團也曾多次登門拜訪求教。

萬籟聲老師不但武功傑出，而且著述甚豐，有武術、醫藥、文、史、哲之專著。也有散文、箴言、警句、回憶錄等，內容博大精深，是繼承華夏傳統文化之奇葩。他在20 年代的處女作《武術匯宗》一書，風行國內外，數十年來，一再翻版，至今仍供不應求。

近些年，他先後寫成了《中國武術介紹》《國際技擊

武術教範》《國際氣功武術教範》《國際武術體操教範》《中國骨傷科》《武術言論集》《武林三談》等16部武術專著。涵蓋了自衛衛國的精神和手段，且詳述招式、拳訣之要妙，細載基功、暗勁之練法，所錄跌打藥方亦切中實用，每部都配以他練功的照片。對於初入武門以及從事武術事業者，具有不可估量的教學示範作用。因此，萬籟聲老師贏得了「武林文星」的美譽。

五、自然門第四代傳人之一──杜飛虎

杜飛虎，杜心五之長孫。1958年6月生，湖南慈利人。當代武術技擊家。曾任安鄉縣中國自然門武館館長，河南新新雜技團副團長、團長。現任湖南省臨澧中國杜心五自然門武術總館館長兼總教練，中華張氏太極拳研究會副會長等。自幼習武，8歲開始拜師吳四爺，14歲即開始代師傳拳授藝，是杜心五長子杜修嗣的傳人，並得到師叔萬籟聲的親自指教。

1979年師從邱服義習傳統中醫、氣功，後皈依嵩山少林寺，師從素喜法師習少林拳械，有一定造詣。多次參加全國及省、市武術比賽獲獎。1986年，參加湖南省體委拳師資格考核總分全省第一名；1987年，參加武當山首屆全國散打比賽獲冠軍；1988年，參加廣東武術觀摩賽獲鷹爪拳第一名；1989年至2001年的十餘年間先後參加國內、國際武術大賽十數次，獲各類獎牌數十枚。曾應邀擔任多部電影、電視片的武術指導。眾多新聞媒體介紹其事跡，並被載入當代多部武術名人名家大典。

杜飛虎以自己的練功實踐為基礎，研究出了人體的最高潛能，出手帶電、放人丈外，並達到了能在盆沿上行走、隔空擊物的境界，繼承了古代的暗器飛鏢一擊必準的高深莫測的自然門武功，為自然門新一代武學巨擘。

　　凡成為一個專門之武術門派者，自有其獨到之處。杜飛虎自然門武學是由杜飛虎擷取少林、武當之精華，以「意無他想，神入氣穴，善調陰陽，功從中出」十六字為特色，以速快打速慢為技擊原則，以道法自然為宗旨，獨樹一幟地發展了的一個自然門武術分支門派。

　　杜飛虎於1983年1月創辦杜飛虎自然門武術總館，館址設於湘西北一歷史古城臨澧縣矮架山——當年自然門始祖徐矮師悟創自然門之拳法聖地，迄今已歷二十載春秋。在這20年中，杜飛虎為深圳、珠海、湖南、福建等地的保安部門、體育院校輸送武術人才近兩千名，可謂桃李滿天下！

　　由於自然門是由清代中葉四川一位民間武術奇人徐矮師所創，故自然門尊徐矮師為自然門始祖，由徐矮師傳杜心五，杜心五傳杜修嗣與萬籟聲，杜修嗣傳杜飛虎，萬籟聲傳梁超群，是為杜氏自然門之傳承，而代代相傳者，皆以「動靜無始，變化無端，虛虛實實，自然而然」十六字心法為傳承衣鉢，以此十六字心法為據，故自然門上自徐矮師，下至杜飛虎、梁超群皆是一脈相承的。

　　究杜飛虎自然門武學之內涵，有以下五要：

　　首先，杜飛虎認為：「所有的自然門功法都動中求靜，這是自然門與其他門派不一樣的獨到之處，從走內圈手開始，以走出功，以走帶打，以走為用，以走入靜。」

在這裡，杜飛虎特別強調了「動中求靜」四個字，指出這四個字是自然門與其他門派相區別之主要特徵。這「動中求靜」之動，並非一般範疇之動，乃是指自然門內圈手訓練時的矮襠走圈之動，是一種內以念處空寂為特徵、外以矮樁走圈為特徵的動，是一種將地面對兩腿之阻力增至最大限度的動。從習武目標角度觀之，此種之動恰與習武者所追求的將常人之體能推至最高的目標相一致。

中國功夫是一種注重腰腿訓練為主的功夫，這是中國功夫與西洋拳技的明顯區別之處，而自然門始祖徐矮師則將訓練腰腿為主的運動量較小的高樁子、中樁子走圈功夫改為運動量極大的矮樁子走圈功夫，以大運動量之訓練獲超乎常人之上的至高體能。誠所謂以超乎常人思想之上的理為指導，在超乎常人體能之大運動量過程中練就超乎常人的最高體能。漢武帝劉徹所言「有非常之舉者，乃有非常之事功」，此乃至真之理、至徹之言。

換而言之，小動者出小功，大動者出大功，不動者無功可言。概言之，以矮襠走圈出腰腿功夫！以走出功！將常人體能推至最高之功力，理應從將運動量推至極限的矮樁走圈之訓練中出！矮樁子走圈相對於高樁子走圈來說，是大動而非小動，大動之後，必有大靜繼之矣，故謂之以走入靜可矣！靜之前為動，動之後為靜。蓋大動之中，人體之精水因大動而化生命低能量之內炁，炁中陰質與陽質相搏而為神，故大動之後，則內炁充沛，內炁充沛則神氣旺盛，神氣旺盛則從事道功打坐易於入靜，故「以走入靜」，誠非虛語！在道之修練而言，以走之動，成道功之入靜，此即走之為用矣。

在技擊而言，自然門打法格言中，有「一粘就走，一走就打」之說，探其要義即《孫子兵法》中一再強調的「三十六計，走為上計」是也。走中帶打，乃於閃躲圓滑中寓踢彈掃掛摟打騰封之打法也，非一味閃躲，一味退讓，實閃中寓打，退中含攻也。

其次，在命功方面，杜飛虎認為：「動中之動不算動，靜中之動方為動。」就是說，常人之運動，算不上是真正意義上的命功之動，真正意義上的命功之動乃是可以練精化炁的動，可以凝炁結津的動，可以練津化炁的動，可以搏炁結丹的動，可以馭炁神行的動，可以練神還虛的動，只有於打坐站樁之時出現的靜中之動──於靜極之時，或發顯為下丹田內有如火中燒之發熱感，或發顯為手指端有麻、涼、熱、脹之感，或發顯為相對之兩掌間有吸斥開合之感，或發顯為側伸之兩臂有起伏、振顫之感，或發顯為腿臂之內有氣如蟻爬動、似蛇奔竄之感，或發顯為周身氣血鼓蕩、翻湧，⋯⋯此皆上功之吉兆，乃是人體處靜定狀態之中發顯而出之動感。

由是觀之，靜定狀態中發顯之動，方為真正意義上的命功之動，誠可謂之「不動之動為真動」。

第三，在性功方面，杜飛虎認為：「靜中之靜不算靜，動中之靜方為靜。」就是說，坐著、躺著休息的人的靜算不上是真正意義上的性功之靜，真正意義上的性功之靜乃是一種念無他想常處空寂的靜，是一種在矮襠走圈運動過程中全神貫注、心無旁騖的靜，是一種意注下丹田下端之陰蹻氣穴的靜，只有此種之靜，才稱得上是真正意義上的以道貫武，以武演道。

第四，在技擊方面，杜飛虎主張以意行拳，不著絲毫之色相；無中生有，不拘任何之招式。

第五，在武功修為方面，杜飛虎強調內實丹田，外示神勇。

新世紀的到來，杜飛虎自然門也迎來了發展的春天，它將一如既往、再接再厲、激流勇進，為弘揚中華武術譜寫新的一頁⋯⋯

六、自然門第四代傳人之一──梁超群

梁超群，1965 年生，廣東省湛江市人，現任中國萬籟聲武術研究會會長、法國萬籟聲武協主席、法國中華傳統武術院院長。自幼好武，1981 年拜武林泰門、一代宗師萬籟聲為師，學習少林六合門和道家自然門，盡得其真傳。1990 年在湛江成立「萬籟聲功夫研究會」，並獲萬師親筆題詞。

該會成立宗旨是「繼承和發揚萬籟聲武學絕技」，會員近千，曾多次舉辦面授、函授培訓班，培養大批武術人才。該會由湛江民政局批准，為群眾性組織。1996 年春，應法國多家武術團體邀請，赴法傳授中國傳統武術。翌年，在巴黎成立「法國萬籟聲武術協會」。1998 年，榮獲中國武協頒發的「海外武術推廣貢獻獎」，著作有《萬籟聲技擊法》和《萬籟聲六合門》。

萬籟聲老師蜚聲武壇數十載，其武功修為之精湛，搏擊經驗之豐富，歷來為武術界所認同。梁超群從萬師學藝近七個寒暑，藝滿出師後，從不固步自封，而是精專所

學，兼收並蓄，尤欣然玩味於技擊一道，並善於推陳出新。他在萬師之單人技擊訓練法基礎上，增加了雙人技擊訓練法，使技擊之對抗性特徵更加突出，且在技擊之內涵與形式上有所創新，總結出技擊的練法特點，打法特點、十二字訣，可謂獨樹一幟。

茲擷其要，略述於下：

(一)練法特點

整體動作上體現出「縮、小、綿、軟、巧」五字特徵。腿上姿勢講究靜則為令牌式，動則為八法褸，變則為浪步；手上姿勢講究靜則為抱背手，動則為鬼頭手；動作幅度上以手手打伸，腿腿踢伸為訓練原則，這種以肘、膝伸直為度的訓練法易於練就彈勁與透勁。

訓練方法上單一與組合併重。單一訓練法在「快猛靈活，細小緊湊」八字上用功夫；組合訓練法在「式式相扣，迅捷連貫」八字上用功夫。

(二)打法特點

歸納起來有三點。其一，手手打伸，腿腿踢伸。就是說，在實戰技擊過程中，在保持周身放鬆、伸縮自如的條件下，以肘、膝關節的伸長為妙，如是即可放長擊遠，命中對手。

其二，見招不打，見式不打。棄一味見招拆式被動挨打之弊，爭乘虛搶入主動出擊之利。

其三，打法自然，不露打相。不拘招式，純任本能之反應，東來則西應，直來則橫截……

(三)十二字訣

「放膽、審勢、辨偽、善變、實發、渾圓」。這十二字訣，是梁超群多年來於苦心磨礪與切磋較技中悟出的拳訣。前六字強調的是技擊的心法，屬心理範疇，後六字強調的則是技擊的手段，屬動作範疇。蓋心法不完善，手段必不靈。

其一，放膽。主張既要膽大，又要心細，膽大的前提是自己有過硬本領可恃，誠所謂「有恃無恐」。膽大則心定，心定則應付自如，而放膽又離不開心細，能於對手每一出手起腿之際皆不疏忽，觀之細切，見之真確，能察對手之每一細微動作而掌握其動向，才能不為對手之假相所惑，才能避實以擊虛。

其二，審勢。即以雙目觀察對手之招式，揣摸其動向與意圖，為我應變制敵提供相應正確之判斷：或攻、或守、或擾而不打，由是乎出。

其三，辨偽。辨別對手出招之孰真孰假雖無定律，卻有跡可察，諸如「人身欲動，其肩必聳」「人若遠離，其腿將出」之類。且須明虛實之辯證關係，虛中有實，實中有虛；對手有備則出虛招擾之，無備則換實招擊之；招式到位則為實發，招式半出則可虛可實，如是等等，不勝枚舉。

其四，善變。認為善變宜以樁穩步靈為基礎，樁不穩則拳亂，步不快則拳慢。強調在較技中利用步快樁穩之優勢逼敵方順從我方，利用時間差，爭取主動出擊之時機。

其五，實發。認為自然門功夫訓練必具「軟、硬、

輕、巧」四功。軟即軟綿柔和，以避堅化剛；硬則強硬剛重，以摧固攻堅；輕則飄浮不定，令敵莫測；巧則不發則已，一發必中。

其六，渾圓。應敵則上下、左右、前後六合兼顧，以防不測之突襲；攻擊則善用整勁，起於腳、旋於腿、轉於腰、發於手，連環出擊，令敵應接不暇，疲於奔命。

以上所述，既從整體上體現了自然門技擊法以「動靜無始，變化無端，虛虛實實，自然而然」這十六字心法為特色的風格特點，又從細節上呈現出長短兼備、不拘招式、攻防嚴密、剛柔兼濟的風格特點。

第三節　自然門之發展

自改革開放以來，中國經濟有了舉世矚目的飛躍發展，國家需要豐衣足食，也需要強國強民。蓋「富者非強莫保」，惟強國強民，可保國泰民安。欲國強，先強民；欲民強，先強己；欲己強，其勢蓋有習武強身之必要。作者認為，武術乃強身之利器，舉事之根基。大凡身體為圖謀事業之根本，身強則事業可興，體弱則諸事難舉。

縱覽自然一門，其技超卓者，遠有徐矮師、杜心武；中有萬籟聲、杜修嗣、杜玉瑩；近有杜飛虎、梁超群等，其技皆神矣，要之亦皆由苦修漸習而成。用之於武，內則積「以充實丹田，外則以意馭念（神），帥氣發之於勞宮、湧泉以擊敵，究其大要，在「神入氣穴，常注黃庭」，積氣以充實黃庭、丹田為體，以「善調陰陽，功從中出」發氣以成神技為用。簡而言之，以內實丹田、外發

神勇為要旨。

新世紀的到來，自然門武術也迎來了發展的春天，迎來了新的走向全國、走向世界的發展機遇！在這一發展機遇中，自然門第四代傳人多脫穎而出。

在國內，湖南有杜飛虎先生設館授徒，福建有呂耀欽先生於福州、吳明懷先生於泉州設館授徒，廣東有梁超群先生設館授徒，而以湖南杜飛虎先生影響尤著。

杜飛虎先生出於家學淵源，站在前人的肩上，有所繼承，有所創新與發展。十年鑄劍，成「四方有眼」之神功、盆沿走圈之絕技；廣授門徒，收入室弟子十餘名，成獨具風格之飛虎自然門武學。

國外，梁超群先生於1997年春在法國巴黎成立了「法國萬籟聲武術協會」，他的弟子中不僅有三獲法國女子散打冠軍者，也有法國推手冠軍、空手道黑帶五段教練。2001年6月17日，他的學生Ismeal還奪取了法國散打賽85公斤級冠軍等。為使中華武術在海外發揚光大，他曾於1998年、1999年兩邀上海武當金丹派傳人王繼振和四川松溪派傳人游明生到法國講學，為表彰梁超群先生在法國所作的貢獻，中國武協特授予其「海外武術推廣獎」。2000年法國著名《黑帶》雜誌以「功夫奇才」對他的武術生涯進行了專訪報導。

在著述方面，杜飛虎先生發表的著作有《杜心五自然門武功精粹》《論太極拳》等，梁超群先生發表的著作有《萬籟聲技擊法》，該書已被譯成英、法、日等多國文字。綜上觀之，自然門後起之秀皆以弘揚自然門武學、強健人民體質為己任，抓住機遇，發展自己。

杜飛虎與梁超群，為自然門第四代傳人中之兩大主幹。從自然門的分支角度看，國內，湖南臨澧有杜飛虎的支系，長沙有杜芳、彭鎮、曾小平、汪國義的支系；湖北葛店有萬士震的支系；北京有郭鳳歧的支系；河南有于章元的支系；廣東湛江有梁濠詡的支系；福建福州有呂耀欽、于國進、高運富、洪正福的支系；泉州有吳明懷的支系等等；海外，法國有梁超群的支系；加拿大有李驪九的支系；台灣，美國紐約、加州有杜飛虎的支系；美國、日本尚有由萬籟聲傳出的支系等等。

　　上述僅為筆者所知，對自然門分支作一個簡略的介紹，難免有掛一漏萬之處，尚祈同門鑒諒！

第二章
淵源於莊朱二哲的
自然門功夫內涵

　　自然門功夫體現的是一種道家的哲理，它啟示習武者以人體之黃庭部位——臍內空處為積力和發力的中心部位，即先秦道學家莊子所言「得其環中，以應無窮」是也。就是說，執一個於黃庭氣層體內搏氣結丹的丹道修練以應付萬千之變化，按練穀化精→練精化炁→凝炁結津→練津化氕→積氕黃庭→搏氕結丹→馭氕神行→練神還虛的修練途徑，來最大限度地積蓄和開發人體內在潛能，用這種途徑來指導習武者學會完善自己，從而在武學上有所建樹，這就是自然門功夫內涵的獨到之處。

　　「動靜無始，變化無端。虛虛實實，自然而然。」

　　這十六個字，是自然門創始人徐矮師對自然門功夫內涵的高度概括。這十六字心法，由徐矮師傳杜心五；杜心五傳萬籟聲、杜修嗣、杜玉瑩；杜修嗣傳杜飛虎；杜飛虎恩師感吾之誠，遂傾心授之於吾。

　　杜心五傳萬籟聲時言：「矮師每於教授之時，總喃喃念此數語，數十年來，年年似有變化，而年年皆有新招。矮師之神工鬼斧，俱在此教授中。萬君乃吾門傑出，倘於此再加點染，當過之無不及吾。」由此可見，此十六字心

法對自然門之習武修道十分重要。

杜飛虎宗師傳吾時亦言：「徐祖師這十六字，是我自然門功夫訓練之最高心法真言，你當切記莫忘！」究此自然門十六字心法，可以通俗表述為：自然門功夫注重拳道合一，以修道為基，以行拳入道，以「念無他想，神入氣穴」為體，以「一炁伸縮，循環無端」為用。

十六字心法之思想淵源有二端：一源自宋代理學家朱熹，一源自先秦道學家莊子。

源自宋代理學家朱熹一端，指「動靜無始，變化無端」。這八個字乃是從《朱子語類》（卷第一）《理氣上》一文中的一段話衍出。這段話是「問：《太極解》何以先動而後靜，先用而後體，先感而後寂？曰：在陰陽言，則用在陽而體在陰，然動靜無端，陰陽無始，不可分先後。今只就起處言之，畢竟動前又是靜，用前又是體，感前又是寂，陽前又是陰，而寂前又是感，靜前又是動，將何者為先後？不可只道今日動便為始，而昨日靜更不說也。如鼻息，言呼吸則辭順，不可道吸呼。畢竟呼前又是吸，吸前又是呼」。

這段話的含義是什麼呢？從陰陽角度言，動極而靜，靜而生陰；靜極而動，動而生陽。從起處言之，陰前又是陽，陽前又是陰。由此推開去，動前又是靜，靜前又是動；寂前又是感，感前又是寂；體前又是用，用前又是體；——陰陽、動靜、寂感、體用諸對待之兩端，將以何為先，以何為後？陰之與陽，不分先後。何以如是？陰陽歸於一氣，一氣之中含陰與陽。陰陽交感，變化出焉，陰主靜而陽主動。由此觀之，「動靜無端，陰陽無始」也

好，「動靜無始，變化無端」也罷，究其內蘊，均指「一氣伸縮，循環無端」而已。伸者縮之，縮者伸之，如連環之無始無端。

一、內的訓練方面

伸之者為陽、為動、為感、為用；縮之者為陰、為靜、為寂、為體。修道時只縮不伸，形端體靜，念頭空寂，氣縮黃庭；功夫訓練時伸縮並用，伸則行拳，縮則修道。合而言之，伸縮並用即拳道合一。伸則手手打伸，腿腿踢伸；縮則念微存黃庭，勿忘勿助。講究意與神合，神與氣合，伸則以意馭神，以神導氣自黃庭而出。上經中丹田，透脊背，上提至肩窩腋下，循手厥陰心包絡經脈而發之於手心勞宮；下經下丹田，沉至陰蹻穴，循足陰蹻氣脈而發之於足心湧泉。縮則以意馭神，以神導氣循外發之路線而返回於黃庭。

二、外的訓練方面

自然門矮襠走圈功夫，為保持身體平穩而講究手與足合。手與足合要求：左腳前伸，同時左手便自內圈行而出（前伸圈出均有平而上起之意，稱為「虛」，故左腳伸出為「虛」，左手圈出亦為「虛」，合稱「虛虛」）；右腳便矮樁，同時右手便自外圈行而回（矮樁、圈回均有平而下落之意，稱為「實」，右手圈回亦為「實」，合稱「實實」）；右腳前伸，同時右手便自內圈行而出；左腳便矮

椿，同時左手便自外圈行而回……這樣循環往復的矮襠走圈就能做到手與足合，虛實協調，始終保持身體的平穩。這也正是自然門「虛虛實實」四字用於調身訓練的義蘊。

源自先秦道學家莊子一端，指「自然而然」。這四個字乃是徐矮師對《莊子》一文之三點精義的活學妙用。這三點精義即「道法自然」「無心而任乎天下」「藏天下於天下」。究其內涵，可闡述為：（一）道法自然就是順乎自然規律而自成的道體法則；（二）修道在以元神用事而不用識神；（三）藏元神於黃庭氣層體內而不馳乎其外。

此三點可以歸結為八個字：「念無他想，神入氣穴。」「念無他想」為練性之心法，「神入氣穴」為練命之心法。

其一：練性之性功，主要是練念訣。「念無他想」所指何義？即「意牧念頭，常處空寂」，即以意為主宰，收馳向於體外物相、用於思慮之念頭，使轉而處空寂淨慮之本然狀態裡。將念頭趕回空寂淨慮之本然狀態裡對修道練性有何作用？有積氣之作用。蓋意為主宰，念頭為先行官，氣為隨從。念頭外馳用於思慮之人為狀態，則氣亦隨念向外散耗；將念頭趕回空寂淨慮之本然狀態裡，則氣亦內斂而積存；氣內斂而積存則身體強壯而有力，即慈受禪師所言「念念常空寂，日用有大力」是也。俗諺所言「省心」是也。釋家所言「歇即菩提」是也。一句話，念頭不為俗事所牽掛，這就是練性。由此觀之，練性主要是練念頭。練念頭之必要，一在積蓄念頭之電流，使元神充沛；二在使內氣得以積存而不耗散，念頭之電流、元神之神火充沛，即可用之於命功之練精化氣與煉津化氣，故練性與

練命、性功與命功是互補的。

其二，練命之命功，主要是練精、氣、神。「神入氣穴」所指何義？即「神入氣穴，常注黃庭」。就是說，黃庭是積存人體生命高能量內氣的根本部位，是積力和發力的中心部位，故須採取目之神光常內視黃庭、元神常注黃庭的修練方式，來達到於黃庭氣層體內積氣搏氣以結內丹的目的。黃庭的部位，在人體臍內空處。臍在人體之地位至為緊要。人受生之初，在胞胎內隨母呼吸，母呼即呼，母吸即吸，受氣而成。及乎生下，一點虛靈之氣，聚於臍內，自為呼吸，氣之呼接於天陽之氣，氣之吸接於地陰之氣。古人言：「人之有臍，猶天之有北辰也，故名天樞。又名神厥，乃神氣之穴，為保生之根，空虛還陽之穴。臍通五臟，臍開則五臟可與天地母胎直接交換，是人返回先天狀態之始。」故純陽祖師言：「玄牝玄牝真玄牝，不在心兮不在腎，窮取生身受氣初，莫怪天機都泄盡。」

由此斷定：此竅不在其他部位，正在臍內空處。此竅主藏先天之氣，故將此竅作為氣歸向的根本部位。《老子》第六章言：「谷神不死，是謂玄牝。玄牝之門，是謂天地根。綿綿若存，用之不勤」。此語直透修道長壽之要訣。長壽的關鍵在存神而不耗神，養神的關鍵在將元神綿綿不斷地注入玄牝——黃庭——臍內空處。元神外馳於物相用於思慮之人為狀態，即不能積氣；惟處空寂淨慮之本然狀態，方可以積氣。神入臍內，氣自充實；神離臍內，氣自不足。惟臍內之氣充沛，周身如裹電之神勇方得以發顯。氣能歸根於臍內，神勇自發。攻防躲閃，氣不上浮，這就跟外功將氣敷布全身的練法不同，跟內功將氣練入中

腹、小腹之內膜亦不同，而是將炁練入介於小腹與中腹之間的一個氣層體——臍內空處——黃庭。

炁，在人體之內而言，是人體生命的高能量流；在發顯而言，為功力。故內而言之，積炁，就是積存功力，就是積存生命高能量流，發炁就是發放功力。積炁與發炁，是相互對應的，小積則小發，大積則大發，不積則無內炁可發，此為一定之理。神注黃庭也越專恆，則其黃庭積炁也越充沛；黃庭積炁越充沛，則其積存之生命高能量也越多；生命高能量越多，則其發顯之功力也越強。

自然門功夫講究的是內實黃庭，外發神勇。內實黃庭，即神注黃庭，炁必大積，外發神勇，即神注於手心勞宮，足心湧泉，炁必大發。黃庭狀如皮球，內炁充沛，則如同氣飽之皮球，以錘敲之，任你敲在皮球之哪一點上，皮球內之氣立即從那一點上將錘反彈回來。敲之力小，則反彈之力亦小；敲之力大，則反彈之力亦大。

反之，黃庭內炁稀少，則如同氣癟之皮球，以錘敲打，錘敲於此點，則氣游走於彼點，皮球不但反彈不了鐵錘，反而易被鐵錘敲破。故自然門有不問打法、只問練法之說，功力練成，自然能打。

有詩贊曰：

　　　　無住無想亦無思，悟得生主是真意。

　　　　但於臍內留元神，積炁摶成丹一粒。

蓋修道只用元神，而不可有絲毫識神的介入，不可有絲毫人為思想的參與。這裡元神、識神均屬念頭。處空寂淨處之本然狀態時稱念頭。念頭、神，此二者異名而同

實。念頭外馳用於思慮時稱識神，內斂用於注入氣穴時稱元神，念頭由外馳思慮之人為狀態而返回於空寂淨慮之本然狀態，就與內斂之道相合；念頭由空寂淨慮之本然狀態外馳散耗於物相思慮之人為狀態，就與內斂之道相悖。神因入乎氣穴，與炁相守相抱而合乎自然；因人為因素離開氣穴外馳散耗於思慮而背乎自然。

由此觀之，「道法自然」之內涵即可表述為：修道在效法自然——以意牧念，使念頭由外馳物相、耗於思慮之人為狀態返回於空寂淨慮之本然狀態——自然狀態，使人為之識神轉為自然之元神，使神常入乎氣穴與炁相守相抱而合乎自然。一炁之中陰質與陽質交感所發顯之電流，就是念頭，就是神。誠所謂：陰陽交感，神乃自生。

由此推之，內炁充盈則其陰陽交感所生之電流強，電流強則念頭快、神氣旺。念頭快則思維敏捷；神氣旺則動若閃電之迅捷。吾觀平常人習武，總以俗事纏身為借口，而作間斷性習武，此即因其念頭牽掛於俗事而使習武無恆，未能將其念頭從俗事中解放出來。試問：人而無恆，何事能成？念頭牽掛於俗事，念頭即被俗事捆住，念頭牽掛於俗事，其神只是識神而非元神，如是何談修道？道功是元神用事而識神壞事。念頭牽掛於俗事，使神紛然外馳散耗於人為之思慮而不內斂入乎氣穴與炁相守相抱而合乎自然，如是何來道法自然？

真正修道之士不是這樣，而是反其道而行之，使寶貴之念頭常處於空寂淨慮之本然狀態裡，使難得易散之神常入乎氣穴之內，使其神真正從俗事纏繞中解放出來，使人為之識神得以轉化為自然之元神，用之於作有恆之習武訓

練，用之於作不懈之道功修練。

丹道功夫有八個細目：（一）練穀化精；（二）練精化氣；（三）凝氣結津；（四）練津化氣；（五）積氣黃庭；（六）搏氣結丹；（七）馭氣神行；（八）練神還虛。相應自然門功夫訓練計有八常：

第一，常存元神以進行武術訓練，如是則可以練飲食水穀以化作人體生命之源——精水。武術訓練之必要，除了練穀化精之外，更重要的是以神練形，使形與神合一——在速度上漸趨於一致。在此作者將引莊子的寓言來闡述形神合一之論題。

先秦道學家莊子在一篇寓言中言：「夔憐蚿，蚿憐蛇，蛇憐風，風憐目，目憐心。」（莊子《外篇》第一十七章《秋水》）就是說，獨腳獸羨慕多腳蟲，多腳蟲羨慕沒有腳的蛇，沒有腳的蛇羨慕風，風又羨慕目光，目光又羨慕心。多腳蟲為什麼羨慕蛇呢？因為蛇儘管沒有腳，卻能夠走得比多腳蟲快。蛇為什麼又羨慕風呢？因為風儘管沒有形體，卻能夠跑得比蛇快。這篇寓言的後半部分，莊子儘管沒有寫出來，但我們仍不難看出他的意圖：風為什麼又羨慕目光呢？因為目光儘管與風一樣沒有形體，卻能夠跑得比風還快。目光為什麼又羨慕心呢？此處之心又名「念頭」「神」。神是由人體生命低能量炁中陰質與陽質交感而發顯之電流。因為心儘管與風、目光一樣沒有形體，卻能夠在剎那間越過時間，穿過空間，跑得比目光還要快。這篇寓言說明了三點義理：

其一，沒有形體的風、目光、心比有形體的獨腳獸、多腳蟲、蛇的運動速度快；

其二，用沒有形體的風、目光、心這三者比較，風沒有目光速度快，目光沒有心速度快，換言之，聲沒有光速度快，光沒有電流速度快；

其三，心——含電流的念頭、神之速度最快。

此三點歸而用於武術技擊之中，要求有形體的身體各部位與沒有形體的聲音、目光、念神之電流全部用上，而非只用有形體的身體各部位進行搏擊，亦非只用沒有形體的聲音、目光、念神之電流進行搏擊。

武術技擊的第一要義，在以快打慢。先發制人，講的是以快打慢；後發制人，講的也是以快打慢。己方後發招而能制住先發招之敵方，靠的是什麼？是速度上比對方快，即拳諺所言「後發先至」是也。就是說，己方儘管後發招，卻能夠搶在先發招之敵方前面而擊中敵方。不如是焉能制住敵方？攻能閃於敵之身側或身後，講的是速度快；避能如抽鞘之利索，講的也是速度快，此外，「出手起腿一條線，打人見影不見形」等，講的都是速度快。這就要求將常人有形體的身體各部位動作之速度提高到近於沒有形體的聲音、目光、念神之電流這三性之動作如同電閃之迅捷的境界。

靠什麼辦法來提高身體各部位的速度呢？靠武術訓練。故武術訓練有兩大要訣：

一是拳打千趟，身功自長。以意為主宰，以念頭、元神之電流為先行官，以氣與形體為隨從。在行拳過程中，意授命於念頭元神，每一念頭元神之所至，氣無不至焉，每一形體動作無不到位焉，動哪有哪，指哪打哪。若念到而形體之動作不到位，則反覆訓練之，直至形體之動作到

位而後止。每行一趟拳，念頭元神之電流即貫注積存一點內炁於發顯動作之手足中，每行一趟拳，手足積存之內炁即增加一點，如是行拳則一趟、二趟、三趟……以至於千趟；積炁則一點、二點、三點……以至於千點。如是行拳，用元神而不用識神，不用拙力，而自能增長內在功力。識神耗電散炁而元神積存電炁，故可謂拳打千趟，身功自長。

二是由慢漸快，形神合一。武術訓練，始之於慢，漸至於快，終達之於速快絕倫，動如閃電——與念頭元神電流速度一致的境界，這就是技擊者所追求的至高境界！功力達此，攻則迅雷不及掩耳，令敵躲閃不及；退則如抽鞘之利索，令敵挨不到我。

第二，常凝元神入關元。關元氣穴裡之精水（真陰，道教喻稱為虎）遇元神之神火（真陽，道教喻稱為龍，道教又稱內丹道功為「龍虎丹道」），即可以化作蒸騰如水蒸氣之人體生命低能量之內炁矣。此種內炁視之不見、感之極熱，內含微粒子，實乃人體生命之低能量流。

第三，常凝元神入泥丸。泥丸氣穴內之炁遇元神之電流，即可以凝結為津水，下注於口中，候津水注口至滿，猛力吞之於中丹田內。

第四，常凝元神入中丹田。中丹田內之津水（真陰）遇元神之神火（真陽），即可以化作人體生命高能量之內炁矣！此種內炁視之有光，動如閃電，可釋放出極強之電流，乃人體生命之高能量流。

第五，常繫元神以守黃庭。行走坐臥，元神不可須臾離開黃庭，如是則可以導中丹田內炁入黃庭，蓋神為先行

官，炁為隨從，神至黃庭，炁亦隨神由中丹田赴黃庭而積存之、日增之、充盈之。

第六，常以元神旋炁而結丹。於夜深之時，以神旋黃庭內炁如同球體般飛速轉動，借轉動時產生的向心力之作用，如是則可以將內炁摶結為一粒內丹。內丹由內炁摶結而成，實乃人體生命之高能量核。

第七，常於矮襠走圈訓練時，凝元神注入陰蹻氣穴，導黃庭內炁經下丹田以衝開此穴，向下打通陰蹻氣脈，直透足心湧泉穴，兩足因之而得黃庭氣層體內疾如電閃之炁流貫注，功力至此，走圈即如奔豹之迅捷。

第八，常於矮襠走圈之時，以意牧念頭元神返還於空寂淨慮之本然狀態中，使練得之功力，如庖丁解牛之刀，要善刀而藏之，斂而不散，積而不耗。

上述八常，其中第一常為行拳；第七常為矮襠走圈；二至五常以及第八常為打坐。寓八常之要於行拳、走圈、打坐之有恆訓練中，可謂之「善調陰陽」矣。善調陰陽，人體生命的低能量流之內炁即可以提煉為高能量流之內炁，功夫可以因之而練就。一言以蔽之曰：「善調陰陽，功從中出。」

由此觀之，「自然而然」四字，這個自然，就是人體生命自身的生化運行規律，這一規律貫穿於修道、武術訓練與技擊之中。於修道打坐時，體內之炁，當它發熱時任它熱，當它升時任它升，當它凝津時任它凝，當它降時任它降，一任自然，不可有絲毫人為思想的介入，只用元神，不用識神。蓋只用元神就是效法自然，識神的參與──人為思想的介入，就是違背自然。

於訓練時，講的是只用元神，不用拙力。於技擊時，講的是本能反應，超然象外，而不拘泥於任何招式。綜上所述，「念無他想，常處空寂。神入氣穴，常注黃庭」這十六字訣，正是自然門功夫「自然而然」的內涵所在。

第三章
自然門功夫風格特點

一、速快絕倫，快中取勝

在攻擊、躲閃、出招之時講究速度快，是自然門武術技擊的首要特點，也是自然門與其他門派相區別的重要標誌。少林拳如虎，主剛硬；武當拳如蛇，主柔綿；自然拳如豹，主快捷。此種快捷，並非從一般套路器械訓練而出，而是從矮襠走圈以內氣打通陰蹻氣脈之訓練而出，故其不成則罷，成則速快絕倫。究其特徵，或進退屈伸，或左閃右避，或變換身法，均能在短距離範圍內搶足時間差以直線出招方式命中對方要害，真正做到起手踢腿一條線，令敵見影不見形。

二、一気伸縮，厚積薄發

拳譜言：

意牧念頭處空寂，以神導気縮丹田。
內煉一気宜厚積，外練筋骨皮無間。
拳打三分腳打七，不恃發気力有限。

気發丹田達四梢，整勁擊人力無邊。

善調陰陽伸復縮，功從中出似裏電。

縮気合道發爲武，發気擊敵神爲先。

三、壓之愈深，伸之愈烈

是自然門矮襠走圈時訓練襠功的特點，因走圈時取矮
樁架式，使大腿與地面一樣平，而將地面對腿之阻力增至
極限，同時也將呼吸量增至極限。受阻之力越深，則由反
抗此阻力訓練而出之腰腿功力、呼吸功力亦越強越深。

一言以蔽之曰：壓之愈深，信（伸）之愈烈，此乃一
定之理。

四、拳道合一，純以神行

自然拳起手之無極勢，須由鼻噴氣一口，使肩自沉
下，將內気壓縮於小腹，使小腹下端之陰蹻穴產生緊張點
之感，即以此感貫穿於整個行拳過程中，勿忘勿助，由此
將外馳之念頭收束於此，則識神轉為元神，復以元神導気
循經絡穴道貫注於一招一式之動作部位。如是行拳，則形
以元神之導而動作無些許識神雜念摻雜其中，念與道合，
斂而不馳，內斂即與道合，外馳則背於道。

拳譜言：

自鼻噴氣肩自沉，気壓陰蹻緊張點。

念由緊張而內斂，識神由此轉元神。

內斂合道馳非道，拳道合一神馭形。

練形由慢漸至疾，形達電閃始合神。

五、拳寓曲直、陰陽互補

亦陰亦陽，亦曲亦直，此是自然拳之手法特點。攻擊敵方時，若出招手臂過直，一則露己所短，形同授柄於人，易受敵制；二則擊敵不中，收手不靈；若出招手臂過曲，則攻擊距離受限，且勁力不足以透指端而出。故自然門技擊要求曲直互補，手手打伸，腿腿踢伸。

拳譜言：

曲中求直，直中寓曲。

手手打伸，腿腿踢伸。

攻如一條線，閃避如抽鞘。

行拳寓曲直，陰陽相交感。

六、注重實戰，無花架子

拳譜言：

實戰乃武之精髓，故練功夫須過硬。

攻時須講快準狠，防守宜求巧避閃。

誰搞花架誰吃虧，過硬功夫不挨打。

故能實戰稱眞武，不講外表之好看。

七、內容簡易，套路單一

自然門套路，僅只一套自然拳，內容雖簡，然要訓練

達到拳中帶功，功中行拳，達到演習此趟自然拳於覆碟之上而碟不碎裂之功力，亦殊為不易，誠所謂「中看不中吃」是也。

八、訓練場地，不受限制

自然拳講究三行九點，故訓練此趟拳法，只須長三步、寬三步的範圍足可為訓練場地。

第四章
自然門功夫訓練程序

　　筆者認為：周敦頤所作《太極圖》中有「無極而太極」一語，此語正可用來作自然門功夫訓練之總綱。周敦頤此話之本意如何，姑且不論，不過筆者可以借用他這句話，以論說筆者之主張。

　　首先，無極是什麼意思？修丹道之士將念頭作無他想之常處空寂淨慮之本然狀態的極限訓練，這就是「無極」；其次，「而」字所指是何意思？此「而」字即是指由無極至太極中間之過程中的陰陽變化之程序。

　　這一程序，既是修道之程序，同時也是自然門功夫訓練之程序。修道的程序主要分為練精化炁、練炁化神、練神還虛三個階段。而自然門功夫訓練程序，主要亦分為下丹田、中丹田、上丹田三個階段。對比而言，自然門功夫訓練程序與修道程序是同步的。

　　此二者之所以是同步的，是因為練精化炁的部位是在下丹田，練炁化神的部位是在中丹田，練神還虛的部位是在上丹田。這一同步程序乃是一個先下後上的順序，合乎「高以下為基」之定理。

　　這一個先下後上的順序體現於自然門功夫訓練程序

中，即先練下肢，後練上肢，即以腿部樁功訓練為先，以手之上下左右前後之反覆伸縮訓練為次。

究其理，即拳諺所言「未習打，先習樁」之法則是也。蓋平常不經訓練者，其內氣多上浮，其勁力虛而不實，其兩足軟而無力，以致下輕而上重，狀如豎於平地之無根木樁，一推即倒，足見樁功訓練對武術練氣之重要。故於練氣之初，須痛下苦功以做樁功訓練。

從基礎而言，樁功訓練若不紮實，則他項功夫之訓練都是空談。初做樁功訓練之時，腰腿極其酸痛難忍，甚或上下石梯皆須手扶欄杆方可行走，反不如昔日不訓練時。此種情形在樁功訓練過程中稱作「換力」，須將昔日之浮氣虛力徹底換盡，而代之以沉氣實力。

為了換盡體內浮氣虛力，就須於難忍之時，再忍一忍，方稍事休息，息後又站，反覆訓練，能練至夜站一個時辰以上而腰腿不覺其痛，習以為常，並覺下丹田內炁充盈、兩足之力硬而厚實，訓練套路無腰酸腿顫之弊；與人較技，鼓炁丹田，強若不倒之翁。

下肢既強，始轉入上肢訓練。換言之，下丹田既充實，始轉入中丹田訓練。蓋惟有下丹田內炁充盈，方可以炁通任督，凝炁結津，於中丹田內練津化炁，以內炁充實於中丹田。下丹田內炁不充盈，中丹田何來內炁充實？先以上樁功訓練，使中丹田內炁充盈，再做上肢訓練。上肢訓練可以意馭神，以神將中丹田內炁上提於肩窩腋下，循手陽明大腸經脈直貫食指端之商陽穴，並輔以手之反覆推挽訓練。習之至久，內炁一提，即可迅達指端，達發炁擊人之技擊境界。

由是觀之，足功不成，徒操手功無益，足功練成，則手功之訓練始可以日新而月異矣。換言之，下丹田內炁不充盈，徒練中丹田無益；下丹田內炁充盈，則中丹田始可以有津液源源不斷地練化為內炁。故中丹田修練應以下丹田修練為基。依此類推，上丹田修練理亦應以下丹田、中丹田修練為基礎。

「太極」是什麼意思？「太極」之極有兩個含義：一是極限，二是標準。

從極限言，指經過長期念處空寂、神注黃庭的訓練而使黃庭氣層體內日積月累之內炁達到最大極限，摶此至極之內炁即可結成一粒內丹。換言之，「太極」就是內丹，內丹就是太極。

從標準言，「太極」指最高標準，或指最高境界。修丹道之士終生所追求的最高境界就是摶炁結丹，練神還虛，而習武者所畢生追求的最高境界是將人之體能推向最高。

由此觀之，二者的終極目標是相一致的。這是因為，內丹是人體生命高能量內炁的高度濃縮物，故摶炁結丹之境界，亦即是將人之體能推向最高之境界。訓練者只有經過念處空寂、神注黃庭為特徵的、「練精化氣、練氣化神、練神還虛」三個階段為程序的長期訓練，才能達到摶炁結丹，將人之體能推向最高的境界。

是否按程序進行功夫訓練是習武者能否早日成才的重要因素之一。言程序必分長期、先後、同時三種情況，旨在循規蹈矩，提高功效，少走彎路。

長期訓練項目主要是指基本功與打坐，此兩項是習武者終生不可間斷的訓練項目。

先後訓練項目，先訓練者為基礎功夫，後訓練者為延伸功夫，如是一環緊扣一環，先訓練的上一種功夫可為後訓練的下一種功夫打下基礎，後訓練的下一種功夫因為有了先訓練的上一種功夫作基礎，因而長功更快些，這是慢中之快。上一種功夫沒練紮實，切不可圖快貪多就去練下一種功夫，不如此，難臻功夫上乘之境，這是快中之慢。

同時訓練者以訓練一種功夫為主，而輔以他種功夫，二者不但不相妨礙，且可以互補。

自然門功夫訓練程序之三個階段，每個階段下還可細分為先後訓練之不同具體項目。修道的程序之三個階段，還可擴展為更詳盡具體之小的細目，如練穀化精；練精化炁；凝炁結津；練津化炁；積炁黃庭；搏炁結丹；馭炁神行；練神還虛。這八個細目，僅是為明理而設，並非八個階段，本是一個整體。

長期訓練項目為基本功、打坐。基本功包括呼吸訓練、眼神訓練、手部訓練、腿部訓練、腰部訓練、全身訓練以及套路、器械等。因主要是訓練手、眼、身法、步、肩、肘、腕、胯、膝、頂、項、胸、腰、背，故理應是習武者最先入手訓練的功夫。

基本功宜做強化訓練，且宜飽食足睡，少思寡欲。因運動量大、耗神量大，故須以此方式來補充所消耗的體能與所消耗的元神。基本功旨在以強體力運動的方式來增大飲食量、呼吸量，從中攝取充足的飲食精華——精水——生命之源，以達練穀化精之目的。

強體力運動後之打坐，可以迅速恢復疲勞，可以使運動時游走於四肢百骸之神經網絡中的元神電流得以從動態

轉入靜態，即轉入歇息狀態。

由此可見，這兩個項目既是長期訓練項目，又是同時訓練項目。以基本功訓練為主，以打坐為輔，一主一輔之間是互補的，因為有了基本功之強體力運動，故打坐較易使元神進入靜定狀態中，此即合乎「動極生靜」之理。因為有了打坐使體倦神疲得以充分恢復，故使第二天早起之基本功訓練得以照常進行，此即合乎「靜極生動」之理。總而言之，大動易入大靜，大靜易入大動。大動者，基本功訓練是也；大靜者，打坐是也。

從自然門功夫訓練的三個階段出發，其各階段所屬之訓練項目如下。

第一階段

內的方面，圍繞下丹田做小腹功訓練；外的方面，以腰腿為主，講究的是腰腿功夫，主要圍繞下肢做樁功訓練，捆掃三角樁訓練、少林拳之六合拳、金剛拳訓練，取其剛猛之勁。內的方面，下丹田的修練，主要目標是為了達到練精化炁，積炁開通任督二脈——小周天之目的。下丹田是人體生命低能量內炁生化和體力發源之中心，是神經系統、呼吸系統和消化系統之中心樞紐，由此向外擴散有六十四根經脈，分達腰的四周，向上擴至心臟，通達大腦中樞與中、上兩丹田，向下經陰蹻穴，沿陰蹻氣脈至足心湧泉穴。煉丹田者視此為藏精之府，在此築基和練精化炁，故道功打坐之初步功夫即在此行功。

此階段之打坐要訣是以元神神火、目光光質向下注入

視入關元氣穴（下丹田），關元氣穴內之精水遇元神神火，目光光質即化作生命低能量內炁，導炁循督脈以入頭部上丹田，凝作津水，吞入臟腑，以解疲勞。

外的方面，是由下丹田向下肢的延展，可分為三個先後訓練項目：小腹功；負重走樁；矮襠走圈。

（一）小腹功

此功訓練又分三步：運使、拍打、揉臍腎。運使以練精化炁，拍打以日增內炁；揉臍腎以固炁不散，合三為一，此功訓練旨在使下丹田內炁充足，誠所謂「炁滿任督自開」是也。任督二脈一開通，則可意牧念（神）導炁透過尾閭，循督脈上騰入頭部上丹田內，候上丹田內注入之炁稠密，即以目光上視泥丸穴，使炁凝結為津水，下注口中。每次訓練若皆有津水滿口，含津行功，功畢吞之，則功力可日增矣。

（二）負重走樁

由於負重，為著抵抗鴛鴦環、沙衣、綁腿下沉之重力，於是乎內炁蒸上，凝作津水，下承口中，吞入兩乳間之膻中穴（中丹田）。又由於走樁之圈數漸增，體熱漸增，元神神火亦漸旺，三者交攻，烹中丹田裡的津水以化作帶光色、流速快、含電波之生命高能量之內気。此気化得，即可以意牧念（神）導気入黃庭，經下丹田以打通陰蹻氣穴，使此內気循陰蹻氣脈上通目內眥穴，下透足心湧泉穴。上通目內眥穴，使目現琥珀神光，與敵格鬥，可令敵望而生畏。

下透足心湧泉穴，以使兩腳生出一種無形的力，不是

我要動，而是此直貫兩腳陰蹻氣脈中的內气在拉著我動。不動則罷，動則步履如飛，與敵交手，在速度上就占了上風，攻防躲閃，進退自如。進則或閃身敵側、或閃身敵後，令對手應接不暇，疲於應付；退則如抽鞘之利索，令敵看得到卻打不著。此皆得自於負重走樁之功，故負重走樁，究其旨宜在練津化気。

（三）矮襠走圈

以基本功訓練而成的扎實的腰腿功柢和小腹功訓練而來的渾厚的調息功柢與充盈的內炁根柢，加之負重走樁訓練而出的高能內炁作基礎，則矮襠走圈之長功自然較快些。沒有紮實的腰腿功柢作基礎，則走圈時襠矮不下去，忽而樁子高，忽而樁子低；沒有渾厚的調息功柢作基礎，則走圈時息淺而不深，粗而不細；沒有充盈的低能量內炁作內質，則任督二脈不開通；沒有充盈的高能量內気作內質，則雖年年走圈不輟，而腳下無形之力不生。

究矮襠走圈之必要，一在將腿對地面之抵抗力增至極限，使人體生命高能量內気貫注於兩腿更加徹底；二在將呼吸量增至極限，使呼吸由淺至深而直透於足後跟。莊子所言「真人之息以踵」是也，以高能量內気換盡體內之浮気虛力。換言之，將生命低能量之內気提練而為生命高能量之內気，人之身體素質即由此途徑而上一臺階。

第二階段

內的方面，圍繞中丹田做上樁功訓練；外的方面，以

手法為主，講究的是手上功夫，圍繞上肢做內外八段錦訓練、大力神功訓練；鴛鴦環、子母球、一著膠、虎口棒、插沙、沙包等手上根基功夫訓練；武當原式太極拳訓練——取其柔綿之勁。

內的方面，中丹田的訓練，主要目標是為了達到練炁化神，導炁開通人體十二經脈——大周天之目的。中丹田是人體生命高能量內炁生化之中心，是人體藏炁之府。中丹田內炁充盈，可以強心肺、調心養神，並能增強神經系統與經絡系統的傳遞作用。

此階段之打坐要訣與第一階段不同，第一階段打坐是津水滿口即吞，此一階段則是津雖滿口而不吞，須候含津調息達一個時辰，方稍用力如鯁將津水吞下至兩乳間膻中穴內之中丹田，繼以元神神火、目光光質向下注入視入中丹田。中丹田內的津水遇元神神火、目光光質，即化作生命高能量內炁。注入視入中丹田亦須一個時辰，即含津調息一個時辰，練津化炁一個時辰，合計兩個時辰。

外的方面，是由中丹田向上肢延展，可分為三個先後訓練項目：上樁功；內外八段錦；大力神功。

(一)上樁功

上樁功主要是訓練小腹與中腹之內膜，最忌氣浮上竄以生氣疾，故上樁功訓練之先，須以矮襠走圈訓練為根底，換盡體內浮躁之氣。上樁功旨在經過訓練使中丹田內炁充盈，更重要的是，借中丹田充盈之內炁來打通由會陰穴經小腹、中腹走入胸際之沖脈。沖脈是十二經脈的衝要，故沖脈的打通，有助於開通十二經脈，打通大周天。

(二)內外八段錦

外八段錦之練筋，可為下一步大力神功訓練，能以手臂腰腿承受住鐵棒加於其上之滾動打基礎。

(三)大力神功

主要是經過意牧念神電流循手三陰三陽、足三陰三陽以採天陽地陰之氣，並輔以鐵棒滾手臂滾腰腿的訓練，以內氣外放、外氣內採相結合的方式徹底開通十二經脈，打通大周天。

第三階段

內的方面，圍繞上丹田做頂功訓練；外的方面，以頭部為主，講究的是頭功，圍繞頭部做內外護體功訓練，走簸箕輕功訓練、自然拳訓練——取其快捷之勁。

內的方面，上丹田的修練，主要目標是為了達到積気黃庭、搏気結丹、馭気神行、練神還虛的目的。上丹田內気充盈，可使精力得以充沛，記憶力得以增強、智慧得以開發，並出現人體先天的潛在功能。

此階段之打坐要訣與前兩階段所練部位不同，主要是以元神神火、目光光質注入視入介於小腹與中腹之間的一個氣層體——臍內空處——心核——黃庭。以意為主宰，元神為先行官，気為隨從，意牧念（神）流注於黃庭，則気亦隨念（神）而貫注積存於黃庭裡，候黃庭內気積至稠密充盈狀態，即以念（神）搏気以結出一粒人體生命高能

量內気的濃縮物——內丹，繼由此練神還虛，復歸無極，作為功夫訓練的歸宿與最高境界。

功力至此，內気可收可發，收時內気緊凝於臍內空處以充實內丹，發時気隨神起，力從気注，四肢百骸，無所不至，用於技擊，気隨念（神）注，發至身體動作部位，其威力極大矣哉。其內気之發，由黃庭發出：或上經中丹田透脊背而發之於手，或下經下丹田透陰蹺氣穴而發之於腿腳。循此內気外發之路線而訓練，即可臻於發人於無形的內気擊人之最高技擊境界。

外的方面，是由上丹田向前腦後腦延展，可分為兩個先後訓練項目：頂功；內外護體功。

（一）頂　功

主要是經過運気於額頭上堅硬部位於牆面、地面，以額頭上端堅硬部位為支撐點，以身體為軸，兩腳移動，做順向、逆向轉動，將內気貫注於頭部上丹田，使上丹田內気充盈，為下一步內外護體功自頭頂泥丸穴採天陽之氣做準備。

（二）內外護體功

主要是經過結手訣的修練，將宇宙高能量大氣沿手訣循十二經絡採入上丹田，護體功成，不發功則罷，一發功即周身皮膚如裹電，對手觸之如受電擊，將對手擊倒於丈外。這，就是自然門功夫中「四方有眼」的神技；這，就是「天人合一」的大道境界。

第五章
自然門德功——附五生箴言

德功的修練，有四字要訣；忍辱戒妄。

社會之中，不平之事觸目皆是，若無忍辱之道，則難以安身立命；人體之中，牽掛思慮之妄念，時時皆有，若無繫念之法，則難以積氣續命。故德功修練之必要，外則忍辱以安身，內則戒妄以續命。忍辱以仁愛為本，以寬恕為懷；戒妄以念處空寂，淨除思慮為旨，以積氣旺神為效，蓋思慮散氣耗神，淨慮積氣存神。由是觀之，忍辱戒妄不修，則妄念生而煩惱來，德不進而技不精；勤修四字，則妄念滅而煩惱空，德可進而技可精。知之者則言下頓悟，若有慧根；不知者則視為玄言，一笑棄之。

德者，得也。佛家講「以無得為德」，就是說，無得之於外，有得之於內。無得之於外者，念不動也，無欲也；有得之於內者，積氣旺神是也。從某種角度言之，什麼都不重要，健康最重要，然健康以何為本？我認為：健康宜以積氣旺神為本。由是觀之，忍辱戒妄之德功實乃是人人必修之一課，更應是習武者所必修之一課。

德功修練之於習武者，有消極的不為，有積極的為之。

消極的不為，有如下十戒：

一、弘揚自然門武學，強健人民體質為己任，亦為己

志。此乃我門之第一目的，倘一息尚存，此志不容稍有懈怠。

二、不可信邪道巫術，宜尊重科學。

三、不可隨意作輟。習功夫者以強健身心為要，宜朝夕訓練。

四、信義俠勇，立身之本。不可做違信背義之事，要講信義、重然諾；不可無俠義勇猛之精神，要行俠仗義，要見義勇為。

五、不多人恩，亦不損人。情欲傷身，淡泊處之。

六、不可輕傳功夫，以免傳之不良，貽害世人。授徒宜持慎重態度，恃強凌弱者不授，質樸忠厚者授之。

七、不可恃技作歹，欺行霸市。古語有言：良工深藏若虛，如是可以養德保身；若炫耀己長，暴氣凌人，足以喪德亡身。宜崇尚武德，以德服人。濟危扶弱，助人為樂。

八、不可有怠慢師長之舉。每日早起，必須至師傅掛像前行鞠躬禮，而後從事功夫之訓練，晚亦如是，不可間斷。

九、同門師兄弟之間不可無互相援助、互相砥礪之情誼。宜團結同道，共揚宗風；宜誠信相處，勿行欺詐。

十、不可對他人有恃強凌弱之舉。習武者宜以仁愛為本，以寬恕為懷。

積極的為之，有六字必須謹守：文武道，誠專恆。文武道須兼修而並練，三者不可缺一。自古沒有心不在此技而技能超群者；自古亦沒有心在此技而技不超群者。心在此技，一年不成，則用功於二年；二年不成，則用功於三年、十年、乃至於一生，每天如是，每月如是，每年如

是，一生如是……能如是用心，可謂誠矣！能如是只操一技，可謂專矣蚵能如是不敢稍懈與停輟，可謂恆矣！由是觀之，誠乃百事之根本，能專與恆，則天下無不可成就之事！筆者自一九九八年八月十日悟道，八月十二日即據所悟之道作《五生箴言》一文，從謀生、明生、強生、達生、惜生（合稱為「五生」）五個角度規範己行，以此作為自我德功修練之具體內容，使自己之一言一動，皆合乎所定《五生箴言》之範疇！並於該日定己書屋之名稱為「五生齋」。

附：五生箴言

謀生：按勞取酬，非勞勿取。嗜欲名利，淡泊處之。

明生：讀書首要，變化氣質。帥理馭動，決不旁顧。學問思辯，力行為歸。

強生：審時度勢，避凶趨吉。不砍不割，善刀藏之。親師取友，信義為先。損友宜拒，服食宜儉。欲取先予，合群強己。

達生：操自然門，斯即吾志。志在南轅，不肯北轍。主靜收心，持敬檢過。他事勿涉，安心一技。守作息表，設度馭己。因訓練故，而出絕活。寅卯走圈，專恆增極。日加一圈，是為規矩。存不失勢，進以增勢。先存後進，徹悟之理。意馭念神，常注黃庭。合此為之，違此不為。

惜生：人生百年，腐同草木。惜時用功，志士所為。人多閑暇，必是庸人。言有良箴，行有可據。書之座右，常警吾心！

1998 年 8 月 20 日　書於五生齋

第六章
自然門功夫訓練規矩

本門功夫，以自然為名，即練時之念頭，自以念處空寂淨慮之本然狀態為主，而力戒念頭外馳用於思慮之人為狀態。本門第三代傳人萬籟聲先生亦言：

「不過閱者，亦需知一藝之成，其始也，固由不自然而入於自然，苟初基不蹈規矩，不下苦功，焉能有自然痛快之一日。是以本門功夫，練時亦有一定拳式，特練時不著相，聽其自然，而仍守一定法則，久而久之，則真自然矣！……初功即以內圈手為根，矮襠成圈環走，後則推手（即鬼頭手），先習陽手，後習陰手，陽手掌自手背出（成虎爪掌），陰手掌自掌下出，再加踢腿，先踭後跰，順逆成環習之，先百步，再二百、三百、四百，再半時、一時、二時為恆……」

這段話強調了一點，就是自然門初功之矮襠走圈只有循規蹈矩，才能從不自然狀態進入自然狀態。何謂不自然狀態？因矮樁子帶來的呼吸量大，腰腿承受力大，而難以保持呼吸的順暢。走圈過程中時而粗喘時而細勻；手腳動作的不協調，走圈過程中樁子時而高時而低；腿力的難於支撐，這一切都是不自然的狀態。不自然不要緊，只要恪

守規矩，勤下苦功，勤走圈子，則不順暢之息可以使之順暢，不協調之動作可以使之協調，難於支撐的腿力可以使之易於支撐。功夫練至化境之時，自現神妙，炁通陰蹺氣脈而使兩足之走圈速快絕倫。功力至此，始由速慢之不自然狀態進入速快如同閃電之自然狀態。

而從不自然狀態進入自然狀態，有兩個條件：一是勤下苦功，一是恪守規矩。勤下苦功即「吃得夏練三伏，冬練三九」之苦之謂也；恪守規矩即俗諺所言「不以規矩，不成方圓」之謂也。換而言之，只有嚴守自然門功夫訓練規矩進行訓練，才能出自然門功夫。矮襠走圈須嚴守九要規矩，何謂九要規矩？

（一）頭要用頂勁。

（二）項要用豎勁。

（三）肩要用沉勁。走圈之先，以鼻猛噴氣一口，則體內之氣向下壓縮至小腹，則肩自沉下。

（四）腰要用塌勁。腰向下塌，頭向上頂，一上一下則腰背之脊椎骨自直自正。

（五）襠要用提勁。提襠即提肛，如忍大便狀，忍一忍，提一提，使體內順行之炁逆轉，衝過會陰尾閭而入於升陽之路，進入督脈。

（六）舌要用抵勁。以舌抵齒，舌為心梢，齒為腎末，心屬火而腎屬水，故以舌抵齒，即水火既濟、心腎相交，陰陽交感之兆。

（七）肘要用垂勁。肘垂則攻擊時手臂直中寓曲、曲中求直，攻擊時則力可透之於拳，收手時亦靈活而有餘地；反之，若肘不垂，則攻擊時手臂過直，而形同授柄於

敵；退避時收手不及，易受敵制。

（八）胯要用鬆勁。惟胯部鬆活，方易於變換身法，方易於進退裕如。

（九）足趾用抓扣之勁。以足趾抓扣，如抓入土中，如是守則立地如生根，攻則擊敵而有助力。

此九要規矩既可用於矮襠走圈，亦可用之於自然拳、太極拳、六合拳等拳式中。此九要規矩為訓練時對人體各關鍵部位的要求。

於此之外，自然門尚有一條獨特的晨訓規矩，這就是：早起第一件事，須上廁所解大小便，以排盡體內污穢之物，方才准許做矮襠走圈功夫訓練。

第七章
自然門功夫訓練

第一節　基本功訓練法

一、基本功概言

　　武術基礎功夫分為基本功與根基功兩個層次。基本功是基礎的基礎，是習武者入手訓練的基礎功夫。基本功成，可以達強身健體之鍛鍊效果，然尚不足以用之於實戰技擊。根基功是以基本功為基礎進一步深造的基礎功夫，是基礎之上的基礎，是自然門武術入門的基礎功夫。根基功成，可以達防身自衛之功效，可以用之於實戰技擊。換言之，基本功是武術各門派必修之公共課，帶有共性特徵；武術各門派的根基功，則各有其特徵，如同專修課，帶有個性特徵。基本功宜終身訓練，根基功則分階段訓練，此即二者之分界。鑒於基本功要求習武者要做終身不間斷的訓練，其難度較大，故於訓練之初，非痛下苦功不可，非具百折不回之恆心與吃苦耐勞之精神不可，非具

「夏練三伏，冬練三九」之毅力不可。而於練成之後，每天稍事練習即可。在克服基本功訓練難度的同時，習武者之意志即得到磨練。故磨練人的勇武剛毅、忍耐謙虛品質之法，莫過於武術基本功訓練。基本功之訓練，能夠全面提高身體素質，為學習套路、器械以及高難度功夫，為提高實戰技擊水準打下厚實之基礎。

基本功是以訓練呼吸、手型、步型和手法、步法、身法、肩、肘、腕、胯、膝諸關節，頂、項、胸、腰、背各部位，以及長跑、跳躍、平衡為主的武術基礎性功夫。據基本功之於人體各部位訓練之特點，分而述之於下。

(一)呼吸訓練

拳諺所言：「晨練泄廢納新氣，午練順逆精氣蓄，夜深旋氣發精銳，彈指穿木如插席。」由此足見呼吸訓練之重要。武術基本功中的呼吸訓練，稱作「換氣」，亦名「吐故納新」。這項訓練儘管簡易，但在基本功中卻是必修之一課。呼吸訓練要求以鼻呼吸，切忌用口，要使鼻呼鼻吸深長而細勻，呼則呼盡，吸則吸滿，要細且勻，不能忽粗忽細，忽長忽短，須做到使鼻孔中出入之氣流粗細均勻，長短相宜，速度悠緩。

(二)關節訓練

先將骨關節活動開，再做套路訓練、器械訓練或根基功訓練，這樣就可避免因骨關節活動不開導致的武術運動性損傷。骨關節訓練包括頸、肩、肘、腕、膝、踝這六個關節的訓練。自然門尚有「青象吸針」的獨特的全身關節

訓練法。

(三)基本手型、步型和手法、步法訓練

拳諺所言「行家一伸手，便知有沒有」「未學打，先學樁」，均強調習武者要熟練掌握武術手型和步型，以促進武術動作的規範化。手型主要分拳、掌、鈎三種。步型主要分弓步、馬步、仆步、虛步、歇步、丁步六種。又，拳諺所言「先看一伸手，再看一步走」，均強調武術手法、步法之重要。只有熟練掌握武術手法和步法，才能增強上下肢速度、打擊力，提高上下肢靈活性和協調性，為學習套路、器械打下厚實的基礎。

手法主要分直沖拳、架拳、推拳、亮拳、雲手等；步法主要分蓋步、插步（又名「偷步」）、擊步、弧形步等。自然門步法尚有矮襠步等。

(四)腰部訓練

拳諺所言「腰是機關腳似鑽」「腰似蛇行步賽黏」「練拳不活腰，終究藝不高」，皆表明只有注重腰部訓練，才能練就高超武藝。在基本功訓練項目中，腰是較集中地反映身法技巧的關鍵，又是武術發力的主宰部位。其訓練方法有：俯腰、涮腰、仰臥起坐、下腰、翻腰、晃腰、甩腰、翻斤斗等，自然門腰部訓練法尚有打躬式、打轆轤式兩種。

(五)腿部訓練

拳諺所言「打拳不溜腿，終究是個冒失鬼」「腿不壓

不柔，不溜不剛」，皆為腿部訓練之經驗總結。而「手是兩扇門，全憑腿打人」，則對照性地說明了腿技的重要性。腿部訓練可提高下肢的柔韌性、靈活性，增強腿部的控制能力。其訓練方法有：壓腿、溜腿（踢腿）、控腿、纏腿、劈叉、擺腿、耗腿、搬腿等。

壓腿可以拉長腿部肌肉和韌帶，增大髖關節的活動範圍，分正壓、側壓、後壓、仆步壓四種。踢腿能較集中地反映出腿部的柔韌、靈敏、控制力量的訓練水準，又分直擺性踢腿和屈伸性踢腿兩大類。直擺性腿法主要有正踢、側踢、外擺、裡合、斜踢（邊腿）、後撩腿六種。屈伸性腿法主要有彈腿、踹腿、蹬腿、踮踢、骿踢五種。

(六) 全身訓練

拳諺有言：「拳打千遍，身法自見。」雖說身法之靈捷善變多出自於拳術套路之反覆訓練過程之中，但身法也有其基本功，這就是全身訓練，其訓練方法有負重長跑、倒立等。

(七) 眼神訓練

拳諺所言「拳如流星眼似電」「拳法之神眼為先」，皆說明對眼神的訓練歷來為習武者所重視。其訓練之法，粗略分為注視與隨視兩法。注視法——自然門技擊法講究靜觀時專注對方兩眉之間的中點印堂穴，寓伺機而動於此一專注之中；隨視法——講究訓練時眼神與手型、步型、身法協調一致，細分有看、瞪、旋、變四種。看，即平視；瞪，即專注目標，機智敏銳；旋，即過渡動作的手眼

相隨；變，即配合甩頭變臉而出現的各種眼法。其訓練方法有合目轉眸、翼狀瞪目等。

二、基本手型、步型和手法、步法

(一)手　型

武術訓練中常用手型主要分拳、掌、鈎三種。

1. 拳

五指併攏捲握，大拇指壓於食指、中指之第二指節上。其拳面平者，名之為方錘（圖1）。

其拳面不平，或食指凸出於拳面者，稱鬼頭指（圖2）。或中指凸出於拳面者，稱雞心錘，又名「五雷訣」（圖3）。拳心朝下者，稱平拳；拳眼朝上者，稱立拳，圖略。食、中二指併攏伸直，大拇指壓於無名指、小指之第一指節上者為劍指（圖4）。

圖1

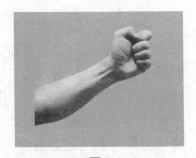

圖2

圖3

圖4

圖5

圖6

2. 掌

　　大拇指屈曲或外展，其餘四指併攏伸直。其大拇指彎扣虎口處者，為「柳葉掌」（圖5）。

　　大拇指與四指分開者，稱「八字掌」（圖6）。五指箕張，第一、二指節向內彎曲成爪狀，腕關節後屈者，稱「虎爪掌」（圖7）。

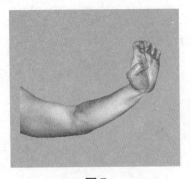

圖7

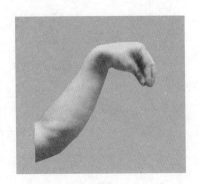

圖8

圖9

圖10

3. 鈎

　　向內屈腕，五指撮攏。有五指的第一指節捏攏在一起者，稱「鳳點頭」（圖8）。有大拇指與食、中二指撮攏者，稱「刁鈎手」（圖9）。有大拇指緊貼食指根，而其餘四指箕張者，稱「龍爪鈎」（圖10）。

(二)步 型

武術訓練中常用步型主要分弓步、馬步、仆步、虛步、歇步（又稱偷步、交叉步）、丁步六種，此外尚有扁步（又稱外撇步）、內八字步、外八字步等。

1.弓 步

【動作說明】

左腳前跨一步，腳尖微向內扣，全腳掌著地，屈膝半蹲，大腿接近水平，膝部約與腳尖垂直，右腿挺膝伸直，腳尖裡扣斜向前方，全腳掌著地。弓左腿為左弓步（圖11）。弓右腿為右弓步，圖略。

【要點】

①前腿弓，後腿繃；②前腳尖與後腳跟成一直線；③頭頂項豎，塌腰、沉髖。

2.馬 步

【動作說明】

左腳向左側橫開一大步，兩腳腳尖正對前方，屈膝下蹲，膝部垂線不超出腳尖，大腿與地面一樣平，全腳掌著地，身體重心落於兩腿之間（圖12）。

【要點】

身正、塌腰、沉肩、豎

圖11

項、頭頂，腳跟外蹬。

3. 仆　步

【動作說明】

右腳向右側橫開一大步，左腿屈膝下蹲，大腿與小腿靠緊，臀部接近小腿，全腳掌著地，膝與腳尖稍外展，右腿挺直平仆，腳尖裡扣，全腳掌著地；目視體右側。仆右腿為右仆步（圖13），仆左腿為左仆步。圖略

【要點】

塌腰，沉髖。

4. 虛　步

【動作說明】

右腳外展45°，屈膝下蹲，大腿接近水平，勁坐右腿，全腳掌著地；左腳前伸，膝微屈，腳尖微扣，虛點地面。

圖12

圖13

左虛右實者，為左虛步（圖14），右虛左實者，為右虛步。圖略。

【要點】

身正、腰塌，虛實分明。

5. 歇步

【動作說明】

圖 14

兩腿交叉靠攏全蹲，左腳全腳掌著地，腳尖外展，右腳前腳掌著地，右大腿與左小腿緊貼，臀部接近右腳跟處。左腳在上為左歇步（圖15），右腳在上為右歇步，圖略。

【要點】

身正，腰塌，要求兩腿靠攏並貼緊。

6. 交叉步

【動作說明】

圖 15

兩腿交叉屈膝微蹲，前腳尖外展，後腳跟稍離地向上（圖16）。

【要點】

擰身、轉胯、身正。

圖 16

圖 17

7. 正八字步

【動作說明】

下蹲，兩手按胯上，兩腳腳尖外展，兩腳扁出，一前一後，向前邁步而行（圖 17）。

【要點】

身正、塌腰，兩腳之外撇，以越成橫線為佳。

8. 倒八字步

【動作說明】

兩腿伸直，再兩腳尖相對，兩手撐膝頭，一前一後，向前邁步而行（圖18）。

圖 18

【要點】

兩腳尖越對攏越佳。

9.外撇步

【動作說明】

左腳半蹲，腳尖外展；右腳扁出，腳尖外撇（圖19）。

【要點】

勁坐後腿，前腳掌橫向著地。

圖19

(三)手 法

武術訓練中基本手法主要有甩臂、直沖拳、雲手、架拳、推掌、亮掌等。

1.甩 臂

(1)單手甩臂

出左腳，成左弓步；右手叉腰，左手於體左側做順向或者逆向畫圓甩臂；目平

圖20

視正前方（圖20）。是為左單手甩臂訓練，右單手甩臂亦如是操作。

(2)雙手甩臂

雙手於頭部上方交叉後分往體側，下行至小腹前交

叉，如是一上一下
做反覆之甩臂訓練
（圖21）。

2. 直沖拳

第一式

馬步下蹲；兩
手抱拳於腰際，拳
心朝上；目平視
（圖22）。

圖21

第二式

接上式。腋窩夾緊，左拳朝正前方直向沖出，拳心朝
下；目平視（圖23）。

圖22

圖23

圖 24   圖 25

第三式

接上式。左拳五指叉開（圖 24）。

第四式

接上式。順向旋臂，左手五指抓握成拳，拳心朝上
（圖 25）。再收左拳於腰際，還原為起式。

註：上述四式為左沖拳訓練法，右沖拳亦如是操作，
一左一右，交替沖拳。

3.雲　手

(1)單手雲手

單手雲手，又名「方雲手」，訓練時以單手於體前呈
正方形路線轉動訓練，故名「方雲手」，此種雲手主要是
練的手上之橫勁。

第一式

矮襠，成馬步；右掌置右髖前，掌心朝上，成仰掌；

圖 26

圖 27

左掌上提於體右前上側，掌
心朝右；目平視體右前方
（圖 26）。

第二式

接上式。腳不動；左掌
向體左前上側以暗勁轉動，
掌心朝左，目平視體左前方
（圖 27）。

第三式

接上式。腳不動；左掌
向體左前下側以暗勁下按，
掌心朝右；目平視正前方（圖 28）。

第四式

接上式。腳不動；左掌向體右前下側以暗勁轉動，掌
心朝上，成仰掌；目平視正前方（圖 29）。

圖 28

圖 29

圖 30

　　註：上述一至四式為左
單手雲手訓練，一至四式為
一次，每遍練 30 次。右單
手雲手亦如是操作。

(2) 雙手雲手

第一式　左向雲手

　　矮襠成馬步；雙手左上
右下向體左側畫弧；目平視
體左側（圖 30）。

第二式　右向雲手

圖 31

　　接上式。腳不動；雙手
左下右上向體右側畫弧；目平視體右側（圖 31）。

　　註：上述一至二式為雙手雲手訓練，一至二式為一
次，每遍練 30 次。

(四)步 法

武術訓練中常用步法有進步、退步、上步、撤步、蓋步、插步、擊步、弧形步等，除此之外，自然門技擊法中尚有擠步、墊步、左閃步、右閃步、左車閃步、右車閃步、前躍步、後躍步、浪步、游擊步 10 種步法。

圖 32

步法部分不攝圖片，代之以腳印作為示意圖（圖 32）。

1. 進 步

前腳向前上半步，後腳向前跟進半步（圖 33）。

2. 退 步

後腳先退回半步，前腳再退回半步（圖 34）。

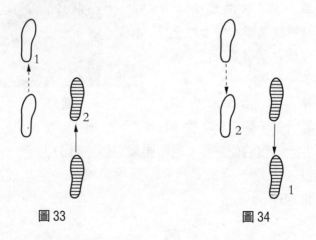

圖 33   圖 34

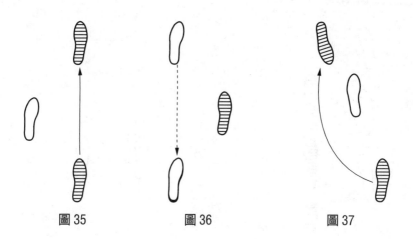

圖 35　　　　　圖 36　　　　　圖 37

3. 上　步

後腳向前上一步，左式變成右式（圖 35）。

4. 撤　步

前腳向後撤一步，右式變成左式（圖 36）。

5. 插　步（又名「偷步」）

後腳向前腳後斜上一步，後腳跟離地，兩腳呈交叉狀（圖 37）。

6. 蓋　步

後腳向前腳之前斜上一步，腳尖外展，兩膝微屈（圖 38）。

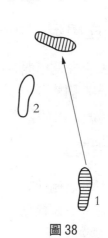

圖 38

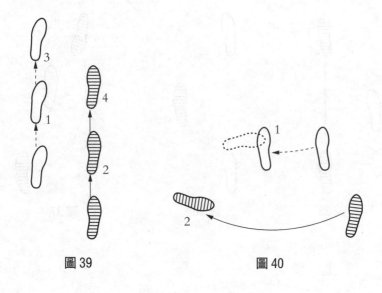

圖 39   圖 40

7. 擠　步

前腳前上一步，後腳隨上一步；復前腳前上一步，後
腳隨上一步，兩腿微屈（圖 39）。

8. 左閃步

前腳向左側橫開半步，後
腳隨之向左側橫開一步，同時
右轉體 90°（圖 40）。

9. 右閃步

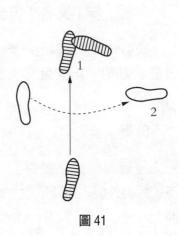

後腳向右側前方上一步，
前腳隨之向右側橫開一步，同
時左轉體 90°（圖 41）。

圖 41

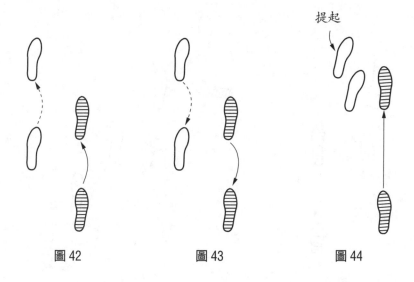

圖 42　　　　　圖 43　　　　　圖 44

10. 前躍步

兩腳蹬地向前躍一步，兩腳前掌先著地，再腳後跟著地（圖42）。

11. 後躍步

兩腳蹬地向後躍一步，兩腳前掌先著地再腳後跟著地（圖43）。

12. 墊　步

後腳蹬地向前腳內側併攏，同時前腿屈膝提起（圖44）。

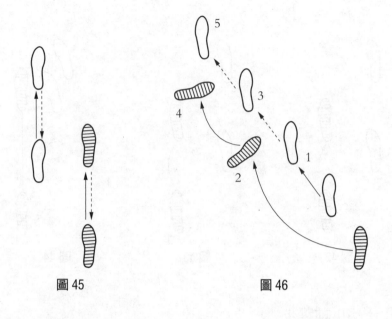

圖 45　　　　　　　　　　　圖 46

13. 浪　步

　　前腳向前上半步，後腳向前跟進半步，腳跟離地，重心落在前腿，後腳向後退半步，前腳再退回半步，腳跟離地，勁坐後腿，如是反覆訓練，名為浪步（圖 45）。

14. 游擊步

　　前腳向左側前方上半步，後腳向前腳後斜上一步，後腳跟離地，前腳再向左側前方上半步，後腳再向前跟進半步，腳跟離地，前腳再向左側前上半步，後腳不動，腳跟離地，兩膝微屈，重心落在前腿（圖 46）。

15. 左車閃步

前腳向右側橫開
一步，後腳向前腳後
斜上一步，同時右轉
體180°（圖47）。

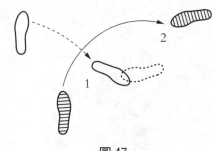

圖47

16. 右車閃步

後腳向左側橫開
一步，前腳向後腳後
斜上一步，同時左轉
體180°（圖48）。

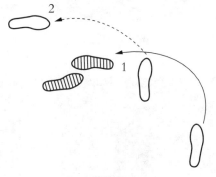

三、呼吸訓練

【方法】

圖48

第一式

兩腳分立；兩手下垂，十指上翹，掌心朝下；目平視
正前方，上下齒相叩，舌抵齒間。念無我想、無他想、處
空寂淨慮之本然狀態中（圖49）。

第二式

接上式。兩掌內旋，後上提至小腹前，掌心朝上，元
神貫注於臍下三寸之關元氣穴；目平視正前方（圖50）。

第三式

接上式。兩掌繼續上提至胸前交叉；頭用頂勁，意將
氣從臍下三寸之關元氣穴沿任脈上提至胸窩絳宮氣穴；目

圖 49

圖 50

圖 51

圖 52

平視正前方（圖 51）。

　　第四式

　　接上式。兩掌外旋後向上托舉；以鼻緩緩吸氣，意將天陽之氣從手心勞宮氣穴吸入體內；目上視（圖 52）。

圖 53

圖 54

第五式

接上式。兩手左右分開向下畫弧至體左右兩側，成側平伸；同時頭向左轉，目視體左側之左手，口微吐氣（圖53）。

第六式

接上式。兩手繼續向下畫弧；同時頭向右轉，目視體右側之右手，口微吐氣（圖54）。

圖 55

第七式

接上式。兩手向下畫弧，至掌背貼地面為度，俯腰；目視兩掌間之地面，口吐氣至盡（圖55）。

【提示】

呼吸訓練共計七式，於每天清晨訓練，吐盡體內濁氣，吸入天陽地陰之新鮮空氣，可增強人體新陳代謝功能。兩手上托時以鼻吸氣，向左右側分開兩手時以口吐氣，如是一吸一吐，一上一下，每七式為一遍，行三遍。

【運氣歌訣】

> 呼吸訓練有五要：一靜二鬆三細勻，
> 四恆五練早中晚，意馭元神注關元，
> 鼻吸滿時口微吐，小腹緊縮有氣感；
> 肌肉放鬆氣緩下，呼吸深長細且勻；
> 吸時擴胸舒雙肺，足跟上提手托舉，
> 呼時雙臂兩側分，足跟落地身前探；
> 早練中練與晚練，恆心赴之功自長；
> 舌抵齒間心腎交，神入關元精化炁。

註：舌抵齒間是自然門呼吸訓練的秘要。蓋舌為心梢，齒為腎末，心屬火，腎屬水，以舌抵齒，實乃是心腎相交、水火既濟、陰陽交感之兆。

四、關節訓練

(一)活動頸關節

1. 以脖頸根部為軸，左向呈順時針方向轉頸（圖56）。

2. 接上式。仍以脖頸根部為軸，右向呈逆時針方向轉頸（圖57）。

圖 56

圖 57

(二)活動肩關節

以兩手十指搭於肩上，分裡向轉肩與外向轉肩兩式
（圖58）。

(三)活動肘關節

1. 兩掌上提至頭左右兩側，然後自腋前插下，分行於
體左右側，掌心向後（圖59）。

2. 接上式。兩掌外向旋轉，掌心朝上（圖60）。

註：兩手插下、外旋交替反覆訓練。

(四)活動腕關節

兩手十指交叉，左腕上提，則右腕在下；右腕上提，
則左腕在下，如是一上一下，一左一右，交替訓練（圖
61）。

圖 58

圖 59

圖 60

圖 61

（五）活動膝關節

1. 裡向轉膝（圖62）。

2. 外向轉膝（圖63）。

圖 62　　　　　　　　　　圖 63

3. 併腳轉膝

兩腳併攏，或左向呈順時針方向轉膝，或右向呈逆時針方向轉膝（圖 64）。

（六）活動踝關節

一腳直立，另一腳先提膝而後向前平伸，以踝關節為軸，或左向呈順時針方向轉踝，或右向呈逆時針方向轉踝。兩腳或左立而右伸，或右立而左伸，交替訓練（圖 65）。

（七）青象吸針

第一式

兩手成鈎直出，併步聳身成旁式（圖 66）。

圖 64

圖 65

圖 66

圖 67

第二式

　　由上式緩緩蹲下，肘仍不屈，直至完全下去，以兩手
反扳兩腳跟，面部下傾，至可吸取地面之針為止，則全身
之筋與骨節，均伸展開矣（圖67）。

五、腰腹訓練

(一)打躬式

第一式

兩手十指交叉，自上向下緩緩伸之，反覆伸之，膝不可屈，習久自能以手拄地（圖68）。

第二式

由上式變作此式。兩手以左手握右腕於兩腳跟後，以胸能緊貼膝部為度（圖69）。

(二)涮腰式

第一式

兩腳開立；兩臂側平伸；目平視正前方（圖70）。

圖68

圖69

圖 70

圖 71

第二式

接上式。身體右轉；同時，左手向上、向右畫弧至體右前側，右手向下、向左畫弧至體左後側；目視體右側（圖71）。

第三式

接上式。身體向體右下側俯；左手自體右前上側向體右前下側畫弧至右腳背；右手置身後；目視體右下側（圖72）。

圖 72

第四式

接上式。身體移至體左下側，左手自右腳背移至左腳背再移至身後；右手自身後移至右腳背再移至左腳背；目

圖 73　　　　　　　圖 74

視體左下側（圖 73）。

第五式

接上式。身體直起；右手
自左腳背向上畫弧至體左前
側；左手移至體左後下側；目
視體左側（圖 74）。

第六式

接上式。身體向右轉至正
面；右手自體左前側向上向右
畫弧至體右側；左手自體左後
側，向上畫弧至體左側，兩手

圖 75

側平伸；頭向上仰，目視天，再抬頭還原為第一式（圖
75）。

註：上述六式，為右向涮腰，左向涮腰與右向涮腰動
作相同，惟方向相反。

圖 76

圖 77

（三）打轆轤式

第一式

兩手抱拳於肋下；目平
視正前方（圖76）。

第二式

接上式。左膝上提；兩
手上托；目平視正前方（圖
77）。

圖 78

第三式

接上式。左腳向前跨
出，成左弓步；兩掌豎於頭部左右側；目平視正前方（圖
78）。

第四式

接上式。兩手前仆，而後抓握成拳，收回於肋下；收

左腳於右腳旁，還原為第一式（圖79）。

　　註：上述四式，其狀如打轆轤，故名。每四式為一遍，行 20 遍，左弓步與右弓步，交替訓練。

圖 79

（四）倒掛仰臥起坐

第一式

　　兩腳勾住練功架之橫杆，雙手抱頭，倒掛在練功架上（圖80）。

第二式

　　以腰部用力，兩手抱頭使身體向上坐起（圖81）。

　　註：上述二式，一起一落，反覆訓練。一起一落為一

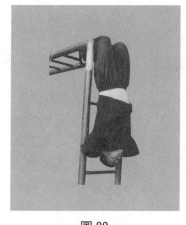

圖 80

圖 81

次，始之以每遍訓練 30 次，繼之以每遍訓練 60 次，終之
以每遍訓練 90 次，練至 90 次為度。

六、腿部訓練

(一)壓　腿

1.正　壓

第一式

身體朝正前方，右腿直立，膝不可屈，左腳後跟搭在
平臺上，腳尖裡向勾回；兩手十指交叉按於膝上，以胸部
朝左腿上仆壓，繼而上身直立，再以胸部朝左腿上仆壓；
目平視正前方（圖82）。如是反覆訓練，此為左腿之正壓
法，右腿之正壓法亦如是，惟右腿搭平臺上，左腿在下。

第二式

由上式變作此式，變兩
手按住膝關節為兩手扳腳前
掌；先壓左腿，身體仍朝正
前方；右腿直立，膝不可
屈；左腳後跟搭在平臺上，
腳尖裡向勾回，兩手扳腳前
掌，以胸部朝左腿上仆壓，
繼而上身立起，再以胸部朝
左腿上仆壓，目平視正前方
（圖83）。如是反覆訓

圖82

圖 83 　　　　　　　　　圖 84

練，此為壓左腿之訓練法，壓右腿則右腳搭平臺上，左腿在下，亦如同左腿之訓練法。

2. 側　壓

第一式

身體側立，右腿直立，膝不可屈；左腳後跟搭在平臺上，腳尖裡向勾回；兩手側平伸；目視體右側（圖 84）。

第二式

接上式。右掌朝上，朝體左側畫弧搭於左腳腳尖上；左掌朝下，朝體右側畫弧置於右肋下，以左肩極力朝左膝部緊靠（圖 85）。

圖 85

圖 86

註：上述二式為左腿側壓訓練法，右腿側壓訓練亦如是，惟方向相反。

3.後　壓

由上式變作此式。身體背對平臺而立；右腿直立，膝不可屈；左腳腳前掌背部搭在平臺上，上身先前仆而後極力後仰；目平視正前方（圖86）。如是反覆訓練，是為左腿後壓訓練法，右腿後壓訓練亦如是操作，惟右腳腳前掌背部搭平臺上，左腳在下。

4.仆步壓

第一式

伸左腳，成左仆步，左腳腳掌緊貼地面；左掌豎於右胸前，右手成鈎置體右側，以左肩朝左膝靠壓；繼而上身立起，再以左肩朝左膝靠壓，目視體左下側（圖87）。如

圖 87　　　　　　　　　圖 88

是反覆訓練，是為左仆步壓訓練法。右仆步壓亦如是操作，惟方向相反。

第二式

由上式變作此式。伸左腳，成左仆步，左腳腳尖裡向勾回；左掌豎於右胸前；右手成鉤置體右側；以左肩朝左膝靠壓；繼而上身立起，復以左肩朝左膝靠壓，目視體左下側（圖88）。如是一起一壓，反覆訓練，是為左仆步壓訓練法。右仆步壓亦如是操作，惟方向相反。

5. 纏　腿

以一酒瓶固定於練功架上。右腿直立，左腿先屈膝上提，繼而前伸，腳背繃平，以腳尖對準酒瓶做順向纏繞或逆向纏繞訓練，是為左纏腿訓練法（圖89）；右纏腿亦如是操作。

(二) 控　腿

先屈膝上提而後伸出。腿要緩緩伸出，伸出時腳背繃

圖89

圖90

圖91

平或腳尖勾緊，伸出後要停留片刻，再將膝上提收回並還
原。

　　1. 前控（圖90）。

　　2. 側控（圖91）。

3. 後控（圖92）。

（三）正倒八字步

1. 倒八字步

兩腿伸直，兩腳尖相
對，以兩腳尖相抵為佳；
兩手撐膝頭（圖93）。

2. 正八字步

圖92

矮襠，兩腳扁出，一
前一後，以成橫線為佳；兩手按胯上（圖94）。

（四）蹲　跳

身體下蹲；左手握右腕於身後，右手握成拳；兩腳腳

圖93

圖94

跟相抵，腳前掌分開；上身
直挺，頭頂項豎。提氣向前
做連續性跳動，步子宜小，
跳至 20 公尺為終點；復提
氣向後做連續性跳動，跳回
至起點為一遍，如是往前
跳，復往後跳，跳至 20 遍
為度（圖95）。

圖 95

（五）俯臥彈跳

以兩掌及足尖撐地，做
沿地彈跳訓練（圖96）。

（六）踢　腿

1. 正　踢

兩手側平伸，兩掌豎起；進右步則踢左腿，進左步則
踢右腿。進步宜穩且直，膝不可屈；踢腳宜勾緊，上踢時

圖 96

圖97　　　　　　　　　圖98

要猛而有力，下落時要輕而無聲。踢腳落於立腳旁。因從
正前方踢腿，故名正踢。目平視正前方（圖97）。

2. 側　踢

兩手側平伸，兩掌豎起；左側踢，則右腳掌橫出，身
體右轉；借轉體左手下擺於小腹前，同時左腳勾緊，朝體
左側上踢，以右手拍左腳尖；目視上踢之腳尖（圖98）。
右側踢亦如是，惟方向相反。

3. 外　擺

兩手側平伸，兩掌豎起；進左步則右腳尖勾緊上踢，
朝體右側外擺，擦右掌而下落於左腳旁；進右步則左腳尖
勾緊上踢，朝體左側外擺，擦左掌而下落於右腳旁（圖
99）。

圖 99

圖 100

4.裡　合

　　兩手側平伸，兩掌豎
起；進左步則右腳尖勾緊上
踢，朝體左側內擺，擦左掌
而下落於左腳旁；進右步則
左腳尖勾緊上踢，朝體右側
內擺，擦右掌而下落於右腳
旁（圖 100）。

圖 101

5.邊　腿

　　右向邊腿，身體右轉，借轉體之勢，左膝上提並以左
腳腳背右向踢出（圖 101）。左向邊腿亦如是操作，惟方
向相反。

6. 後撩腿

身體前俯；兩掌相合；一腳獨立支撐，另一腳借身體前俯之勢向身後撩起，故名後撩腿（圖102）。

7. 彈　腿

右腿直立，屈左膝以左腳腳跟向體左側平腿彈出，彈出復收，收回復彈，如是反覆訓練（圖103）。

8. 高踢腿

右腿支撐，以左腳向正前上方高踢，踢至腳心朝天為度，上踢後即落於身後；落下站穩後復向上踢。如是一踢一落，一落一踢，反覆訓練（圖104）。

9. 踹　腿

圖102

圖103

踹時須擰腰轉胯，以大腿帶動小腿呈直線方式踹出。又分為低踹腿、平踹腿、高踹腿三種。圖105為高踹腿法。

圖 104

圖 105

10. 旋風腿

體左旋，則以右腳為支
撐點，左腳借身體旋轉之勢
向身後掃踢（圖 106）。

七、全身訓練

（一）負重長跑

圖 106

此項主要訓練全身的負
重能力，為矮襠負重走圈打下厚實的根基。先捆沙綁腿做
長跑訓練，一個月後，再做捆沙綁腿、穿鐵沙衣的長跑訓
練。每次訓練以跑 30 分鐘為度。練至負綁腿 12 公斤，穿
沙衣 28 公斤而仍能奔跑自如，則此功告成（圖 107）。

圖 107   圖 108

(二)倒　立

　　此項主要是訓練身體的平衡能力及兩臂、腰、腹的協
調能力。訓練時，先在墊子上做兩手支撐全身行走的訓
練，三個月後，兩手支撐全身行走的平衡能力增強，再做
兩手支撐全身而以腳跟靠牆的倒立訓練，始之倒立 10 分
鐘，漸至於倒立半個時辰，終至倒立一個時辰。至倒立一
個時辰，則此功告成（圖 108）。

八、眼神訓練

(一)合目轉眸

閉目令兩眸向左轉動 7 次，復向右轉動 7 次（圖

圖 109

圖 110

109）。

（二）翼狀瞪目

接上式。兩手成翼狀；腳尖踮起時兩目圓睜，瞪視初升之太陽（圖110）。

第二節　套路訓練法

一、套路概言

拳為武藝之源，打拳即練套路，打拳乃民間俗語，套路為武學術語。究訓練套路之必要，在於藉此以練出紮實的身功根底，身功是武術「手眼身法步、肩肘腕胯膝、頂項胸腰背」中的一項基本功，是習武者必修之一課。

本門拳法僅只自然拳一套，其法以意馭念，以念導氣，而發顯為四肢百骸之動作。首重斂神，純以元神行拳，由靜而動，動中寓靜，靜以蓄神，動以練形。無為而成，不用識神，不可有絲毫人為思想的參與，不用拙力。執此一個用元神不用識神之理於變化無端之每一招式之演練中，誠可謂以道貫武，以武演道可矣！故其拳既合乎道，又適於養生，拳在道中，道由拳演，恆久訓練，一旦豁然貫通，則閃展騰挪、攻守閃避，無不從心所欲，此即本門拳法精到之處。

究此拳用功之訣要，乃淵源於少林武當，故本節所述，兼及少林六合拳與武當三豐太極拳。習本門拳法，須以自然門矮襠走圈功、上木盆輕功作根底，方可用之於實戰技擊。功夫須達到：黏可破竹，踢可斷板，掃可斷椿，掌可裂石，指可打穴，騰可空翻，走圈可上木盆，手打如繩鏢，腳踢只見影，出腿如彈簧。自然拳路數分三行九點，上木盆之輕功成，即可於覆蓋地面之九個瓷碟上訓練此套拳法，倘一趟拳下來覆碟完好無損，此拳即告練成。

自然拳、少林六合拳於《武術匯宗》一書中均有介紹，然述焉不詳，故筆者於書中詳加述出；武當三豐太極拳於《武術匯宗》一書中僅備泛論與拳譜，尚無圖文解說，故筆者亦於書中補此缺漏。

上述三套拳法，少林六合拳在風格上主要體現一個「硬」字，訓練時要求收腹挺胸，打法上以攻為主；武當三豐太極拳在風格上主要體現一個「柔」字，訓練時要求含胸拔背，打法上講究後發先至，自然拳在風格上主要體現一個「快」字，訓練時既不要求收腹挺胸，也不要求含

胸拔背，而純以神行拳，勁斷神不斷，純任乎自然。眼法講究目視對方兩目間之印堂穴，步法上講究邁步如貓行，既沉穩有力，又靈活多變，攻擊如電閃之迅捷，閃避如抽鞘之利索，跳閃如飛燕，站立如停風。攻擊時尤注重腿法之運用，有六絕腿傳世，即捆腿、轉環腿、連腿、截腿、蹄腿、撩陰腿。

六絕腿乃本門技擊之精髓，其訓練法詳見本書之《自然門技擊法》一章，由是觀之，此三套拳法，風格迥異。又，此三套拳法，實乃傳統武術套路之精粹，訓練純熟，則身法自出。拳諺所言：「拳打千遍，身法自然是也。」故打拳須至於熟練，始可以入身法自然之境界。

本門拳法雖只一套，然習之者果能於上木盆輕功根底上進一步深造，果能參少林拳之「硬」、武當拳之「柔」，熔而鑄之於自然拳之「快」，果能於此三套拳法悉心求之，痛加磨礪，則其運用於實戰技擊，實可稱之為用之不竭，取之不盡之神技可矣！習武者萬勿目之以傳統套路而忽略焉。

二、少林簡化六合拳

1. 開　勢

面東而立，抱拳於腰眼，頭頂項豎身正，念無我想無他想，處空寂淨慮之本然狀態；目視前方，面向東（圖1）。

圖1　　　　　　　　　　　　圖2

2. 反面錘

接上式。上右腳，成右弓步；右拳自胸前反面打出，左拳不動；目視前上方，面向東（圖2）。

3. 掛中拳

（1）接上式。腳不動；橫右拳於眉骨上方；左拳不動；目視前方，面向東（圖3）。

（2）上動不停。腳不動；出左掌於正前方，收右拳於右腰眼，左掌覆，右拳仰；目平視前方，面向東（圖4）。

（3）上動不停。上左步，收右腳併於左腳旁，腳跟相靠，腳前掌分開，矮襠；右拳自後向前掄出，左手扶右拳腕；目瞪視前方，面向東（圖5）。

圖3

圖4

圖5

圖6

4. 炮　拳

　　接上式。開右步，跟左步；右拳斜向橫於眉骨上方，左拳打出；目瞪視前方，面向東（圖6）。

圖7　　　　　　　　　　圖8

5. 托槍打虎

（1）接上式。右腳前跨一大步，身體左轉，成左仆步；同時，右拳自眉骨上方向體左前側下掄，左拳下移至左腰眼處；目平視體左前方，面向西（圖7）。

（2）上動不停。左腳向右腳後偷一步；右拳自左拳下拉回；左拳向體左前方打出；目平視體左前方，面向西（圖8）。

6. 鋪地錦

接上式。右腳自左腳前橫開一大步，勁坐右腿，左腿繃直成左仆步；左拳自右拳裡向繞而打出，右拳拉回至眉骨上方；目視體左前方，面向西（圖9）。

7. 捋手扁踩

（1）接上式。收左腳，虛點於右腳前；兩手由拳變

圖 9

圖 10

圖 11　　　　　　　　　　圖 12

掌，左覆右仰。左掌尖搭右掌根；目視體左側，面向西
（圖10）。

（2）上動不停。提起左腳，身體直起並由向東左轉至
向西，右腳偷步於左腳後，身體復蹲下；兩手腕左外右內
交叉於胸前；目視體右前方，面向西南（圖11）。

圖 13   圖 14

（3）上動不停。起右腿橫向踢出；左腿支撐，膝不可屈，勁注右腳後跟；兩掌同時分開；目視體右前方，面向南（圖12）。

8. 插　打

接上式。落右步，上左步；右手抓握成拳，置右腰眼處；左手抓握成拳，橫於右腋下，拳心朝下，復以右拳打出；目平視前方，面向西（圖13）。

9. 捆　腿

（1）接上式。收左腳，虛踏於前，身體下蹲，勁坐右腿；同時，兩掌相疊於眉骨上方；目平視正前方，面向西（圖14）。

（2）上動不停。出右腿捆之，勁坐左腿；同時，兩掌外向挑開，再左手抱右腕於體前下方；目瞪視正前方，面

圖 15

圖 16

向西（圖 15）。

10. 上步壓打

接上式。震右腳，左腳提
起；右拳自左拳上壓下拉回；
左拳自下翻上打出；目瞪視前
方，面向西（圖 16）。

11. 下膛錘

接上式。落左步成左弓
步，左拳橫起於眉骨上方；右
拳向下打出；目平視前方，面向西（圖 17）。

圖 17

12. 搬　打

接上式，身體由向西右擰至向東；左拳下搬，右拳自

圖 18

圖 19

裡反面打出，目平視前方，
面向東（圖18）。

13. 打虎式

接上式。撤回右步；右
拳向下拉回翻上，拳心朝
上；左拳虎口裡向置左膝
頭，勁稍向右腿；目視體左
前方，面向東南（圖19）。

14. 收　式

圖 20

接上式。收左腳併於右腳旁，身體直起，同時兩拳變
掌向外翻，經胸前下插覆壓於小腹前，掌心均朝下。自鼻
孔噴氣一口，小腹凹下，復自鼻孔吸氣一口，小腹凸起。
收念頭返回於臍內空處之黃庭部位。目平視正前方，面向

圖1

圖2

東（圖20）。

三、少林六合拳

1. 滾手虎坐

（1）兩腳自然開立；抱拳於腰眼（髖骨骨尖上端）。自鼻孔噴氣一口，則肩自沉下，將胸腔內之氣壓往小腹下丹田內，念無我想，無他想。目瞪視正前方，面向南（圖1）。

（2）上動不停。兩拳變掌，左仰右覆，交疊於體前；腳不動；目瞪視正前方，面向南（圖2）。

（3）上動不停。兩掌以掌根相抵，順旋為左覆右仰；腳不動；目瞪視正前方，面向南（圖3）。

（4）上動不停。身體下蹲，頭扭向左，出左腳，虛點

圖 3

圖 4

於前，勁坐右腿；同時，右
掌前推，掌心朝左，左掌後
移變鈎，有前輕後重、緊襠
抿胯之要領；目視體左側，
面向東（圖4）。

2. 上步對錘

（1）接上式，身體直
起，成左弓步，頭轉回正
面；同時，左鈎手變掌前
伸，交疊於右腕下，兩掌掌
心朝上；目平視正前方，面向南（圖5）。

圖 5

（2）上動不停。腳不動；兩掌自上向下擦大腿腿面，
分往體左右兩側；目平視正前方，面向南（圖6）。

（3）上動不停。收右腳於左腳旁，成兩腳分立式，頭

圖6

圖7

扭向左；同時，兩掌自懷裡
外向變拳相對；目瞪視體左
側，身體朝南，面向東（圖
7）。

3.震腳通天炮

（1）接上式。腳不
動；頭轉回正面，右拳朝前
直沖，左拳不動；目平視正
前方，面向南（圖8）。

圖8

（2）上動不停。身體
右轉，右腳虛點於左腳旁；右拳內旋，上繞至拳心朝裡；
左拳移至右肘下，拳心朝下；目瞪視右上側，面向西南
（圖9）。

（3）上動不停。震右腳，起左膝；右拳上舉，左拳下

圖 9　　　　　　　　　　圖 10

移至右肋前；目平視體左側，身體朝南，面向東（圖10）。

4. 橫拳撩陰錘

接上式。左腳下落，成左弓步；左拳上舉，橫於眉骨上方；同時，右拳向後經下撩起；頭頂項豎腰直，目平視正前方，面向東（圖11）。

5. 撻手倒踢

接上式。左手拿住右腕，右肘裡向平起，以肘尖撞擊對方；目平視正前方，面向東北（圖12）。

6. 上步連環三錘

（1）接上式。右膝上提，右掌拍右腳外踝骨下處；左掌置體左下側；目平視正前方，面向東（圖13）。

（2）上動不停。落右腳；右拳外撇，左掌變拳置腰眼

圖 11

圖 12

圖 13

圖 14

處；目平視前方，面向東（圖14）。

（3）上動不停。左腳前跨一大步，成左弓步；出左拳，是為第一錘；右拳收回於右腰眼處；目平視前方，面

圖 15

圖 16

向東（圖 15）。

（4）上動不停。腳不動；復出右拳，是為第二錘；左拳收回於左腰眼處；目平視前方，面向東（圖 16）。

（5）上動不停。身體由向東右轉至向南，成馬步；借轉體之勢出左拳，是為第三錘；右拳收回於右肩前，拳心朝外，右肘須平，

圖 17

腰椎須直；目平視體左側，身體朝南，面向東（圖 17）。

7. 上步烏龍探海

（1）接上式。腳不動；左拳變掌，掌心朝後；目視左

圖18

圖19

掌，身體朝南，面向東（圖
18）。

（2）上動不停。上右
步成虛步，重心落於左腿；
左掌抓攏成鈎，置左肩前；
右拳變作雞心錘，向右側前
上方探出；左拳於左肩前斜
向上指；目視右拳，身體向
東北，面向東（圖19）。

圖20

8. 栽　錘

（1）接上式。右腳收而虛點於左腳旁；左掌撫右肩；
右拳外向掄下；目瞪視體右前方，身體向東北，面向東
（圖20）。

（2）上動不停。左拳內旋，向上繞至拳心朝裡；左掌

圖 21

圖 22

豎於右腋下；目平視體右前方，身體朝東北，面向東（圖21）。

（3）上動不停。起右膝，震右腳；同時，右拳自後經上繞弧往下砸下；狀如栽樹，拳如鐵錘，故名。目視體右前方，身體朝北，面向東（圖22）。

圖 23

9. 插 打

（1）接上式。開右步；右手前向抓握成拳；左手握拳於腰眼處；目平視前方。面向東（圖23）。

（2）上動不停。開左步，成左弓步，左手往前抓，右

圖24

圖25

拳收回於腰眼處；目平視
正前方，面向東（圖
24）。

（3）上動不停。腳
不動；左手抓握成拳，橫
置於右腋下，拳心朝下，
出右拳；目平視正前方，
面向東（圖25）。

10. 白鶴亮翅

圖26

（1）接上式。腳不
動；兩手左下右上交叉後分往體左右兩側，右手屈肘，拳
心朝前；左拳變掌，伸向左側，掌心朝前；目平視正前
方，身體朝東南，面向東（圖26）。

（2）上動不停。以左腳前掌為軸，借右腳踢左掌之

圖 27

圖 28

勢，身體左轉一周；目視右
腳，面向西（圖27）。

（3）上動不停。落右
腳，成馬步，矮襠；兩掌向
上交叉，再側平伸，成翼
狀；目平視正前方，面向南
（圖28）。

11. 燕子掠水

（1）接上式。身體右
轉，成右弓步；右掌掌心朝

圖 29

前，左掌變鈎，置於體後；目平視正前方，面向西（圖
29）。

（2）上動不停。身體左轉，借轉體之勢，勁坐左腿，
收右腳，虛點於前；同時，右掌內旋，收於左肩前；左鈎

圖 30

圖 31

手置於體左下側；目平視體左側前方，面向東（圖30）。

（3）上動不停。腳不動；左鈎手位置不變，頭轉回正面，同時右掌前推；目平視正前方，面向南（圖31）。

12. 三環套月（凡三手）

（1）接上式。身體左轉，借轉體之勢，右腳後撤，成左弓步；同時，兩掌左仰右覆，一前一後向前平伸；目平視前方，面向東（圖32）。

（2）上動不停。以右腳前掌為軸，身體由向東右轉向西，借轉體之勢將左腳提而虛踏於右腳

圖 32

圖33

圖34

前，勁坐右腿；同時，兩掌左仰右覆、一前一後抓握成拳；目平視前方，面向西，是為第一手（圖33）。

（3）上動不停。腳不動；兩拳變掌，右仰左覆、一前一後橫向伸於體右側；目平視前方，面向西。是為第二手（圖34）。

（4）上動不停。提右腳，虛踏於左腳前，勁坐左腿；同時，兩掌左仰右覆、一前一後抓握成拳；目平視前方，面向西。是為第三手（圖35）。

13. 上步提膝腋下掌

（1）接上式。以右腳前掌為轉軸，身體左轉一周；兩手伏地；目視前上方，面向西（圖36）。

（2）上動不停。先起左腿，後起右腿，成二起腳式；同時，以右掌掌背搭左掌心，右手拍右腳腳背；目視右腳背，面向西（圖37）。

圖 35

圖 36

圖 37

圖 38

（3）上動不停。落右腳，提左膝；右掌自左腕背向上
穿插，左掌置右腋下，成腋下掌；目視右掌，面向西（圖
38）。

圖39   圖40

14. 下膛（襠）錘

接上式。下左步；兩掌變拳，橫左拳於眉骨上方，右拳自上摜下；頭頂項豎，目平視正前方，面向東（圖39）。

15. 反面錘

（1）接上式。提右膝，震右腳，同時，左掌撫右肩，右拳自後經上繞弧往下砸打；目視體右前方，身體朝東，面向東南（圖40）。

（2）上動不停。開右步；同時，右拳外撇，左掌變拳，收回於腰眼處；目平視前方，面向東南（圖41）。

16. 進步連環三拳

（1）接上式。進左步，成左弓步；同時，出左拳，收右拳於腰眼處；目平視前方，面向東南（圖42）。

（2）上動不停。腳不動；出右拳，收左拳於腰眼處；

圖 41

圖 42

圖 43

圖 44

目平視前方，面向東南（圖43）。

（3）上動不停。身體右轉，借轉體之勢成馬步，矮襠；同時，打出左拳，收右拳於右肩前；目視體左側前方，面向東南（圖44）。

17. 架　掌

接上式。身體左轉，借轉
體之勢變馬步為左弓步；同
時，兩拳變掌，以左掌架住右
掌；目平視正前方，面向東南
（圖45）。

18. 上步踮踢

（1）接上式。退右步，
勁坐右腿，左腳虛點於前；同
時，左掌變拳，以右手抓左腕
收於小腹前；目平視正前方，
面向東南（圖46）。

（2）上動不停。左腳踏
實，右腳腳尖向前踮踢；同
時，右手抓左腕稍向上抬起；
目平視正前方，面向東南（圖
47）。

19. 左右炮錘

圖45

圖46

（1）接上式。下右步，
右腳虛踏，勁坐左腿；同時，橫右拳於眉骨上方，而以左拳
打出；目平視正前方，面向東南，是為右向炮錘（圖48）。

（2）上動不停。東北向斜出左步，身體左轉，虛踏於
前，勁坐右腿；同時，左拳外撇，收右拳於腰眼處；目平

圖 47

圖 48

圖 49

圖 50

視體左側前方，面向東北（圖49）。

（3）上動不停。東向出右步；以右腕架住左腕，繼而橫右拳於眉骨上方，而以左拳打出；目平視正前方，面向東（圖50）。是為左向炮錘，因是左轉身之後打出，故名

圖 51

圖 52

左炮錘。

20. 摔掌穿掌（凡二手）

（1）接上式。先退左步，後退右步，身體矮下，勁坐左腿，右腳虛踏成虛步；同時，右掌下插，收左拳於腰眼處，目視前上方，面向東（圖51）。

（2）上動不停。身體由向東左轉至向西，借轉體之勢，成左弓步；同時，右掌隨轉體向下畫弧，上抬於體前，掌心朝上，左拳位置不變；目平視正前方，面向西（圖52）。

（3）上動不停。身體由向西右轉至向東，借轉體之勢成右弓步；同時，右掌隨轉體向上畫弧摔掌於體前，掌心朝上；目視右掌，面向東（圖53）。是為第一手摔掌之架式。

（4）上動不停。上左步，成左弓步；同時，左掌以掌

圖 53

圖 54

背擦右掌心向前直插，掌心
朝上；右掌沿左臂外側順捋
至腋下；目平視正前方，面
向東（圖54）。

（5）上動不停。腳不
動，右掌以掌背擦左掌心向
前直插，掌心朝上；左掌沿
右臂外側順捋至腋下；目平
視正前方，面向東（圖
55）。是為第二手插掌之架
式。

圖 55

21. 鷂子翻身

接上式。以右腳前掌為轉軸，身體由向東右轉至向
北。左腳提起，隨轉體落於右腳右側，與右腳交叉，蹲下

圖 56　　　　　　　　　　　圖 57

成歇步；同時，右掌斜豎體右側，掌心朝左；左掌移至右肘下，掌心朝上；目平視正前方，面向北（圖56）。

22. 上步指襠錘

接上式。西向上左步，成左弓步；同時，兩掌變拳，橫左拳於眉骨上方，右拳自上摜下；頭頂項豎，目平視前方，面向西（圖57）。

23. 栽　錘

接上式。右腳收而震腳於左腳旁；左拳變掌撫右肩，右拳自後經上繞弧往下砸下；目視體右前方，身體朝東北，面向東（圖58）。

24. 摔掌插掌（凡二手）

（1）接上式。身體由向東左轉至向西，借轉體之勢，

圖 58

圖 59

成左弓步；同時，右拳變掌
隨轉體下向畫弧，上抬於體
前，掌心朝上；左掌變拳移
至腰眼處；目平視正前方，
面向西（圖59）。

　　（2）上動不停。身體
由向西右轉至向東，借轉體
之勢成右弓步；同時，右掌
隨轉體上向畫弧捽掌於體
前，掌心朝上，目視右掌，
面向東（圖60）。是為第
一手捽掌之架式。

圖 60

　　（3）上動不停。上左步成左弓步；同時，左掌以掌背
擦右掌心向前直插，掌心朝上；右掌沿左臂外側順捋至腋
下；目平視正前方，面向東（圖61）。

圖 61

圖 62

（4）上動不停。腳不動；右掌以掌背擦左掌心向前直插，掌心朝上；左掌沿右臂外側順捋至腋下；目平視正前方，面向東（圖 62）。是為第二手插掌之架式。

25. 繞劍指側踹

（1）接上式。右腳掌斜踏；同時，右掌變作劍指，以手腕帶動內旋一周後向前直

圖 63

戳；目視劍指指尖，身體朝東北，面向東（圖 63）。

（2）上動不停。右腳側向踹出，左腳獨立支撐；兩手手型不變；目視踹出之右腳，身體朝北，面向東（圖 64）。

圖 64

圖 65

26. 轉身屈肘架拳

　　（1）接上式。身體由向北左轉至向南，落右腳，成左弓步；兩手左下右上交叉後屈肘分開，左肘在前，右肘在後；目平視前方，身體朝東南，面向東南（圖65）。

　　（2）上動不停。身體由向東南左轉至向東，左腳腳尖朝東；橫左拳於眉骨上方，右拳不動。目平視正前方，面向東（圖66）。

圖 66

27. 蹬腿連環三錘

　　（1）接上式。右腳朝前正蹬腿，勁貫腳跟；同時打出

右拳，左拳收於腰眼處；目平視正前方，面向東（圖67）。

（2）上動不停。下右步，上左步，成左弓步；同時打出左拳，是為第一錘，收右拳於腰眼處；目平視正前方，面向東（圖68）。

（3）上動不停。腳不動；復出右拳，是為第二錘。左拳收回於腰眼處；目平視前方，面向東（圖69）。

（4）上動不停。身體由向東右轉至向南，成馬步；借轉體之勢出左拳，是為第三錘，右拳收回於右肩前，拳心朝外，右肘須平，腰椎須直；目平視體左側，身體朝南，面向東（圖70）。

圖67

圖68

28. 伏身繞掌

接上式。身體右轉後往右側伏下；右拳變掌，內旋繞至掌心朝上後，斜伸於右腳上方；左拳內旋後斜伸於身後；目視右掌，面向西（圖71）。

圖 69

圖 70

圖 71

圖 72

29. 屈肘架拳

接上式。身體直起，提左膝，右腿獨立；同時，右手屈肘，左手架拳；目平視正前方，面向西（圖72）。

30.弓步雙拳右前砸

接上式。向西落左步，上右步，矮襠，成馬步；同時，雙拳朝右前方砸下；目視雙拳，面向西南（圖73）。

31.轉身雙拳左後砸

接上式。腳不動，身體左轉；借轉體之勢，雙拳朝左後方砸；目平視體左後方，面向東北（圖74）。

32.馬步雙拳下砸

接上式。以右腳前掌為轉軸，身體由向東北右轉至向北，隨轉體上左腳，矮襠，成馬步；同時，雙拳朝小腹前砸下；目平視前方，面向北（圖75、圖75附圖）。

圖73

圖74

33.上步雙拳右前砸

接上式。身體由向北左轉至向西南，右腳隨轉體向西上步；同時，雙拳朝右前上方砸出；目視雙拳，面向西南（圖76）。

圖 75

圖 75 附圖

圖 76

圖 77

34. 交叉步雙拳置腰眼

接上式。左腳自右腳後向西偷步，成交叉步；同時，
雙拳下移至腰眼處；目平視前方，面向東（圖 77）。

圖 78   圖 79

35. 白鶴亮翅

（1）接上式。右腳自左腳前向西過步，矮襠，成馬步；同時，兩拳變掌，上提至脖頸兩側，掌心裡向；目平視正前方，面向南（圖78）。

（2）上動不停。腳不動，扭頭向左；同時，雙掌外旋，朝左右兩側平推；目視體右側，身體朝南，面向西（圖79）。

36. 退步烏龍探海

（1）接上式。以左腳前掌為轉軸，身體由向南右轉至向北，右腳隨轉體自左腳後退步，左腳虛點於前，勁坐右腿，同時，兩掌變拳，左手以雞心錘向左側前上方探出，右拳於右肩前斜向上指；目視左拳，身體朝西北，面向西（圖80）。

圖 80

圖 81

（2）上動不停。腳不動；左拳變掌，右拳不變；目視左掌，身體朝西北，面向西（圖81）。

37. 上步下壓拳

接上式。以左腳前掌為轉軸，身體左轉，右腳隨轉體自左腳後向西上步，震右腳於左腳旁；同時，右拳自後經上繞弧，朝體右側下方

圖 82

砸下；目視體右前方，面向西（圖82）。

38. 反面錘

接上式。出右腳，虛踏於前，勁坐左腳；同時，右拳

圖 83

圖 84

外撇，左拳不動；目視前
方，面向西（圖83）。

39.前後交叉換腳跳

接上式。身體往上跳，
借身體上跳之勢，兩腳凌空
換位，左腳前踢，右腳後
蹬。同時左拳擦右腕打出，
右拳收於腰眼；目視前方，
身體朝西北，面向西（圖
84）。

圖 85

40.左下仆步下砸錘

接上式。身體伏下，成左仆步；同時，左拳下砸，置
左腳背上；目視前上方，面向西（圖85）。

圖 86

圖 87

41. 轉身反面錘

（1）接上式。身體直起；收左拳於腰眼處；目平視體左側，身體朝北，面向西（圖 86）。

（2）上動不停。以左腳前掌為轉軸，身體由向北右轉至向南，右腳隨轉體之勢經左腳後向西上步；同時，右拳外撇；目視體右側，面向西（圖 87）。

圖 88

42. 併步左掌扶右拳

接上式。身體由向南左轉至向東，左腳隨轉體之勢與右腳相併，矮禧；出右拳，左掌扶右腕；目視前上方，面

圖89　　　　　　　　　　　圖90

向東（圖88）。

43. 打虎勢

接上式。退右步，左腳虛踏於前，勁坐右腿；右拳自下掄起，橫置於眉骨上方，左拳虎口裡向置於左膝上；目視前上方，面向東（圖89）。

44. 平砸右錘

接上式。腳不動；右拳朝前平砸，拳心朝下，左拳上向豎於右臂旁，拳心朝右。目視前上方，面向東（圖90）。

45. 蹲身前打

接上式。腳不動；左拳捋右臂朝前下方打出，收右拳於腰眼處；目視前上方，面向東（圖91）。

圖 91　　　　　　　　　　圖 92

46. 退左步交叉掌

接上式。左腳後撤；同
時，兩拳變掌，兩掌左上右
下，以腕交叉互疊，掌心均
朝上；目平視正前方，面向
東（圖92）。

47. 退右步收勢

（1）接上式。右腳後
撤；同時，兩掌下擦大腿腿

圖 93

背而過；分往體左右兩側；目視體左側，身體朝南，面向
東（圖93）。

（2）上動不停。收左腳於右腳旁，身體半蹲；同時，
兩掌向外翻，經胸前往下插；目視體左側，身體朝南，面

圖 94　　　　　　　　　　圖 95

向東（圖94）。

（3）上動不停。身體直起，成兩腳分立式。自鼻孔噴氣一口，則肩自沉下，氣即壓往小腹下丹田內，小腹凹下；復自鼻孔吸氣一口，小腹凸起，如是則散走四肢之氣即收攏而返回於下丹田內。目平視正前方，面向南，是為收勢（圖95）。

四、武當三豐太極拳泛論

　　武當三豐太極拳，乃由宋代張三豐所創。相傳張三豐於元代順帝時雲遊至武當，觀鵲蛇之相鬥，悟以柔克剛之理，融道家內煉之法，據《周易》太極變化之原理，而創此拳於武當。

　　太極變化之原理，乃是中國古代的一種宇宙觀，講陰陽，講剛柔，講虛實，講分合，認為一切事物的運動，都

是以圓形為規律，故循此種規律而創之此種拳法之妙，盡在一圓之變化中。究生命之內質為一炁，一炁內含陰陽，元神神火與命源飲食水穀是也，是為兩儀，兩儀而生四象，精水、內炁、津液、內炁是也，是為四象，四象而生八卦。與八卦之理相對應者，即掤、捋、擠、按四正方與採、挒、肘、靠四斜角，稱為八門，與進步、退步、左顧、右盼、中定這五行相合為「八門五步」，總稱十三式。

十三式乃此拳之拳訣，由十三式而式式相生，變化莫測之招式由是乎衍出。而究其大要，在透過此種合乎人體內外運行規律的拳術訓練，轉弱體為強體，化生命低能量內炁為生命高能量內氣，進而臻於搏氣結丹之境界，亦即太極之境界。蓋太極乃是對將人體內在生命能量搏積至最高之結丹狀態的一種描述。故從此種意義講，太極就是搏氣結丹、搏氣結丹就是太極。故將此種為搏氣結丹而創設之拳，稱之為「太極拳」。

武當三豐太極拳，從拳架發展觀之，自張三豐創下「五步八門」十三式，經歷代太極拳傳人完善、發展而為三十六式、七十二式、乃至於一百零八式。其三十六式、七十二式由一位操川音的劉神仙（其名已無從考證）傳與萬籟聲先生，萬師傳呂耀欽老師，呂耀欽老師將其拳架傳之於余，且其間在行拳規則與拳訣、技擊原理、動作細節等緊要之處，又曾得到萬籟聲恩師的點撥。其一百零八式，武當鐘雲龍、游玄德、劉嗣傳等擅長此式。余於一百零八式不諳，然習三十六式、七十二式，迄今已有十四個春秋。擬將所習此拳之體會與心得泛論於下。

武當三豐太極拳的主要特點是：於整體上注重神之發

顯，鬆沉圓活、柔綿緊湊、手腳協調、以意貫串，動作起來宛如靈蛇之戲游於江水，青龍之舒捲於雲霄，而過渡關節，又不著痕跡，自首至尾，一氣呵成，如書法名家張旭之狂草一筆到底，而琢磨拳架之過渡銜接，卻又無懈可擊！其拳架主重於腿，步型以矮架弓仆居多，且屈膝不得超過腳尖，間以滑步上踢、動作有慢有快，身體中正，出步開闊、手臂舒展。

詳而推究，其獨到之處有下述三點。

其一，整體同動，以腰腹帶動為妙訣。在拳架運動過程中，每一個圓形動作，或平圈、或立圈、或斜圈、或大圈、或小圈，都必須是由丹田一気之伸縮駕馭之，誠可謂「內不動、外不發」，都必須是由腰部帶動。其丹田內気，或由腰之轉動使內気貼脊背而注入肩窩腋下，灌於臂而透於指端；或由腰之轉動，沉襠鬆胯過膝而注於腳趾。誠可謂「腰不動，手腳不發」。合而言之，牽一腰而動全身。

其二，吃透拳訣，以形神合一為緊要。學拳的第一步，就是要做到內而知曉拳訣的原理用法，外而做到拳架的標準規範。拳架之標準規範與否，宜以「十要」規則作衡量。何謂「十要」規則？

1.舌抵齒間，提肛貫頂。舌用抵勁，舌為心梢，齒為腎末。又，心屬火，腎屬水，以舌抵齒，即呈心腎相交，水火既濟之象，合乎丹道陰陽交媾之原理，以泥丸心之神火燒煉關元氣穴中之精水，使化作生命低能量內炁。肛用提勁，提肛如忍糞便之狀，使炁不外漏而入督脈。常人順行而一任內炁之外漏，表現為放屁現象，修丹道之士扭轉

氣機。採提肛之法，使內炁過尾閭氣穴而逼入督脈，以後天返先天。頭用頂勁，因頭向上頂，使督脈內炁向上貫入頭頂泥丸穴，才能炁充神旺，才能提起全副精神。

2. 沉肩墜肘。肩用沉勁，兩肩關節宜鬆而下垂，肘用墜勁，兩肘尖宜向下墜。又，肩與肘有連貫互動關係，肩沉則肘墜，肘墜則氣發於指，易於內勁外發。

3. 含胸拔背，胸用含勁。兩肩頭微向裡扣，則胸自含，炁亦自循任脈下注於下丹田。胸若內含則背肌圓撐，背部督脈內炁易於暢通。

4. 鬆腰鬆胯。腰胯宜放鬆，腰是全身之主宰，胯是腰與腿轉動關連之關節。腰胯放鬆，則閃展騰挪、進退旋轉才能靈巧自如。

5. 屈膝內扣，旋踝轉腿。定式時雙膝微向內扣，前膝弓出不宜超出腳尖，屈膝能使下肢沉著有力。武當太極拳多旋踝轉腿之動作，由放鬆踝關節使足尖或上翹、或下落、或外撇、或內扣，腿的外向內向圓轉來體現其根在腳，主宰於腰，發於手指這一行拳特徵。

6. 分清虛實。步法變化須要避免雙重，分清虛實，實之腿以支撐重心，虛之腿則收發自如。

7. 上下相隨。行拳時宜整體同動，以腰帶動，上之手動，下之腳亦隨之同動，才能動作協調，完整一氣。

8. 用意不用力，相連不斷。用意則式式貫串，用力則架式易停斷，故意之貫串至關緊要，誠所謂「拳未到意先到，拳不到而意亦到」。惟其如是，才能自始至終連綿不斷，沒有停頓，一氣呵成。

9. 寓靜於動。武當三豐太極拳作為搏氣結丹之動功，

講究以元神神火練津化炁，而元神宜處空寂靜慮之本然狀態中，才能使神火旺而燒津化炁；反之，若處煩惱思慮之人為狀態中，則神火小而何談燒津化炁？津不化炁，又何來結丹之材料？而本然狀態就是對「靜」的描述，只要元神處本然狀態而行拳，就是行丹道於練拳過程之中。

10. 內外相合，一任自然。武當三豐太極拳是以其獨特的訓練方式——快慢結合來演練拳架的，而圓形運動的特徵則比較適合於意與氣、神與精水津液、呼吸與拳架的配合運行。且此種內外相合的行拳講究順任自然，意之所至之處，內炁自然隨之而往，無須過於用力，而元神自然練精化炁、凝炁結津、練津化炁，功力自然而增長。

歸而言之，以此十要規則貫穿於行拳過程之每一個拳架中，則拳架自然合乎標準。知曉拳訣之於學練太極拳至關緊要，蓋練拳不知拳訣，其拳只算白練，拳訣一竅不通，怎能臻出神入化之境界！太極拳初名「長拳」，長拳中原有三十五字拳訣，後來化繁為簡，衍成十八字拳訣。相傳武當派開山鼻祖張三豐化少林寺十八羅漢手的精華，演為長拳十八字的拳訣，此十八字訣是：殘、推、援、奪、牽、捺、逼、吸、貼、攛、圈、插、拋、托、擦、撒、吞、吐。

究其用意：周身必須放鬆，放鬆才能靈活應敵，切不可全用拙力。全用拙力，則身體僵滯，難以變勢應敵。

析其用法：殘者，毀也，有「留情不起手、起手不留情」之義，蓋與敵交手，己不傷彼，彼即傷己，故出手不能不殘。且交手之目的在制住對手而不被對手所制，故其心不能不忍。故殘字一訣用於十八字拳訣之首，以明拳術

乃殘忍之法門。習拳者必先具殘忍之心理，練有殘忍之手法，施之於與敵對者之適當時機，才能以拳術制敵而不被敵所制。推字之意是將彼排去，使彼遠離。援者，救也。此有一手抵敵不住，疾以另一手援助之。奪者，搶入也。牽者，挽也順也帶也，彼來勢迅猛，我借其來勢順帶一牽，引而使向前傾跌仆倒。捺之本意在兩肩用力按而撒手推出，使彼立腳不穩。逼者，在逼彼進之不能、退無可退，而搶入半步進擊之。吸者，摶身而縮以閃避彼之突襲。貼之用法，重在掌根，一近即貼，一貼即吐。攙者，彼來攻我，妙不與鬥，只攙掇入彼之左右空當處，使彼左右顧忌。圈之用法，只在舉手畫一圓圈，以挑開或格開彼攻來之拳腳。插之用法，在隨手撥開敵來之拳而乘虛以指直插。拋之用法在兜住彼手內轉半圈，而用暗勁扔出之。托者，彼拳自上蓋下，我以一手托而舉之，勿使彼拳蓋下，而以另一手擊出之。擦者，摩也，肘上帶按，疾推帶擦，相連而發。撒之用法，在放膽發拳起腿。吞者屈也，吐者伸也。退步在吞，進步在吐，蓋得機即吐，迅發如雷電之閃，一吐復吞，使敵碰我不著。

　　以上僅只是對此十八字拳訣之用法原理揣而析之，而此十八字拳訣之實戰技擊運用，遠不限於此，以上所舉，僅能掛一，而不能囊括實戰技擊中之一切變化。

　　然不舉此一，則無從研究此十八字拳訣，習拳者可抓住此一不放，舉一以反三，觸類而旁通。由是觀之，學武當三豐太極拳之緊要處，實不在長得粗壯結實，而貴在有悟性，有恆心，悟得來，耐得住，學拳即有長進。顏回聞一以知十，這就是好悟性。武當真武大帝修道傳說中之老

婆婆磨杵以成針，這就是好恆心。有悟性與恆心，才能吃透拳訣，以臻出神入化之境界，以達形神二端不動則罷、動則如電閃之迅捷的合一境界。

其三，蓄而不發，以搏氣結丹為旨歸。武當三豐太極拳講究以丹道為體，柔弱為用，故於行拳過程中較多呈現出外柔內剛，含而不露，蓄而不發，切忌動作的發力露勁，蓋發力露勁會損耗內氣，以致影響和推遲內丹之形成，這就跟武當三豐太極拳乃是為搏氣結丹而設之創拳本意相違背。由是觀之，蓄而不發，這一點是武當三豐太極拳行拳之至要法則。習此拳者宜再三留意焉，切勿以抖勁發力為逞心快意之舉，而將創拳者之初衷拋之於九霄雲外，切記切記。

綜上所述，武當三豐太極拳在打法上，基本上走的是圓形運動，講究運勁如抽絲，變化如螺旋，以逸待勞，以柔克剛，以巧降力，並在器械運用上借太極拳變化之規律形成招數，因而獨樹一幟。又，此種本「太極生兩儀」之理而創之拳術，內寓陰陽消長之法、五行生剋之妙，兼靜以練神與動以練形於行拳之中，配合丹道修練之術而動，提肛以逆轉氣機，返後天以補先天；舌抵齒尖、寓靜於動，以元神之神火下注下丹田，燒精水以化生命低能量內炁，凝炁以結津水，故行拳過程中口裡常有津水滿口，復以元神神火下注中丹田燒津水以化生命高能量內氣，搏氣結丹於黃庭，故行拳過程中腰腹之內常覺熱氣騰騰。由是觀之，此種拳術內含極深之丹道內功，不止於技擊之中具以巧降力、轉弱為強之妙用，且有增強體質、保命養生、益壽延年之功效。

五、武當原式太極拳
——張三豐七十二式 太極拳

1. 無極勢

此為預備勢。未行拳之初：目不外視、耳不聞聲、鼻息細勻、口若含物（舌不言說），四肢百骸不動作、陰陽未判、一氣渾然、念無我想、無他想，處空寂淨處之本然狀態中，純以元神貫注於臍下三寸之關元氣穴為作用。拳譜所云「靜之則合」，就是指無極拳式而說的。面南而立，立身中正，頭宜向上用頂勁，臀宜向下用垂勁，頭部與臀部分別朝上下兩個方向力拉，則腰椎自感鬆活；膝宜微屈，則胯部自感鬆活；兩腳直踏，平行分開；含胸拔背；兩手覆掌於體側，掌心朝下，指尖朝前——人皆視此無極拳式簡易而易於忽略，殊不知下述太極諸式，俱以此式為根本，誠所謂「無極而生太極」是也，望習拳者多加體會，切勿忽略焉，由是為階，則功力不長而自長矣。目先合而後開，面向南（圖1）。

圖1

2. 半面向左轉

接上式。口閉，自鼻孔猛噴氣一口，則肩自沉下，氣自

從胸腔壓向小腹下丹田內；身體微向下蹲，繼而向左微轉，面向東南，同時兩手握拳向左側提起，右覆左仰，仰者為陽手，覆者為陰手，右陰左陽，陰陽分而太極從無極中化出，拳譜所云「動之則分」就是指的發顯為動作的太極拳式，與不發顯為動作的無極起勢、收勢相區別。此處之太極，乃指由陰陽二氣演化而成之拳式著勢，僅指形式而已，而其內在實質，太極即是內丹，內丹即是太極。

　　內丹是經長期道功打坐為主、太極拳訓練為輔搏聚人體生命高能量內氣而結成的生命高能量核，因此，練太極拳只是手段，目標是為了將人之自身體能推至最高——推到搏氣結丹、練神還虛的境界！目視體左側，面向東（圖2）。

3. 提手上勢

　　提者，往上提勁，取兩手如提重物狀。接上式。身體直

圖2　　　　　　　　　　　圖3

圖4　　　　　　　　　　　圖5

起，改向右轉，左腳支撐，右膝上提；兩拳保持右覆左仰姿勢，繼而上提；目平視體右前方，面向南（圖3）。

4. 右向擠手

接上式。斜開右步；兩手由拳變掌，左手扶右腕，向體右側前方擠出，兩手變為右仰左覆；目平視體右前方，面向西南（圖4）。

5. 左向擠手

（1）接上式。右腳直立，提左膝；兩手保持右仰左覆姿勢繼續上提；同時頭向左轉，目平視體左側，身體朝南，面向東（圖5）。

（2）上動不停。橫開左步，成左弓步；右手扶左腕，向正前方擠出，兩手變為左裡右外，即左掌心朝裡，右掌心朝外；目平視正前，面向東（圖6）。

圖6

圖7

（3）上動不停。腳不
動；兩掌由右手扶左腕內旋
為左手扶右腕，由左裡右外
變為左覆右仰；目平視體正
前方，面向東（圖7）。

6. 攬雀尾（凡三手）

（1）接上式。此式內
含掤、捋、擠、按，取手攬
雀尾之義。不動步，身體由
向東右轉向西，成右弓步，

圖8

重心在右腿；同時，兩掌變為左仰右覆，右掌在前，左掌
隨後；目平視體右前方，面向西（圖8）。

（2）上動不停。勁坐左腿，左掌隨右掌於體右側向外
（順時針方向）畫斜圓兩圈，右掌在前，左掌隨後，後手

圖9　　　　　　　　　　圖10

手指緊隨前腕，均係陰陽手，轉圈前伸時為左仰右覆，如本式之第（1）著，轉圈收回時為左覆右仰；目平視體右前方，面向西（圖9）。

（3）上動不停。繼續畫圓至兩圈半時，兩掌左覆右仰向體右側前上方甩出餘下之半圈；目視右掌尖，面向西（圖10）。

註：此式一通，他式易精。向外畫圓前伸時先牆後擠；向裡畫圓收回時先按後捋。是此式之要訣，即以腰做車軸之運動，領著雙手做外向畫圓運動。先牆後擠，有自懷中向外推出重物之義；先按後捋，有後拉重物之義。又，按勁能使氣沉下丹田內。

7. 左向手揮琵琶

接上式。兩掌向裡畫圓，如手撫弦，故名。由前式兩掌向裡（逆時針方向）畫圓一圈轉出，兩掌變拳，緩緩由

圖11

圖12

體右側向體左側行去，左仰右覆，上提至體左上側；同時左腳直立，右膝提起；目平視體右前方，面向南（圖11）。

8. 提手上式

（1）接上式。落右腳於左腳前；右掌變鈎上提，左掌下挫於左髖前；目平視體正前方，面向南（圖12）。

（2）上動不停。收左腳於右腳旁，矮襠；右鈎手繼續上提至眉骨上方，左掌右移至小腹前；目平視體正前方，面向南（圖13）。

（3）上動不停。身體由矮襠向上至半蹲；同時左掌變鈎上提，右鈎手變掌下挫於右髖前；目平視體正前方，面向南（圖14）。上動不停。復矮襠，右掌變鈎上提，左鈎手變掌下挫於小腹前；目平視體正前方，面向南，此著與本式之第（2）著同，圖略。

圖 13　　　　　　　　　　　圖 14

9. 左向摟膝拗步

摟膝者，以手往下摟過
膝蓋之謂也。拗步指的是步
法，左手、左腳，或右手、
右腳在前稱順步；左手、右
腳，或右手、左腳在前稱拗
步。

（1）接上式。右腳向
體右側後撤一步，身體由向
西左轉至向東，右腿直起，

圖 15

左膝上提；同時，右掌向下至小腹前，經體右後側向體右
前側畫弧，上提至右肩前，左鈎手變掌，自體左前側向體
右前側畫弧，經小腹前摟過左膝置於左膝旁；目平視體正
前方，面向東（圖 15）。

（2）上動不停。左腳落下，成左弓步；同時，左掌下按至體左下側，成覆掌，掌心朝下；右掌變豎掌向前推按，掌心朝前；目平視體正前方，面向東（圖16）。

此式僅左右兩著，演練時均須塌腰沉身，兩臂之旋轉畫弧統以腰脊力量為主，左右手由上往下按時，均須緩緩由上往下斜按，均成向前平推。又，此式為伸縮兩臂、腰、膝之用，遇敵時，以一手摟開敵手或腳，趁勢進步，以另一手擊之。

圖16

10. 左向攬雀尾

（1）接上式。身體後坐；左掌畫弧前伸，右掌後移，左掌在前，右掌隨後，後掌指尖緊隨前腕，向外畫

圖17

圓兩圈，轉圈收回時左覆右仰；目平視體正前方，面向東（圖17）。

（2）上動不停，重心前移，成左弓步；同時，兩掌變為左仰右覆，轉圈前伸；目平視體左前方，面向東（圖

圖 18

圖 19

18）。

11. 右向摟膝拗步

圖 20

（1）接上式。左腳後撤一腳掌位置，左腿直立，右膝上提；同時，左掌向下至小腹前，經體左後側向體左前側畫弧，上提至左肩前；右掌由體右前側向體左前側畫弧，經小腹前摟過右膝置右膝旁；目平視體正前方，面向東（圖19）。

（2）上動不停。右腳落下，成右弓步；同時，右掌下按至體右下側，成覆掌，掌心朝下；左掌變豎掌向前推按，掌心朝前；目平視體正前方，面向東（圖20）。

圖 21

圖 22

12. 右向攬雀尾

（1）接上式。身體後坐；右掌畫弧前伸，左掌後移，右掌在前，左掌隨後，後掌指尖緊隨前腕，向裡畫圓兩圈，轉圈收回時右覆左仰；目平視體正前方，面向東（圖21）。

（2）上動不停。重心前移，成右弓步，同時，兩掌變為右仰左覆，轉圈前伸；目平視體右前方，面向東（圖22）。

13. 左向摟膝拗步

接上式。此式與第9式同，圖文並略。

14. 左向攬雀尾

接上式。此式與第10式同，圖文並略。

圖 23　　　　　　　　圖 24

15. 進步搬攔錘

此式意圖，在搬開敵人之手，復攔敵於門戶之外，再進步以錘直擊敵胸，故名。尚有退步搬攔錘述之於後。

（1）接上式。提左腳向前進半步，成左弓步；收左掌向前、向外抓之，掌心朝下；同時，右掌撤至右腰眼成拳，拳心朝上；目平視正前方，面向東（23）。

（2）上動不停，右手抓握成拳橫置胸前，收右腳，併於左腳旁，矮襠；右拳經左腕上方向前直出，目平視體正前方，面向東（圖24）。

注意：此式須連貫一氣，尤其要內外相合，意在以下丹田內気經右拳緩緩擊出，腰塌身正，不可前探。

16. 如封似閉

右手後撤，左手橫攔，稱之為「封」，兩手前推，稱

之為「閉」，故名。

（1）接上式。退右腳，身體後坐，右拳自左腕上方向後抽回；重心移至右腿；目平視體正前方，面向東（圖25）。

圖25

（2）上動不停。身體繼續後坐；同時，兩拳變豎掌收至胸前；目平視體正前方，面向東（圖26）。

（3）上動不停。收右腳，併於左腳旁，身體半蹲；雙掌自胸前向前平推；目平視體正前方，面向東（圖27）。

注意：此式前推時腰用塌勁，用肩窩吐氣發勁。

17. 提手上勢

接上式。左腳橫開一步，身體由向南左轉至向東，左腳直立，右膝上提，

圖26

身體復由向東右轉至向西；兩掌由掌變拳，呈右覆左仰姿勢上提；目平視前方，面向西，成左向手揮琵琶式，此式與第7式同，圖略。上式不停，經第8式之第（1）著、第（2）著之動作而過渡到下式，圖文並略。

圖 27

圖 28

18. 抱虎歸山

　　將敵人假想為虎，我用
抱式而擒之，趁勢推之於門
戶之外，故名。

　　（1）接上式。左腳向
體左側後撤一步而直立，右
膝上提；同時左掌自小腹前
向體左後下側畫弧，上提至
體左上側，右鈎手變掌，自
眉骨上方向體右側畫弧，經

圖 29

左肩前下移至左肋前；目視體左側，身體朝南，面向西
（圖 28）。

　　（2）上動不停。左腿半蹲，右掌摟右膝；目平視體正
前方，面向西（圖 29）。

圖30

圖31

（3）上動不停。右腳落下成右弓步；左掌向前推按，掌心朝前，右掌收回於體右下側，成覆掌；目視體正前方，面向西（圖30）。

（4）上動不停。腳不動；左掌由豎掌（掌心朝前）外旋為仰掌（掌心朝上），右覆掌不動；目平視體正前方，面向西（圖31）。

圖32

（5）上動不停。腳不動；右掌轉掌心向左，自體右下側畫弧至左掌上向裡抓握成拳；目平視體正前方，面向西（圖32）。

注意：遇敵從我身後襲來，我以右手摟開，進步以左手擊之。

圖33

圖34

19. 肘底看錘

意在看守門戶，防敵襲擊，故名。

（1）接上式。以左腳為軸心，身體由向西左轉至向東，矮襠，勁坐右腿，收左腳虛踏於前；同時，左掌變拳，拳心朝裡，屈臂於體前，右拳移至左肘下；目平視正前方，面向東（圖33）。

（2）上動不停。退左步，勁坐右腿，左腳虛點於前；同時，兩拳自裡向外翻轉，右拳仍置於左肘下；目平視體正前方，面向東（圖34）。

注意：左手腕、臂須立起，鬆肩墜肘，右拳眼緊對左肘尖，或裡向置之，左拳心與鼻尖相對。

20. 倒攆猴（凡四手）

謂猴善撲人，我退步撤手，另以掌擊其頭頂。

圖35　　　　　　　　圖36

（1）接上式。身體直起，右腳直立，左膝提起；同時，右拳變掌前伸，掌心朝外，復抓握成拳；左拳自下向體左後側畫弧至與肩平，掌心朝上；目平視體右前方，面向東（圖35）。

（2）上動不停。右拳變掌，左掌擦右掌心前伸，掌心向外，右掌後移至與肩平，掌心朝上；同時，左腳落下偷步交叉於右腳後，身體下蹲；目視體左側，身體朝南，面向東，是為第一手（圖36）。

（3）上動不停。身體直起，左腿直立，右膝提起；左掌抓握成拳，右掌不變；目平視體左側，身體朝南，面向東（圖37）。

（4）上動不停。左拳變掌，轉掌心朝裡；右掌擦左掌心前伸，掌心向外；左掌後移至與肩平，掌心朝上；同時，右腳落下偷步交叉於左腳後，身體下蹲；目視體右側，面向東，是為第二手（圖38）。

圖 37

圖 38

（5）上動不停。身體直起，右腿直立，左膝提起；右掌抓握成拳，左掌不變；目平視體右側，面向東（圖39）。

（6）上動不停。右拳變掌，左掌擦右掌心前伸，掌心向外，右掌後移至與肩平，掌心朝上；同時，左腳落下偷步交叉於右腳後，身體下蹲；目視體左側，身體

圖 39

朝南面向東，是為第三手。此著與本式之第（2）著同，圖略。

（7）上動不停。經本式之第（3）著過渡為此著，圖文並略。

圖 40　　　　　　　　　　圖 41

　　（8）上動不停。左拳變掌，轉掌心朝裡，右掌擦左掌
心前伸，掌心向外，左掌後移至與肩平，掌心朝上，同時
右腳落下偷步交叉於左腳後，身體下蹲，頭由向東左轉至
向西；目平視體左側，面向西，是為第四手（圖 40）。

　　注意：後腿總宜稍屈，重心亦在後腿，遇敵擊來時，
我退步，先用前手上托以化解敵勁，再以後手擊敵。

21. 斜飛勢

　　如鳥之展翅旋轉斜飛狀，故名。

　　接上式。身體由向北右轉至向南；同時左手扶右腕，
自胸前向體右側擠出；目平視體右側，面向西（圖 41）。

　　注意：敵迂回襲我右方，我轉身以右手橫擊敵肋。

22. 左向手揮琵琶

　　接上式。此式與第 7 式同，圖文並略。

圖 42

圖 43

23. 提手上勢

接上式。此式與第 8 式同，圖文並略。

24. 左向海底針

向敵海底穴針刺之義，故名。

（1）接上式。左腳旁開一步，成高虛步，勁坐右腿；右掌變鈎，上移至眉骨右側上方；左鈎變掌，下移至左髖前下方；目視體左前側下方，面向東（圖 42）。

（2）上動不停。矮襠；右掌經左掌虎口插下，左掌收於左髖旁，成覆掌；目平視體正前方，面向東南（圖 43）。

注意：假想敵向我擊來，我以左手向外摟開，以右手食、中二指點打敵之海底穴，又名會陰穴。

25. 撤步閃通臂（凡四手至第三手時撤右步，以左手向後摜下）

以兩臂如鳥之扇張兩翼，運用脊背之力，使之貫通於兩臂，故名。

（1）接上式。開左步；左掌擦右掌心前伸，右掌撤回，左仰右覆；目平視體左前方，面向東。是為第一手（圖44）。

（2）上動不停。收右腳，虛點於左腳旁；同時，右掌擦左掌心前伸，左掌撤回，左仰右覆；目平視體右前方，面向東（圖45）。

（3）上動不停。重複演練本式第（1）著之動作，圖文並略。是為第二手。

（4）上動不停。重複演練本式第（2）著之動作。圖文並略。

（5）上動不停。重複演練本式第（1）著之動作，圖文並略。是為第三手。

注意：脊背之力，由肩窩發出，貫注於手掌。

圖44

圖45

26. 退步擠

（1）接上式。左掌向上
抓握成拳，收回於左肩旁；右
掌變拳平伸於體前，兩拳左覆
右仰；同時，身體由向東右轉
至向西；目平視體右前方，面
向西（圖46）。

圖46

（2）上動不停。退右步
成攢背式；出左拳，右拳收回
於右腰眼處，兩拳左覆右仰；
目平視體左前方，面向西（圖47）。

（3）上動不停。進右步，身體由向西左轉向南，成馬
步；左手扶右腕，向體右前側擠出；目平視體右側，面向
西（圖48）。

圖47

圖48

圖 49　　　　　　　　　　圖 50

27. 白鶴亮翅

側伸兩臂做鳥翼狀，故名。

接上式。兩掌向下畫弧至小腹前，復上舉過頭頂，再向體左右兩側分開，成豎掌；同時矮襠；目平視體正前方，面向南（圖 49）。

注意：氣沉小腹，提氣於背，斂入脊骨，透入兩臂，直達甲梢。

28. 雲手（凡四手）

兩手左右畫弧，宛若雲氣縈繞，往來飄拂，故名。

（1）接上式。身體由向南左轉至向東；同時，兩掌左上右下向體左側畫弧，目平視體左側，面向東（圖 50）。

（2）上動不停。收左腳於右腳旁，身體右轉，勁坐右腿，左腳虛點；同時，兩掌左下右上向體右側畫弧；目平

圖51

圖52

視前方，面向西（圖51）。

（3）上動不停。左腳
後撤一步，成馬步；兩掌左
上右下畫弧於體右側；目平
視體右側，身體朝西南，面
向西（圖52）。

（4）上動不停。身體
由向西右轉至向南；隨轉體
兩掌左上右下畫弧至體正前
方；目平視體正前方，面向
南（圖53）。

圖53

　　註：上述第（1）著至第（4）著為雲手第一手，以下
第二手、第三手、第四手均重複第一手之動作。

　　注意：兩手往來，隨腰之轉動而移步，腰脊用塌勁，
臂、膀宜靈活。遇敵向我右方擊來，我即用右手纏其腕，

而以左手擊之。

29. 高探馬

縮步聳身，向前探出，如上馬之探身狀，故名。

（1）接上式。身體由向南左轉至向東，成左弓步；右掌背搭左掌心於眉骨前上方；目平視體正前方，面向東（圖54）。

圖54

（2）上動不停。左腳支撐，踢右腿，兩掌分開，以右掌拍右腳背，左掌分往體左側；目視右腳背，面向東（圖55）。

注意：手腳緩起緩落，切勿猛踢猛收。

30. 轉身二起腳

（1）接上式。右腳下落於左腳外側，腳尖朝西，身體亦由向東左轉至向西，

圖55

復以兩腳前掌帶動，身體由向西左轉至向東，同時，以左掌背搭右掌心於眉骨前上方；目平視體正前方，面向東（圖56）。

（2）上動不停。右腳支撐，左腳上踢；兩掌分開，以

圖56

圖57

左掌拍左腳背，右掌分往體右側；目視左腳背，面向東（圖57）。

上動不停。左腳落下時不落地，兩掌相疊如上著，復以左腳上踢，以左掌拍左腳背，右掌分往體右側；目視左腳背，面向東，此著與上著同，僅是一個著式重複兩次而已。圖略。

圖58

31. 摟膝拗步（凡三手）

（1）接上式。左腳落下時不著地，以右腳支撐；以左掌摟過左膝，置於左膝旁，右掌豎掌於體右前側；目平視體正前方，面向東（圖58）。

圖 59

圖 60

（2）上動不停。左腳落下；右掌向體左前側推按，左掌移至體左後下側；目平視體右前方，面向東。是為第一手（圖59）。

（3）上動不停。左腳支撐，右膝提起；以右掌摟過右膝，置於右膝旁；左掌向外畫弧，豎掌於體左前側；目平視體正前方，面向東（圖60）。

（4）上動不停。右腳落下；左掌向體右前側推按，右掌下移至體右後下側；目平視前方，面向東。是為第二手（圖61）。

第（5）、第（6）著重複演練本式第（1）、第（2）著之動作，是為第三手。圖文並略。

32. 摟膝栽錘

以左手摟左膝，進左步，右拳由上向下擊出，如栽樹狀，故名。

圖 61

圖 62

（1）接上式。左腳支撐，右膝提起；以右掌摟過右膝，置於右膝旁；左掌向外畫弧，豎掌於體左前側；目平視體正前方，面向東。此著與第 31 式之第（3）著同。圖略。

（2）上動不停。右腳落下；左掌向體右前側抓去，右掌移至體右後下側；目平視體左前方，面向東（圖 62）。

圖 63

（3）上動不停。進左腳，成左弓步；左手抓握成拳，橫置於右肋前，右拳直向左拳外方摜下，左拳微露於右肘外；目視體前下方，面向東（圖 63）。

圖64

圖65

33.翻身撇身錘

反身使腰往後扭轉，同時右錘撇出，故名。

（1）接上式。身體由向東往後翻轉向西，勁坐左腿，右腳扁出，或虛點於左腳前；左掌扶右拳腕，右錘翻出壓下；目平視體正前方，面向西（圖64）。

注意：須以腰為軸，才能圓轉自如。假想敵從身後擊我，我反身撇錘壓打，以化解敵擊來之勁。

34. 披身踢腳

（1）接上式。右錘外旋為掌，左掌搭右腕上；同時進左腳；目平視體右前方，面向西北（圖65）。

（2）上動不停。左腳支撐，右腿上踢；兩掌分開，以右掌拍右腳背，左掌分往體左側；目視右腳背，面向西北（圖66）。

圖66 圖67

35.翻身二起腳

少林拳之二起腳，多縱步高拍。而太極拳則緩起緩落，切勿猛踢猛收。

（1）接上式。落右腳於左腳旁，繼而退左腳，右膝提起；兩掌十指尖相對，左仰右覆；目平視體右前方，面向西南，是為本式之第一著（圖67）。

（2）上動不停。復落右腳，進左腳，以左腳支撐，右腳上踢；兩掌分開，以右掌拍右腳背，復以左掌分往體左側；目視右腳背，面向西南。是為本式之第二著。此著與第34式之第一、二著同，僅是一個著式重複兩次而已。圖略。

重複本式第一著是為本式之第三著。圖文並略。

注意：起腳須緩起緩拍。

36. 轉身擺臁

（1）接上式。落右腳，進左步；以右掌搭左腕上；目平視體左前方，面向西北（圖68）。

圖68

（2）上動不停。右腳支撐，左腳外擺腿；以左手拍左腳背，右掌分往體右側；目視左腳背，面向西北（圖69）。

（3）上動不停。落左腳，身體由向西北右轉向東北；左掌搭右腕；目視體右前方，面向東北（圖70）。

（4）上動不停。左腳支撐，右腳外擺腿；以右手拍右腳背，左掌分往體左側；目視右腳背，面向東北（圖71）。

37. 彎弓射虎

此式狀同古代武士之拉弓射虎，故名。

圖69

（1）接上式。以支撐之左腳前掌為軸，身體由向東北隨右腿之外擺而右轉向西，落右腳於左腳前，身體下蹲，兩腿交叉盤疊；同時，左掌擦右掌而過，向前下方直插；

圖 70

圖 71

圖 72

圖 73

目視體前下方，面向西（圖72）。

（2）上動不停。起身，進左步；右掌擦左掌而過，向前直伸；目平視前方，面向西（圖73）。

圖74

圖75

38. 上步擠

接上式。上右步，成右
弓步；左手扶右腕向前擠；
目平視體正前方，面向西
（圖74）。

39. 摟膝拗步

（1）接上式。進左腳
於右腳旁，退右腳，左膝上
提；左掌下摟左膝，右掌向

圖76

下畫弧後上提至右肩前；目平視體左前方，面向西（圖
75）。

（2）上動不停。落左腳，成左弓步；右掌自右肩前向
前推按，左掌收回於左髖旁；目平視體正前方，面向西

圖 77

圖 78

（圖 76）。

40. 攬雀尾

（1）接上式。腳不動，重心前移；左掌畫弧前伸，右掌手指尖緊隨前腕，向外畫弧兩圈，轉圈前伸時左覆右仰，目平視體正前方，面向西（圖 77）。

（2）上動不停。重心後移，勁坐右腿；轉圈收回時，兩掌變為左仰右覆；目平視體正前方，面向西（圖 78）。

41. 退步搬攔錘

（1）接上式。提右腳，略後擺半腳掌位置，左膝提起，復落左腳；同時，左掌向外平畫圓一圈，抓握成拳；右掌移至體右後下側；目平視體左前方，身體朝西北，面向西（圖 79）。

（2）上動不停。進右腳，併於左腳旁；左拳橫置於右

圖 79

圖 80

肋前；右拳自左腕上方向前直出，矮襠；目平視體正前方，面向西（圖80）。

42. 如封似閉

（1）接上式。退右步，重心後移；兩拳變掌，收於胸前；目平視正前方，面向西。（圖81）。

（2）上動不停。進右腳，與左腳併步，身體半蹲，腳後跟相抵，腳前掌分開；同時，兩掌向前平推；目平視體正前方，面向西（圖82）。

43. 雙峰摜耳

此式兩拳由兩側分上，摜打敵人兩耳，故名。

（1）接上式。退左腳，以兩腳前掌為軸，身體由向西右轉向東，兩掌內旋，分往體左右兩側；目平視體正前方，面向東北（圖83）。

圖 81

圖 82

圖 83

圖 84

（2）上動不停。右腳前掌墊起，以右腳前腳掌為轉軸，左腳擦地踢起，身體借左腳向體右側踢起之力，沿地旋轉一周，右腳後跟著地；兩掌仍置體左右兩側；目平視體正前方，面向東南（圖 84）。

圖 85

圖 86

　（3）上動不停。左腳落於右腳旁，以左腳支撐，右膝上提；兩掌上舉至眉骨上方，掌心朝身後；目平視體正前方，面向東（圖85）。

　（4）上動不停。右腳落下，成右弓步；同時，兩掌變拳，從兩側分上，平行摜出，復將左拳分往體左下側；目平視體右側，面向東（圖86）。

　注意：假想敵人當胸擊來，我落右腳，兩手自內將敵手格開，再向敵兩耳摜擊。

44. 野馬分鬃

　此式兩臂開合，左右畫弧，狀如馬之頭鬃分披兩旁，故名。

　（1）接上式。右腳不動，左腳提而虛點於右腳旁，矮襠；兩手若抱球狀，右覆左仰；目平視前方，身體朝東南，面向東（圖87）。

圖 87

圖 88

（2）上動不停。開左步，成左弓步；左右掌分出，左掌向體左前上側畫弧；右掌向體右後下側畫弧，兩掌左仰右覆；目視前伸之左掌，面向東（圖88）。

（3）上動不停。右腳提而虛點於左腳旁，矮襠；兩手若抱球狀，左覆右仰；目平視體右前方，面向東南（圖89）。

圖 89

（4）上動不停。開右步，成右弓步；左右手分出，右掌向體右前上側畫弧；左掌向體左後下側畫弧，兩掌右仰左覆；目視前伸之右掌，面向東南（圖90）。

圖90　　　　　　　　　圖91

注意：假想敵人迎面擊我，我先以右手抓住敵腕，繼以左臂擊敵肋部。

45.玉女穿梭（凡四手）

凡四手，沿四正四隅而運行，順八面八方而旋轉，往來不斷，如穿梭於織機之上，故名。

（1）接上式。進左腳於右腳前，腳掌內沿正對右腳尖，繼而右腳偷步於左腳後；左掌上提至眉骨前上方，以右掌向體左側橫向推出；目平視體左側，面向東（圖91）。

（2）上動不停。右腳向體右側橫開一步，左腳偷步於右腳後；同時，右掌上提至眉骨前上方；左掌向體右側橫向推出；目平視體右側，面向西（圖92）。

（3）上動不停。進左腳於右腳前，腳掌內沿正對右腳尖，繼而右腳偷步於左腳後；同時，左掌上提至眉骨前上

圖 92

圖 93

方，右掌向體左側橫向推
出；目平視體左側，面向西
南（圖93）。

（4）上動不停。右腳
向體右前側開一步，腳尖向
北，左腳偷步於右腳後；同
時，右掌上提至眉骨前上
方，左掌向體右側橫向擊
出；目平視體右側，面向東
北（圖94）。

圖 94

46. 單鞭下式

身體極力下伏，身、腰、臂、腿均下伏至最低限度，
故名。

接上式。左腳不動，右腳橫開一步，成右仆步；同

時，右掌經左臂內側向右腳掌方向插下；左掌撐於體左後上側；目瞪視體右前上側，面向東（圖95）。

注意：此式雖下伏極低，然脊骨仍須直立，不可前探左傾。

47. 白鶴亮翅

接上式。身體由向東左轉至向北，成馬步；收兩手交叉於小腹前，再上舉過頭頂，向體左右側平行分開，成豎掌；目平視體正前方，面向北（圖96）。

48. 雲手（凡四手）

（1）接上式。身體由向北左轉至向西北；同時，兩掌左上右下向體左側畫弧；目視體左側，面向西北（圖97）。

圖95

圖96

（2）上動不停。收右腳於左腳旁，身體右轉，勁坐右腿，左腳虛點；同時，兩掌左下右上向體右側畫弧；目視體右側，面向東（圖98）。

（3）上動不停。左腳後撤一步，成馬步；兩掌左上右

圖 97　　　　　　　　　　圖 98

圖 99　　　　　　　　　　圖 100

下畫弧於體右側；目平視體右側，面向東北（圖99）。

　　（4）上動不停。身體由向東左轉至向北；隨轉體兩掌
左上右下畫弧至體正前方；目視體正前方，面向北（圖
100）。

註：上述第（1）著至第（4）著為雲手第一手，以下第二手、第三手、第四手均重複第一手之動作。

49. 金雞獨立

此式一腳獨立，另一腳提起，兩手前伸後屈，如雞獨立展翅之狀，故名。

（1）接上式。左腳橫開一步，成左弓步；同時，左掌向體左前側畫弧甩出，右掌畫弧至體右後側，左仰右覆；目平視體左側，面向西北（圖101）。

圖 101

（2）上動不停。右膝上提，左腳直立；同時，右掌自下畫弧向前挑起，左掌變拳置於右肘下；目平視體正前方，面向西（圖102）。

注意：此式獨立時靜如山岳。

圖 102

50. 倒攆猴（凡三手）

（1）接上式。腳不動；左拳變掌前伸，掌心朝前，右手自下畫弧向後平伸，掌心朝上；目平視前方，面向西

圖 103

圖 104

（圖103）。

（2）上動不停。右掌擦左掌心前伸，掌心向外；左掌後移至與肩平，掌心朝上；同時，右腳落下偷步交叉於左腳後，身體下蹲；目平視體右側，面向西，是為第一手（圖104）。

（3）上動不停。身體直起，右腳直立，左膝提起；右掌抓握成拳，左掌不變；目平視體右側，面向西（圖105）。

圖 105

（4）上動不停。右拳變掌，轉掌心朝裡；左掌擦右掌心前伸，掌心向外；右掌後移至與肩平，掌心朝上；同時，左腳落下偷步交叉於右腳後，身體下蹲；目視體左

圖 106

圖 107

側，面向西北，是為第二手（圖 106）。

（5）上動不停。身體直起，左腳直立，右膝提起；左
掌抓握成拳，右掌不變；目平視體左側，面向西北（圖
107）。

（6）上動不停。右掌擦左掌心前伸，掌心向外；左掌
後移至與肩平，掌心朝上；同時，右腳落下偷步交叉於左
腳後，身體下蹲，目平視體右側，面向北，是為第三手。
此著與本式之第二著同，圖略。

上動不停。經本式之第三著、第四著、第五著過渡到
此著，第三、四、五著圖文並略。

此著動作分解為：左拳變掌，轉掌心朝裡；右掌擦左
掌心前伸，掌心向外；左掌後移至與肩平，掌心朝上；同
時，右腳落下偷步交叉於左腳後，身體下蹲，頭由向西左
轉至向東；目平視體左側，面向東，是為第四手（圖
108）。

圖 108

圖 109

51. 斜飛式

接上式。身體由向南右
轉至向北；同時，左手扶右
腕，自胸前向體右側擠出；
目平視體右側，身體朝東
北，面向東（圖 109）。

52. 左向手揮琵琶

接上式。兩掌向裡畫圓
一圈轉出，兩掌變拳，緩緩

圖 110

由體右側向體左側行去，左仰右覆，上提至體左上側；同
時，左腳直立，右膝提起，目平視體右前方，面向北（圖
110）。

圖 111

圖 112

53. 提手上式

接上式。此式與第 8 式同，惟方向相反。第 8 式面向南，此式則面向北。圖文並略。

54. 海底針

（1）接上式。左腳旁開一步，成高虛步，勁坐右腿；右掌變鈎，上移至眉骨右側上方；左鈎變掌，下移至左髖前下方；目視體左前側下方，面向西（圖 111）。

（2）上動不停。矮襠；右掌經左掌虎口插下，左掌收於左髖旁；目平視體正前方，面向西南（圖 112）。

55. 上步閃通臂（凡四手，至第三手時上左步，以左手向後摜下）

（1）接上式。開左步；左掌擦右掌心前伸，右掌撤

圖 113

圖 114

回，左仰右覆；目平視體左前方，面向西，是為第一手（圖113）。

（2）上動不停。收右腳，虛點於左腳旁；同時，右掌擦左掌心前伸，左掌撤回，左仰右覆；目平視前方，面向西（圖114）。

（3）上動不停。重複演練本式第（1）著之動作。圖文並略，是為第二手。

（4）上動不停。重複演練本式第（2）著之動作。圖文並略。

（5）上動不停。重複演練本式第（1）著之動作。圖文並略。是為第三手。

56. 上步擠

（1）接上式。左手向上抓握成拳，收回於左肩旁，右掌變拳，平伸於體前，兩拳左覆右仰；同時，身體由向西

圖 115

圖 116

右轉至向東；目平視體右前方，面向東（圖 115）。

（2）上動不停。上左步，成摜背式；左拳直出，右拳收回於右腰眼處，兩拳左覆右仰；目平視前方，面向東（圖 116）。

（3）上動不停。進右步，身體由向東左轉向東北，成馬步；左手扶右腕，向體右前側擠出；面向東北（圖117）。

57. 白鶴亮翅

接上式。兩掌向下畫弧至小腹前，復上舉過頭頂，再向體左右兩側分開，成豎掌；同時矮襠；目平視體正前方，面向北（圖118）。

圖 117

圖 118

圖 119

58. 雲手（凡四手，至第四手，即變下式）

接上式。此式與第 48
式同。圖文並略。

59. 上右步壓肘

（1）接上式。由雲手
第二手之第（2）著退右
步，身體由向東左轉向西
北，左手反抓，如抓對方手
腕，右手移至體右後側，目
平視體左前方，面向西（圖
119）。

圖 120

（2）上動不停。上右腳，虛點於左腳前；右手畫弧至
胸前，由掌變拳；左手抓右腕，右肘順勢壓下；同時矮

圖 121　　　　　　　　圖 122

褶；目視體右前下側，面向西（圖120）。

60. 上左步壓肘

（1）接上式。身體直起，右腳前跨一步，成右弓步；同時，右手反抓，如抓對方手腕，左手移至體左後側；目平視體右前方，面向西（圖121）。

（2）上動不停。再上左腳，虛點於右腳前；左手畫弧至胸前，由掌變拳；右手抓左腕，左肘順勢壓下，同時矮褶；目視體左前下側，面向西北（圖122）。

61. 腋下掌

接上式。開左步，成左弓步；左掌架於眉骨上方，右掌自肋下向前推出；目瞪視體右前方，面向西（圖123）。

圖 123

圖 124

62. 十字擺臁

（1）接上式。上右腳，虛點於左腳前，矮襠；同時，右掌於體右側順向畫立圓一圈，自後經下朝前變拳摜出；左掌變拳，下移至右肘下，疊成十字；目平視體右前方，面向西（圖124）。

圖 125

（2）上動不停。再上右步，身體直起；兩拳內旋分開，右拳橫架於眉骨前上方，左拳分往左髖旁；目視體前下方，面向西（圖125）。

（3）上動不停。右腳前掌墊起，左腳擦地踢起，身體即借此踢起之勢向右旋轉一周，目視前下方；同時，右拳

圖 126

圖 127

横擺於胸前，左拳隨擺於體左後下側；面向北（圖
126）。

（4）上動不停。左腳落下。以左腳支撐，起右腳，外
擺腿，以腳掌外沿擦右掌而過；左拳仍置於體左後下側；
目視右腳面，面向東北（圖127）。

63. 彎弓射虎

此式狀同古代武士之拉弓射虎，故名。

（1）接上式。身體借起右腳、外擺腿之勢由向東北右
旋轉至向西南，右腳落於左腳前，左腳交叉盤疊於右腳
後；同時，左掌擦右掌心而過，向前下方直插；右掌後撤
至右肋下；目視體前下方，面向西南（圖128）。

（2）上動不停。身體直起，上左步；同時，右掌擦左
掌心而過，向前直伸；左掌後撤至右肘旁；目平視體正前
方，面向西南（圖129）。

圖 128

圖 129

64. 上步擠

接上式。上右步，成右
弓步；左手扶右腕向前擠；
目平視體正前方，面向西南
（圖 130）。

65. 上步七星

武術技擊家以抱拳拱置
於面前，名七星勢，亦名開
門勢、踏中宮勢。接上式。

圖 130

收右腳，虛點於左腳前，身體由向西南左轉至向東南，勁
坐左腿；同時，兩掌分往體左右兩側，繼而合攏變拳，疊
成十字，右上左下；目平視體正前方，面向東南（圖
131）。

圖 131　　　　　　　　圖 132

66. 撤步跨虎

以兩手上下穿插為跨虎。

接上式。退右腳於身後，身體由向東南左轉向東北；兩拳分開，右拳橫架於眉骨前上方，左拳下插於左髖旁；目平視體正前方，面向東北（圖132）。

注意：七星式重心在左腿，此式重心在右腿。

67. 轉腳擺臁

（1）接上式。右腳前掌墊起，左腳擦地踢起，身體即借此踢起之勢由向東北向右擰轉至向東南；兩拳隨擺於體左右兩側；目平視體左前方，面向東南（圖133）。

（2）上動不停。左腳落下，以左腳支撐，起右腳、外擺腿，以腳掌外沿擦右掌而過；左拳仍置於體左後下側；目視右腳面，面向西南（圖134）。

圖 133

圖 134

68. 彎弓射虎

（1）接上式。身體借起右腳、外擺腿之勢，由向東南右旋轉至向東北，右腳落於左腳前，左腳交叉盤疊於右腳後；同時，左掌擦右掌心而過，向前下方直插，右掌後撤至右肋下；目視體前下方，面向東北（圖135）。

圖 135

（2）上動不停。身體直起，上左步；同時，右掌擦左掌心而過，向前直伸，左掌後撤至右肘旁，目平視體正前方，面向東北（圖136）。

圖 136

圖 137

69. 上步擠

接上式。上右步，成右
弓步；左手扶右腕向前擠；
目平視體正前方，面向東北
（圖 137）。

70. 手揮琵琶

（1）接上式。腳不
動，重心後移；左手扶右
腕，自前往回畫弧至右肋

圖 138

下；同時右掌外旋；目視體右側下方，面向東南（圖
138）。

（2）上動不停。矮襠，成馬步，兩掌分開，右掌在
前，左手手指緊隨前腕，兩掌右覆左仰，自體右側呈平圓

圖 139

圖 140

圖 141

狀向裡畫圓一圈，向體左側緩緩畫弧行去；目視右覆掌，面向東北（圖139）。

（3）上動不停。腳不動，身體繼續向左旋轉，至右腿交叉盤疊於左腿後；同時，兩掌保持右覆左仰姿勢畫弧至體前；目平視體右前方，面向西（圖140）。

71. 攬雀尾

（1）接上式。上右步，成右弓步；同時，兩掌向外畫圓兩圈，轉圈前伸時右仰左覆；身體重心前移，目平視體右前方，面向西南（圖141）。

（2）上動不停。腳不動，重心後移，勁坐左腿；同

圖 142

圖 143

時，兩掌轉圈收回時變為右覆左仰；目平視體右前方，面向西南（圖142）。

（3）上動不停。上左步；左手畫弧前伸，右手後移，向裡畫圓兩圈，左手在前，右手隨後，右手手指緊隨左腕，轉圈前伸時左覆右仰；目平視體正前方，面向西（圖143）。

圖 144

（4）上動不停。腳不動，重心後移，勁坐右腿；同時，兩掌轉圈收回時變為左仰右覆；目平視體左前方，面向西（圖144）。

（5）上動不停。上右步，成右弓步；同時，兩掌向外畫圓兩圈，轉圈前伸時右仰左覆；身體重心前移，目平視

圖 145

圖 146

體右前方，面向西南（圖
145）。

（6）上動不停。腳不
動，重心後移，勁坐左腿；
同時，兩掌轉圈收回時變為
右覆左仰；目平視體右前
方，面向西南（圖146）。

72. 合太極

此式為三豐太極拳最末
一式，表示拳式結束，內気

圖 147

歸本還原於黃庭中宮之義，故名之為「合太極」。

（1）接上式。腳不動，重心前移，兩掌右仰左覆，即
向體右前上側甩出餘下之半圈；目視右掌尖，面向西（圖
147）。

圖 148

圖 149

（2）上動不停。腳不動，變兩掌為右覆左仰；目視右掌尖，面向西南（圖148）。

（3）上動不停。腳不動，重心左移，身體由向西左轉至向東；同時，兩掌自體右前上側，斜向體左前下側畫弧落下；目視體左前下方，面向東南（圖149）。

圖 150

（4）上動不停。腳不動；翻兩掌向上，掌沿互抵，掌心朝上；目平視體正前方，面向東（圖150）。

（5）上動不停。腳不動重心右移；同時，右掌自下向體右側畫弧，左掌下移至體左前下側；頭由向東右轉至向

圖 151

圖 152

西，目平視體右側，面向西
（圖 151）。

　（6）上動不停。收左
腳於右腳旁；同時，兩掌會
合於面部前，掌心斜朝下；
目平視體正前方，面向南
（圖 152）。

　（7）上動不停。兩掌
向下按壓至小腹前，是為收
勢（圖 153）。

圖 153

　注意：收左腳與右腳合
併，口閉，先自鼻孔出氣一口，復由鼻孔吸氣一口。出氣
時小腹凹下，吸氣時小腹凸起，意注臍內，念無我想、無
他想。處空寂淨慮之本然狀態中——復由太極各拳式歸於
無極拳式之中。

六、自然拳

1. 令牌式

　　左掌右拳，兩相併攏，拱置胸前，腳跟靠攏，腳前掌分開。蹲身矮襠，頭用頂勁，項用豎勁。既不似少林拳之收腹挺胸，也不似武當拳之含胸拔背，一如平常，順其自然，僅自鼻孔猛噴氣一口，則肩自沉下，氣自從胸腔肺部壓縮至小腹之下丹田內，意注陰蹺氣氣穴（在會陰穴前1寸部位），此即為本門拳法之預備勢，本門拳法，分三行九點，此式為起勢，即立於三行九點之外，背北面南，目平視正前方，面向東（圖1）。

2. 鴉雀步

　　（1）接上式，先開左步於中行第一點上，右拳變掌置於胸前，掌心朝上，成仰掌，同時左掌變鈎，下移至體左後側，目平視正前方，面向東（圖2）。

圖1

（2）上動不停。腳不動，右掌內旋，自胸前向前平推，掌心朝前；目平視正前方，面向東（圖3）。

（3）上動不停。出右步於中行第二點上；右掌變鈎，下移至體右後側，同時，左手由鈎變掌，先提至胸前，掌心朝上，成仰掌；再內旋，自胸前向前平推，掌心朝前；

圖2

圖3

目平視正前方，面向東（圖4、圖5）。

　（4）上動不停。再出左步於中行第三點上；左掌變鈎，下移至體左後側；同時，右手由鈎變掌，先提至胸前，掌心朝上成仰掌，再內旋，自胸前向前平推，掌心朝

圖4

圖5

前；目平視正前方，面向東（圖
6）。

3.回身式

（1）接上式。身體由向東
右轉至向南，成馬步；右掌變
鈎，下移至體右後側；左手由鈎
變掌，上移至右肩前，成豎掌，
掌心朝右，目平視體右側，身體
朝西南，面向西（圖7）。

圖6

（2）上動不停。腳不動；
左掌變鈎，下移至體左後側；右手由鈎變掌，上移至左肩
前，成豎掌，掌心朝左；目平視體左側，身體朝南，面向
東（圖8）。

（3）上動不停。身體由向南右轉至向西，隨轉體，右

圖7

圖8

圖9

圖10

腳收而虛點於左腳旁；同時，右掌自左肩前向體右側畫弧後收於腰肋下，掌心朝上，成仰掌；左鈎手不變；目平視體右側，面向西（圖9）。

（4）上動不停。腳不動；右掌由仰掌內旋變覆掌，自腰下向體右側推出；目平視體右側，面向西（圖10）。

4. 翻 錘

接上式。先收右掌於腰下；再進右腳虛點於中線第二點上；同時，右掌由仰掌變拳自內翻出，拳心朝上；左掌成豎，掌置於右肘旁；目視翻打之右錘，面向西（圖11）。

圖11

圖12   圖12附圖

5. 捻　步

接上式。以虛點之右腳前掌為軸心，身體由向南右轉至向北，右腳落實，左腳虛點於右腳旁；同時，捻左右手，置於體前，右手在上，左手在下；目平視前方，面向北（圖12、圖12附圖）。

6. 長手推掌

（1）接上式。震右腳，進左腳於中行第一點上，成左弓步；同時，兩掌變虎爪掌，左掌上移至右腋下，掌心朝上，成仰掌；右掌向前推出，掌心朝前；目平視正前方，面向西（圖13）。

（2）上動不停。腳不動；右掌收於腰眼，掌心朝上；左掌內旋，自右腋下向前平推，掌心朝前；目平視正前方，面向西（圖14）。

圖13

圖14

　　（3）上動不停。腳不動。左掌收於右肩上，掌心朝上；右掌自腰眼向前推出，掌心朝前；目平視正前方，面向西（圖15）。

圖 15

圖 16

7. 削　掌

接上式。右腳自中行第二點上收而虛踏於東行第一點上；右掌自左掌裡側削出；左掌心朝上，成仰掌；右掌直立，成豎掌；目平視體右前方，面向北（圖 16）。

圖 17

8. 撩　打

接上式。腳不動；右掌由豎掌變仰掌，自體右前上側向體左前下側撩打；同時，左掌由仰掌變豎掌，上移至右肩前；目視體右前方，面向北（圖17）。

9. 轉身式

（1）接上式。以虛踏之右腳前掌為軸心，身體由向西向右旋轉一周後向南，右腳落實，左腳自中行第一點上收而虛點於右腳旁；同時，右掌變鈎，向體右側畫弧下移至體右後側；左掌外旋，自體右肩前經體正前方畫弧後，仍上提至右肩前，成豎掌，掌心朝右；目平視體右側，面向西（圖18）。

（2）上動不停。先出右腳於北行第二點上，再左腳自北行第一點上收而虛點於右腳旁；同時，左掌自右肩前向

圖 18

圖 19

下向前畫弧，成豎掌，掌心
朝前；右鈎手稍後移；目平
視正前方，面向東（圖
19）。

（3）上動不停。退右
腳於北行第一點上，再收左
腳虛點於右腳旁，矮襠，勁
坐於右腿；同時，左掌向
下、向右往回上提至右肩
前，成豎掌，掌心朝右；右
鈎手不變；目平視體左側，
面向東（圖20）。

圖 20

（4）上動不停。進右腳於北行第二點上，再左腳自北
行第一點上收而虛點於右腳旁；同時，左掌自右肩前復向
身體左前方畫弧後收於小腹前，掌心朝上，成仰掌；右鈎

圖 21

圖 22

手稍後移；目平視正前方，面向東（圖21）。

10. 長手推掌（凡三手）

（1）接上式。再出左腳於北行第三點上，成左弓步；
同時，兩掌變虎爪掌，左掌
上移至右腋下，掌心朝上，
成仰掌；右掌向前推出，掌
心朝前；目平視前方，面向
東（圖22）。

（2）上動不停。腳不
動；右掌收回於腰眼，掌心
朝上；左掌內旋，自右腋下
向前平推，掌心朝前；目平
視正前方，面向東（圖
23）。

圖 23

（3）上動不停。腳不
動；左掌收回於右肩上，掌
心朝上；右掌自腰眼向前推
出，掌心朝前；目平視正前
方，面向東（圖24）。

圖24

11. 回身式

（1）接上式。身體自
北行第二點上由向東右轉向
南，右腳自北行第二點上收
而虛點於左腳旁；同時，左
掌變鈎手，自右肩上向下移至體左後側；右手虎爪掌變
掌，向前畫弧後上提至左肩前，掌心朝左；目平視體左
側，身體朝南，面向東（圖25）。

（2）上動不停。先出左腳於北行第二點上，再右腳自

圖25

圖 26

北行第三點上收而虛點於左腳旁；同時，右掌自左肩前向下、向前畫弧，成豎掌，掌心朝前；左鉤手稍後移；目平視正前方，面向西（圖26）。

　（3）上動不停。先退左腳於北行第三點上，再右腳自北行第二點上收而虛點於左腳旁，矮襠，勁坐於左腿；同時，右掌向下、向左往回上提至左肩前，成豎掌，掌心朝左；左鉤手不變；目平視體右側，面向西（圖27）。

　（4）上動不停。先出左腳於北行第二點上，再右腳自北行第三點上收而虛點於左腳旁；同時，右掌自左肩前復向身體右前方畫弧後收於小腹前，掌心朝上，成仰掌；左鉤手稍後移；目平視正前方，面向西（圖28）。

12. 長手推掌（凡三手）

　接上式。進左腳於北行第一點上，成左弓步；同時，兩掌變虎爪掌，左掌上移至右腋下，掌心朝上，成仰掌；

圖 27

圖 28

右掌向前推出，掌心朝前；目平視正前方，面向西。此著與第6式之第一著同，惟方位不同，圖略。

上動不停。腳不動；右掌收於腰眼。掌心朝上；左掌

圖 29   圖 30

內旋，自右腋下向前平推，掌心朝前；目平視正前方，面
向西。此著與第 6 式之第二著同，惟方位不同，圖略。

上動不停。腳不動；左掌收於右肩上，掌心朝上；右
掌自腰眼向前推出，掌心朝前；目平視正前方，面向西
（圖 29）。

13. 肘打（凡二手）

（1）接上式。身體右轉，左弓步變馬步；以左掌推右
拳，右肘借勢向體右側打出；目平視體右側，面向東（圖
30）。

（2）上動不停。以右腳前掌為軸心，身體由向北右轉
至向南，同時，進左腳於北行第三點上，成馬步；右手抓
住左腕，左肘借勢向體左側拐打；目平視體左側，面向東
（圖 31）。

圖 31

圖 32

14. 摔 掌

接上式。頭由向東右轉向西；右掌向體右側摔打，左肘不動；目平視體右側，面向西（圖32）。

圖 33

15. 靠 打

接上式。以左掌搭右掌前臂內側，右手順勢外向靠打；目平視體右側，面向西（圖33）。

圖34

16. 削　掌

接上式。腳不動；右掌自左掌裡側削出，左掌心朝上，成仰掌；右掌直立，成豎掌；目平視體右前方，面向西（圖34）。

17. 上山虎

（1）接上式。進左腳虛點於北線第一點上，以虛點之左腳為軸心，身體由向南右轉一周後，仍向南，右腳落實，左腳自北行第三點上收而虛點於右腳旁；隨轉體，右掌變鈎，自體右側畫弧下移至體右後側；左掌外旋，自體左下側經體正前方畫弧上提至右肩前，成豎掌，掌心向體右側；目視體左側，面向東（圖35）。

（2）上動不停。左轉身，上右步，踩中線第二點上；左掌變拳下壓，右鈎手變拳向上穿；目視體左側，面向西

圖 35

圖 36

北（圖 36）。

（3）上動不停。身體由向西南右轉向東南，成右弓步；左拳變掌，上移至右胸前，成豎掌；右拳向體前上方沖出；目視沖出之右拳，面向東南（圖 37）。

圖 37　　　　　　　　　圖 38

18. 回身式

接上式。以右腳前掌為軸心，身體由向東南右轉為向西北，隨轉體，右腳從北行第一點退至南行第三點上；右拳變掌於體前上方；左掌下移至體左下側；目視右掌尖，面向西北（圖 38）。

19. 轉身式

（1）接上式。身體由向西北左轉向南，右腳自中行第二點上收而虛點於左腳旁；同時，右掌於體右側向前畫弧後，提掌於左肩前；左手由掌變鈎，置於體左後側；目視體左側，面向東（圖 39）。

（2）上動不停。先出左腳於南行第二點上，再右腳自南行第三點上收而虛點於左腳旁；同時，右掌向下向前畫弧於體右側前方，成豎掌，掌心朝前；左鈎手稍後移；目

圖 39　　　　　　　　　圖 40

平視體右側，面向西（圖40）。

　　（3）上動不停。先退左腳於南行第三點上，再右腳自南行第二點上收而虛點於左腳旁，矮襠，勁坐於左腿；同時，右掌向下往回上提於左肩前，成豎掌，掌心向左；左鈎手不變；目視體右側，面向西（圖41）。

　　（4）上動不停。先出左腳於南行第二點上，再右腳自南行第三點上收而虛點於左腳

圖 41

圖42　　　　　　　　　　圖43

旁；同時，右掌自左肩前復向身體右前方畫弧後收於小腹前；左鈎手稍後移；目平視前方，面向西（圖42）。

20. 長手推掌（凡三手）

接上式。進左腳於南行第一點上，成左弓步；同時，兩掌變虎爪掌，左掌上移至右腋下，掌心朝上，成仰掌；右掌向前推出，掌心朝前；目平視正前方，面向西。此著與第6式之第（1）著同，惟方位不同（圖43）。

上動不停。腳不動；右掌收於腰眼，掌心朝上；左掌內旋，自右腋下向前平推，掌心朝前；目平視正前方，面向西。此著與第6式之第（2）著同，惟方位不同，圖略。

上動不停。腳不動；左掌收於右肩上，掌心朝上；右掌自腰眼向前推出，掌心朝前；目平視正前方，面向西。此著與第6式之第（3）著同，圖略。

21. 轉身勢

接上式。身體由向西右轉向北，右腳自南第二點上收而虛點於左腳旁；同時，右手虎爪變掌，向體前方畫弧後提掌於左肩前；左掌變鈎，手自右肩上向下移至體左後側；目平視體左側，面向西。此著與第 19 式之第一著同，惟方位相反，圖略。

圖 44

上動不停。先出左腳於南行第二點上，再右腳自南行第一點上收而虛點於左腳旁；同時，右掌向下、向前畫弧於體右側前方，成豎掌，掌心朝前；左鈎手稍後移；目平視前方，面向東。此著與第 19 式之第二著同，惟方位相反，圖略。

上動不停，先退左腳於南行第一點上，再右腳自南行第二點上收而虛點於左腳旁，矮襠，勁坐於左腿；同時，右掌向下往回畫弧，上提於左肩前，成豎掌，掌心向左；左鈎手不變；目視體右側，面向東。此著與第 19 式之第三著同，惟方位相反，圖略。

上動不停。先出右腳於南行第二點上，再左腳自南行第一點上收而虛點於右腳旁；同時，右掌變鈎手，下移至體右後側；左手由鈎手變掌移至小腹前，掌心朝上，成仰掌；目平視正前方，面向東（圖 44）。

圖 45

22. 長手推掌

（1）接上式。進左腳於南行第三點上，成左弓步；同時，兩掌均變作虎爪掌，左掌上移至右腋下，掌心朝上，成仰掌；右掌向前推出，掌心朝前；目平視正前方，面向東。此著與第10式之第一著同，惟方位不同，圖略。

上動不停。腳不動；右掌收於腰眼，掌心朝上，左掌內旋，自右腋下向前平推，掌心朝前，目平視正前方，面向東。此著與第10式之第二著同，惟方位不同。

上動不停。腳不動；左掌收於右肩上，掌心朝上；右掌自腰眼向前推出，掌心朝前；目平視正前方，面向東（圖45）。

23. 肘　打

（1）接上式。由左弓步右轉體變作馬步；以左掌推右

圖 46   圖 47

拳，右肘借勢向體右側打出；目視體右側，身體朝南，面
向西（圖46）。

（2）上動不停。以右腳前掌為軸心，身體由向南右轉
向北，同時進左腳於南行第一點上，成馬步，右手抓住左
腕，左肘借勢向體左側拐打；目平視體左側，面向西北
（圖47）。

24. 削　掌

接上式。將右腳自南
行第二點上收而虛點於中
線第一點上；右掌自左掌
裡側削出；左掌心朝上，
成仰掌；右掌直立，成豎
掌；目平視體右前方，身
體朝西北，面向西北（圖
48）。

圖 48

25. 撩　打

接上式。腳不動；右掌由豎掌變仰掌，自體右前上側向體左前下側撩打；同時，左掌由仰掌變豎掌，上移至右肩前；目視體右前方，身體朝西，面向西北（49）。

圖49

26. 上山虎（凡二手）

（1）接上式。以虛點於中線第一點上之右腳前掌為軸心，身體由向西右轉一周至向南，隨轉體，左腳自南行第一點上收而虛點於右腳旁；同時，右掌自體左前下側畫弧至體右後側成鈎手；左掌自右肩前外旋，經體正前方畫弧後仍上提於右肩前；目視體右側，面向西（圖50）。

（2）上動不

圖50

停。上右腳踩於中行第二點上，成右弓步；右手由鈎變拳，向正前上方沖出；左手豎掌，置於右胸前；目視沖出之右拳，面向東（圖51）。

圖 51

27. 跑　閃

（1）接上式。身體由向東左轉至向西，隨轉體，出左腳於南行第二點上，右腳收而虛點於左腳旁；同時，右拳向左腋下一錘；左手由掌變拳，屈肘於右拳上方；目視體左側，身體朝西，面向南（圖52）。

圖 52

（2）上動不停。身體由向西右轉至向北，隨轉體退右腳於中行第三點上，左腳收而虛點於右腳旁；同時，左拳向右腋下一錘；右手屈肘於左拳上方；目視體右側，面向東北（圖53）。

圖 53

圖 54

　　（3）上動不停。左腳虛點於中行第二點上，繼而右腳踏中行第二點而直立，左膝上提；兩手上翻，如鵬展翅；目平視身體左前方，面向西（圖 54）。

　　（4）上動不停。左腳下落於中行第一點上，兩掌變拳，交叉於小腹前下方，矮襠，成馬步；借勢兩拳分向體

圖 55

圖 56

左右兩側打出；目視體左側，面向西（圖 55）。

（5）上動不停。以左腳前掌為軸心，身體由向北左轉至向南，隨轉體，右腳收而虛點於左腳旁；右拳自體右側向體右前下側砸下；左拳變掌，置於右手前臂旁，掌心朝體右側；目視下砸之右拳，面向西（圖 56）。

（6）上動不停。左腳虛點於中行第二點上，繼而右腳踏中行第二點而直立，左膝上提；兩手上翻，如鵬展翅；目平視身體左前方，面向東（圖57）。

圖 57

（7）上動不停。左腳下落於中行第三點上；兩掌變拳交叉於小腹前下方，矮襠，成馬步；借勢兩拳分向體左右兩側打出；目視體左側，身體朝南，面向東（圖 58）。

（8）上動不停。以左腳前掌為軸心，身體由向南左轉至向東北，隨轉體，右腳收而虛點於左腳旁；右拳自體右側向體右前下側砸下；左拳變掌，置於右手前臂旁，掌心朝體右側；目視下砸之右拳，面向東（圖59）。

28. 長手推掌

（1）接上式。進右腳於中行第二點上，再收左腳虛點於

圖 58

圖 59

圖 60

右腳旁；同時，左掌變仰掌，順移至小腹前，掌心朝上；右拳變鉤，移至體右後側；目平視正前方，面向西（圖60）。

圖 61

（2）上動不停。進左腳於中行第一點上，成左弓步；同時兩掌變虎爪掌，左掌移至右腋下，掌心朝上，成仰掌；右掌向前推出，掌心朝前；目平視正前方，面向西。此著與第6式之第（1）著同，圖略。

上動不停。腳不動，右掌收於腰眼，掌心朝上；左掌內旋，自右腋下向前平推，掌心朝前；目平視正前方，面向西。此著與第6式之第（2）著同，圖略。

上動不停。腳不動；左掌收於右肩上，掌心朝上；右掌自腰眼向前推出，掌心朝前，目平視正前方，面向西（圖61）。

29. 平胸掌收勢

（1）接上式。右腳收而虛點於左腳旁，復上左腳踏於中行之零點上；以左腳前掌為軸心，身體由向西右轉至向

北，隨轉體，右
腳自中行第一點
上收而虛點於左
腳旁；同時，左
掌變鈎手，自右
肩上畫弧至體左
後側；右掌畫弧
至右胸前，成仰
掌，掌心朝上，

圖62

再內旋成覆掌平
胸橫向推出；目視體右側，面向東（圖62）。

（2）上動不停，出右腳虛踏於中行第二點上，同時，右掌外旋，收於腰肋，成仰掌，掌心朝上，再內旋成覆掌，平胸橫向推出，掌心朝前；目平視體右側，面向東（圖63、圖64）。

圖63

圖 64

圖 65

（3）上動不停。退右腳於與中行第一點相距一步距離之零點上，即退出三行九點之外；兩手自體前畫弧收於髖骨兩側；目平視正前方，面向東（圖65）。

（4）上動不停。退左腳於右腳旁，矮襠，成馬步，還原為起勢之令牌式；自鼻孔猛噴氣一口，使小腹凹下，再深緩細勻地從鼻孔吸氣一口，使小腹凸起，是為收勢。此式與起勢之令牌式同（圖66）。

圖66

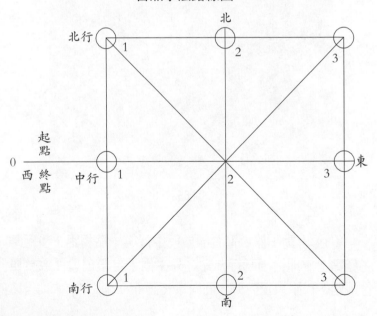

自然拳法路線圖

註：0點既是起點，亦是終點，位於西端，自西端0點至東端第3點之直線爲中行，北邊第1點至第3點爲北行，南邊第1點至第3點爲南行，北、中、南三線，每線三行，每行三點，合稱三行九點。起點0點外，又是終點處，自然拳即由此0點處，終返回於此點收勢。

第三節　器械訓練法

一、器械概言

器械者，套路手足之延伸而已。故習器械，必先習套路作基礎。倘套路習之有一定基礎，則習器械易於練成矣。

本門器械，其在創始人兼第一代傳人徐矮師，僅一常掛腰間之長煙杆而已。其後傳人，則因嗜好、職業不同而異。第二代傳人杜心五，喜八仙劍與單刀；第三代傳人吳四爺，頗喜祖師爺之長煙杆，蓋其招式密集、攻守完備，晚年將長煙杆更而爲杖；第三代傳人萬籟聲，出於教武之職，所操器械較多，有六合刀、六合槍、八仙劍、九洲棍、畫戟、馬牙刺等；第四代傳人杜飛虎，亦出於教武之職，所操器械亦較多，有虎杖、游龍劍、托天叉、金翅擋、槍、鈀、單刀、大刀等，其中虎杖由吳四爺傳授。較多保留了自然門創始人徐矮師所操長煙杆之古樸精簡的招式；單刀則由杜心五傳杜修嗣，修嗣傳杜飛虎，係自然門杜氏一支三代單傳之器械。然單刀虎杖只可打近身之敵，

難以打遠身之敵，故於此之外，增述飛鏢之訓練法。

刀是歷代最為常見亦最為重要的兵器之一，武諺有「刀如猛虎」之說，故刀術的演練招招式式都須顯出威猛剛健之氣勢！單刀有六字特徵：展、抹、鈎、砍、劈、剁——刃口外向者為展，內向者為抹，曲向者為鈎，過頂者為砍，雙手舉刀向下者為劈，平下者為剁，要之以出刀的方向分辨之。

自然門單刀尚有纏頭裹腦、撩掛斬刺、托架抹挑、翻轉劈掃、展鈎剁砍、輕快穩捷等諸多特點。劍與刀就不同了，刀如猛虎，劍如飛鳳；刀尚練而劍尚舞；刀可纏頭裹腦，劍須手不離腕。

劍術之用勁在腕，尚用腕者，勁始可透於劍尖，故有「劍不離腕」之說。劍之用，要在劍尖上。劍不可過頭頂而揮舞，過頭頂揮舞則易傷頭部，因劍為兩面刃，故舞劍須辨明劍尖與左右刃口。舞劍時，右手持劍，左手捏劍訣，或搭於右腕脈門上，或置於眉梢旁，此為劍術不易之法。究劍術之要有九：

其一，刺扎。劍直出為刺，扁出為扎。

其二，格擋。劍尖斜朝下。以前臂內旋或外旋擺動而格擋之。

其三，點擊。立劍，提腕使劍尖猛力朝前下方點擊，手臂伸直以勁透劍尖。

其四，崩擊。沉腕使劍尖猛力朝上崩擊，手臂伸直以勁達劍尖，劍尖高不過頭。

其五，攔截。斜立劍，使劍尖自左朝右或自右朝左橫向攔截。

其六，劈挑。劍尖自下朝上為挑，劍身自上朝下為劈。

其七，抽帶。手心朝下握平劍自前朝側後方拉回為抽；手心朝上握平劍，自前朝側後拉回為帶。

其八，提壓。劍柄自下朝上為提，劍身自上蓋下為壓。

其九，絞擊。屈肘抖腕，以劍尖呈小立圓圈環形順逆絞擊。

九歸一，舞劍宜沉著而矯捷。蓋不沉著自必慌亂，惟沉著方可冷靜應變；不矯捷自必呆滯，惟矯捷方可進退自如。

二、單　刀

1. 起　勢

立身中正，站立於東西走向的西端，兩腳自然分開；左手拇指、食指、中指扣住刀柄，無名指小拇指彎曲，挽刀於體左側，虎口朝下；右手垂於體右側；目光平視，面向南（圖1）。

【要領】

頭頂，項豎，自鼻孔噴氣一口，則肩自沉下，気即壓縮於小腹下丹田內，念無我想，無他想，神專注於單刀，做好舞刀的準備。

2. 猛虎回頭（凡二手）

（1）接上式。左膝上提，重心移到獨立之右腳，體向

圖1

圖2

右側傾；右掌借勢下按，成
覆掌；頭右轉，目視右掌；
左手仍挽刀於體左側；目視
右覆掌，面向西南（圖2）。

【要領】

　　身體雖右傾而重心在右
腿。右覆掌與左提膝兩相呼
應，以保持平衡。

　　（2）上動不停。右腳不
動，左腳向右腳後偷步落
下；右手以肘向體右後側打
出；左手挽刀，自體左側抬
起，虎口朝左，回頭望西（圖3）。

【要領】

　　偷步、肘打、回頭要連貫一氣。

圖3

3. 單踢腿

接上式。進左腳，右腳借勢正踢；同時以右手拍右腳背；左手挽刀，下擺於體左側，虎口朝下；目視右腳背，面向東（圖4）。

【要領】

進左腳要快。踢腿與拍右腳背要協調一致。誠所謂「手與足合」是也。

圖4

4. 美女梳頭

接上式。先落右腳於左腳後，繼退左腳於右腳後；同時，左手挽刀，右擺於體前，虎口朝右；右手自前上方下擺於體右後側；目視右掌，身體朝東南，面向西（圖5）。

【要領】

圖5

落右腳要俐索，退左腳要連貫。兩腳交替後移，與兩手向體右側擺要協調一致。

5. 巨蟒翻江

接上式。兩腳位置不變，以兩腳腳前掌墊起，身體由

圖6　　　　　　　　　　圖7

向東南左轉翻身向西；同時，兩手隨轉體而上翻，左手挽
刀，上翻後置於體左側；右手上翻後下擺覆掌於體前；目
平視，面向西（圖6）。

【要領】

翻身要靈活。右掌之由側擺隨體翻轉而前擺，狀同巨
蟒之翻江倒海，故名。

6. 力推華山

接上式。腳不動身體右轉；右掌移至右腰眼；左手挽
刀於體前。圖略。

上動不停。震右腳，左腳向前跨一步，成左弓步；左
手虎口朝下；右掌自右腰眼向前推出；目平視正前方，面
向西（圖7、圖8）。

【要領】

震腳以助推掌之威猛氣勢。

圖8   圖9

7. 左右逢源（凡二手）

（1）接上式。左手挽刀向前抬起，虎口朝左；右手接刀（圖9）。

（2）上動不停。收左腳於右腳旁。右手握刀右向舞花；左手垂於體左側；目視刀尖，身體朝北，面向東（圖10）。

（3）上動不停。身體左轉。腳不動；隨轉體，右手握刀左向舞花；左手垂於體左後側；目視刀尖，面向西（圖11）。

（4）上動不停。腳

圖10

不動，身體右轉；隨轉體，右手握刀右向舞花；左手垂於體左側；目視刀尖，身體朝北，面向東（圖12）。

【要領】

左右舞花呈「∞」形左右畫弧兩次，挽刀於身後，虎口朝上，虎口用力，手隨體擺，刀隨腕轉，目隨刀轉。

8. 纏頭裏腦（凡三手）

（1）接上式。右手握刀，繼續舞花至體左上側，以左腕背架住刀背；目視腕背，面向西北（圖13）。

圖 11

圖 12

圖 13

圖14

圖15

（2）上動不停。右手握刀，自體左上側向後、向右順繞頭一周，將刀置於左肋處；左手仰掌蓋於頭部之上，目平視，面向北（圖14）。

（3）上動不停。身體右轉；隨轉體，右手握刀，自體前向右、向後反繞頭一周，將刀架於右肩之上；左手搭右手；目平視體右側，面向東（圖15）。

【要領】

當刀繞至身後時，須以刀背緊擦脊背而過，有擋開敵方自身後攻來之意圖。

9. 鯉魚擺尾

接上式。出左腳虛點於前，成高虛步；同時，右手交刀於左手；左手接刀，並挽刀向體左側擺，虎口朝左；右手上托；目平視體左側，面向西北（圖16）。

圖 16   圖 17

【要領】

左腳虛點，右手上托，挽刀左擺，要相一致。挽刀左擺，狀同鯉魚擺尾，故名。

10. 扎刀（凡二手）

（1）接上式。左手倒提刀於身後，交刀柄於右手；目平視體左側，面向西北（圖 17）。

（2）上動不停。左腳向體左側旁開一步，進右腳，腳尖朝北，以右腳為支撐點，右腳力蹬，身體借勢騰空，先起左腳，後起右腳；以左手拍右腳背，成旋風腿。圖略。

上動不停。落下成左弓步；右手握刀，向體右前側刺出；左掌向體左側推出；目視刀尖，面向南（圖 18）。

【要領】

騰空要高，落地要穩，刺出要快。交刀、旋風腿、扎

圖18　　　　　　　　　圖19

刀，三者要連貫一氣，動作俐索，切勿拖泥帶水。

11. 反扎刀（凡二手）

（1）接上式。收右腳於左腳旁，身體直立；右手揲刀，自左腋下向體左側刺出；左手豎掌於體右前側；目平視體左側，面向東（圖19）。

（2）上動不停。轉頭向西；同時，右手持刀，向與體左側相反之體右側反扎一刀，刀刃朝上；左掌向體左側平推；目平視體右側，面向西（圖20）。

【要領】

轉頭與反扎刀要相一致。反扎刀須猛而快捷。

12. 天王托塔

接上式。右手以虎口鉗住刀柄，以右腕帶動，逆向舞

圖 20

刀兩圈；繼而以右腳前掌為軸心，身體自朝南左轉至朝東，同時右腿直立，左膝上提；左手以虎口架住刀背，雙手將刀上托，狀似天王之托塔，故名。目平視正前方，面向東（圖 21）。

圖 21

【要領】

轉身要快，提刀、托刀要上下一致。舞刀時，腕要圓活，以虎口用勁。

13. 單刀刺胸

接上式。左腳向前一步落下，成左弓步；右手握刀向

圖 22

前直刺，意在當胸刺敵；左手覆掌於體左後側；目視刀
尖，面向東（圖22）。

【要領】

落步、直刺要連貫而出。

14. 野馬回頭（凡二手）

（1）接上式。腳不動；
右手握刀，回擺於體左上側；
左手以腕背架住刀背；目視刀
尖，面向東北（圖23）。

（2）上動不停。腳不
動，左腳跟步；右手握刀，自
體左上側向後、向右順繞頭一
周，向體右側刺出；左掌向體
左側撐；目平視體右側，面向

圖 23

圖 24　　　　　　　　圖 25

南（圖24）。

（3）上動不停。進右腳，身體由向東左轉至向西，成
左弓步；右手握刀，回擺於體
左上側；左手以腕背架住刀
背；目視刀尖，面向西南（圖
25）。

（4）上動不停。進右
腳，成右弓步，右手握刀，自
體左上側向後、向右順繞頭一
周，向體右側刺去；左掌向體
左側撐；目視刀尖，身體朝
西，面向北（圖26）。

【要領】

當刀繞至身後時，須以刀

圖 26

圖 27　　　　　　　　　　　圖 28

背緊擦脊背而過。進腳、繞頭、刺刀要連貫而出，一氣呵成。

15. 單蛇出洞（凡二手）

（1）接上式。腳不動；右手握刀，回擺於體左上側；左手以腕背架住刀背；目視刀尖，身體朝西，面向西南（圖27）。

（2）上動不停。震右腳，左腳向前跨一大步，成左弓步；同時，右手握刀，自體左上側向後、向右順繞頭一周，以刀刃橫向向前削出；左手豎掌於右肘旁；目平視正前方，面向西南（圖28）。

【要領】

震腳要有力。震右腳、出左腳、橫刀削出，三者要連貫而出。

圖29　　　　　　　　　　圖29附圖

16. 老馬臥槽

接上式。身體右轉，重心坐於左腿，成右仆步；隨轉體，右手握刀，向體右下側削出；左掌上托；目視刀尖，面向東（圖29、圖29附圖）。

【要領】

轉體要靈活。仆步、削刀要相一致。

17. 單刀刺胸

（1）接上式。左腿直立，右膝提起；右手握刀右向舞花；左手覆掌於體左側；目平視正前方，面向東（圖30、圖30附圖）。

（2）上動不停。腳不動；右手握刀右向舞花（圖31）。

圖 30

圖 30 附圖

上動不停。右腳向前落下，再進左腳，成左弓步；右手握刀向前直刺，意在當胸刺敵；左手覆掌於體左後側；目視刀尖，面向東。此式與第 13 式同，圖略。

【要領】

形在畫弧舞刀而意在當胸刺敵，刺刀須快準狠。

18. 纏頭裹腦

接上式。身體由向東右轉至向西南，成右弓步；右手借勢將刀藏於體後，虎口朝下；左掌下移體左側，掌心朝下；目視體左側，面向東南

圖 31

（圖 32）。

【要領】

轉身、藏刀要相一致。

19. 攔腰刀

接上式。左腳向前跨一
大步，成左弓步；右手握
刀，自體右側向體正前方、
再向體左側一刀畫過，意在
截斬敵腰；左手蓋於眉骨上
方；目平視正前方，面向西
（圖 33）。

【要領】

攔腰畫出一刀要剛猛有
氣勢。

20. 將軍站立

接上式。右腳向左腳後
偷一步，身體由向西右轉至
向東，右腳直立，左膝提
起；右手提刀於身後，左手
豎掌於體前；目平視正前
方，面向東（圖 34）。

【要領】

轉換要快，站立要穩。豎掌、提刀，前呼後應。

圖 32

圖 33

圖 34

圖 35

21. 回馬刀（凡二手）

（1）接上式。左腳
向右腳後偷步落下，成馬
步；右手握刀，豎刀於體
右側；左掌抵於刀背上；
目平視體右側，身體朝
北，面向東（圖35）。

（2）上動不停。左
腳向右腳後偷一步；右手
握刀回身劈出，左手上
托，目視刀尖，面向東。
（圖36）。

圖 36

上動不停。左轉身，進右腳，成右弓步；右手握刀向

前直刺，意在當胸刺敵；左手覆掌於體後側；目視刀尖，面向東。此式與第 13 式同，惟弓步不同。圖略。

【要領】

豎刀要穩，劈刀要猛，轉換要快。

22. 單刀下劈

接上式。以右腳前掌為軸心，身體左轉一周，左膝上提；左手以虎口架住刀背，雙手將刀上托；目平視正前方，面向前。成天王托塔式。此式與第 12 式同。圖略。

上動不停。右手以虎口夾住刀柄，以腕作軸，於手上挽圈兩周，向前劈下；左手變掌上托；目視刀尖，面向東（圖37）。

【要領】

形在挽圈，而意在下劈。

圖37

圖 38　　　　　　圖 38 附圖

23. 纏頭裹腦（凡二手）

（1）身體重心後移於右腿，左腳虛點，成高虛步；右手握刀，自體左上側畫弧至身後；左手下覆掌於體左下側；目視體左側，面向東北（圖 38、圖 38 附圖）。

（2）上動不停。右手握刀，自身後向右、向前橫向畫刀後，置於左肋處；左手蓋於右手之上；目平視正前方，面向東（圖 39）。

圖 39

圖 40

圖 40 附圖

（3）上動不停。進右腳，身體由向東左轉至向西，重心移於右腿，左腳尖虛點，成矮虛步；同時，右手握刀，經右向後、向左反繞頭一周，提刀於體右後側；左掌前推；目瞪前上方，面向西（圖40、圖40附圖）。至此為第一手。

（4）上動不停。右手握刀，經左手外側向後、向右順繞頭一周，置刀於左肋處；左手蓋於右手之上；目平視正前方，面向西。此著與本式之第二著同，惟方向相反。圖略。

上動不停。左腳前跨一步，成左弓步；右手握刀，經右向後、向左反繞頭一周，提刀於體右後側；左掌前推；目平視前方，面向西（圖41）。是為第二手。

【要領】

後提刀之手要與肩平，前推掌曲中求直，直中寓曲，內含暗勁。

圖41　　　　　　　　　　圖42

24. 雙手舞花（凡四手）

（1）接上式。身體重心後移至右腿，左腳虛踏於前；雙手握刀，左向畫刀；目視刀尖，面向西（圖42）。是為舞花第一手。

（2）上動不停。進右腳；向右畫刀；目視刀尖，面向西。是為舞花第二手（圖43）。

舞花第三、第四手均重複第一、第二手之動作。圖略。

【要領】

進腳、畫刀要協調一致。襠須矮下。

圖43

25. 劈山救母

接上式。進右腳，左腳向右腳後偷一步；右手握刀，向身後劈出，左手上托；目瞪視劈出之方向，面向西（圖44）。

【要領】

進腳、偷步要連貫而出，劈刀要快捷。

26. 落地生根

接上式。身體下蹲，狀若古樹之盤根錯節，故名；右手持刀於體左側；左手豎掌於體右側；目視體右側，面向西（圖45）。

【要領】

下蹲要穩，臀沉、項豎、頭頂、身正。

27. 仙人指路

圖44

圖45

接上式。以右腳前掌為轉軸，身體由向西右轉至向東，隨轉體，右腳直立，左膝上提；右手握刀，向體右前上側斜劈；左手以虎口架住刀背，雙手將刀上托，狀似天王之托塔，成天王托塔式；目平視正前方，面向東。此式

與第 12 式同，圖略。

接上式。左腳前跨一步落下，成左弓步；右手握刀，向前直刺；左手覆掌於體左後側，成單刀刺胸式；目視刀尖，面向東。此式與第 13 式同，圖略。

接上式。經纏頭裹腦（與第 23 式同，圖略）、單踢腿（與第 3 式同，圖略）過渡到此式。右腳落下，收左腳並於右腳旁，腳跟相靠，腳前掌分開，身體下蹲；兩手握刀直刺；目視刀尖，面向東（圖 46）。

圖 46

【要領】

落腳、併步、直刺須連貫而出，意在刺敵小腹。

28. 收　勢

圖 47

接上式。先退右腳，身體由向東右轉至向南，收左腳於右腳旁；同時，左手反挽刀於體左側；右手下覆掌於體右側；目平視正前方，面向東（圖 47）。同時，自鼻孔猛噴氣一口，小腹凹下，復自鼻孔緩吸氣一口，小腹凸起，收念返於空寂淨慮之本然狀

態，是為收勢。

三、八仙劍——六合一路劍

預備勢 1：直立提劍

兩腳分立，面南背北；左手反持劍，垂於身體左側，右手劍訣自然下垂；目平視前方。面向南（圖 1）。

【要點】

頭頂項豎。以鼻噴氣一口，則肩自沉下。

預備勢 2：虛步架指

（1）接上式。退右腳於後，左腳虛點於前，身體右轉；左手倒提劍於體右上方；目視劍柄，面向西（圖 2）。

圖 1　　　　　　　　圖 2

圖3

圖4

（2）上動不停。腳不動；左手持劍，向下畫弧於體右側，劍尖朝左；右手食、中二指相併成劍訣，上提指向體右側；目視體右側，面向西（圖3）。

（3）上動不停。身體蹲下，勁坐右腿，左腳虛點於前；同時，左手持劍，反背於後；右手劍訣置於右眉梢旁；目視體左側，身體朝南，面向東（圖4）。

預備勢3：併步前指

（1）接上式。右腳獨立，左膝上提，頭轉回正面；手型不變；目視正前方，面向南（圖5）。

（2）上動不停。落左

圖5

圖6

圖7

步於前，收右腳於左腳旁，成虛步，身體稍向右轉；同時，左手持劍，隨轉體之勢向體右畫弧，劍尖朝左；右手劍訣收於腰眼；目視前方，面向南（圖6）。

（3）上動不停。身體稍向右轉至正面，右腳踏實；同時，左手持劍，反背於後；右手劍訣前指，手心朝下；目平視前方，面向南（圖7）。

預備勢4：虛步前指

（1）接上式。身體由向南左轉至向東，借轉體之勢，右腳後撤一步，成左弓步；同時，左手持劍，向前抬起，劍尖朝後；右手劍訣畫弧至體前下方；目平視前方，面向東

圖8

圖 9

圖 10

（圖 8）。

（2）上動不停。身體由向東右轉至向西，成右弓步；同時，隨轉體之勢，左手持劍，平行向右畫弧至體右側。劍尖朝左；右手劍訣向下畫弧至體右側，手心朝上；目平視前方，面向西（圖 9）。

（3）上動不停。身體由向西左轉至向東南。勁坐右腿，左腳虛踏於前；同時，隨轉體之勢，左手持劍，向下畫弧至小腹前，劍尖上指；右手屈肘，以劍訣前指；目平視體左側，面向東（圖 10）。

（4）上動不停。身體稍向左轉至正面；同時隨轉體之勢，左手持劍，反背於後；右手劍訣前伸，目平視前方，面向東（圖 11）。

預備勢 5：交劍右手

（1）接上式。腳不動；右手劍訣不動，惟左手持劍，

圖 11

圖 12

圖 12 附圖

圖 13

朝體左側平抬，劍尖朝後；目視體左側，身體朝東北，面
向北（圖 12、圖 12 附圖）。

（2）上動不停。腳不動；左手將劍交於右手；目視正
前方，面向東（圖 13）。

圖 14 圖 15

1. 獨立提劍（鶴立雞群）

接上式。左膝上提，右腳獨立，肩平頭正；同時，右手倒提劍，左手劍訣向體左側指出；目視正前方，面向東（圖 14）。

2. 弓步前刺（登山趕月）

接上式。北向落左步，成左弓步；同時，右手持劍向前刺出，左手劍訣扶右腕上；目視正前方，面向北（圖15、圖 15 附圖）。

3. 虛步撥劍（撥草尋蛇）

接上式。東向開右步，虛踏於前，勁坐左腿；同時，右手持劍外向撥出，左手劍訣在左眉梢旁；目視劍尖，面向東（圖 16）。

圖 15 附圖

圖 16

4. 歇步平推（推窗望月）

（1）接上式。上左步，身體右轉；同時，右手持劍，向下畫弧至體右側下方；左手劍訣指向左眉梢；目視劍尖，身體朝南，面向西南（圖 17）。

圖 17

（2）上動不停。右腳
自左腳後偷一步；同時，右
手持劍，翻上向左畫弧至體
左前上方；左手劍訣下移至
右腋下；目平視前方，面向
東（圖18）。

（3）上動不停。身體
蹲下，成歇步，膝頭不可落
地，勁在右腳尖；同時，右
手持劍，向下畫出餘下之半
圈橫劍推出；左手劍訣上移
至左眉梢旁；目視劍身，面
向西（圖19）。

圖18

5. 左右鈎掛

（1）接上式。身體直
起，東向出左步；同時，右
手持劍左向鈎掛；左手劍訣
扶右腕上；目平視正前方，
面向東（圖20）。

（2）上動不停。腳不
動；右手持劍向右鈎掛；左
手劍訣扶右腕上；目平視前
方，面向東（圖21）。

圖19

圖20

圖21

6. 恨福來遲

接上式。上右步，提左膝；同時，右手持劍上挑，劍尖向上；左手劍訣前指；目平視前方，面向東（圖22）。

7. 三環套月

（1）接上式。向東北落左腳，上右步；同時，右手持劍斜向劈下，手心朝左；左手劍訣扶右腕上；目視劍尖，面向東北（圖23）。

圖22

圖23　　　　　　　　　　圖24

（2）上動不停。退左步，右腳虛點於前；同時，右手持劍上挑，手心斜向上；左手劍訣上移至左眉梢旁；目視劍尖，面向東北（圖24）。

（3）上動不停。右膝上提，左腳獨立；同時，右手持劍左向鈎掛，劍尖朝下，手心向右；左手劍訣扶右腕上；目平視正前方，面向東北（圖25、圖25附圖）。

（4）上動不停。右腳前落，成右弓步；同時，右手持劍前抹，左手劍訣扶右腕上；目視劍尖，面向東北（圖26）。

（5）上動不停。左腳南向撤步；同時，右手將劍交於左手；目平視前方，面向西（圖27）。

（6）上動不停。以左腳前掌為轉軸，身體由向西左轉至向東，隨轉體東向出右步；同時，左手持劍橫向推出；右手劍訣上提至右眉梢旁；目平視前方，面向東北（圖

圖 25

圖 25 附圖

圖 26

圖 27

圖 28

圖 28 附圖

28、圖28附圖）。

8. 蛟龍入海

接上式。退右步，收左腳虛點於前，勁坐右腿；同時，左手持劍向裡鈎回；左手上仰，右手下覆，以備交劍於右手（圖29）。

9. 丹鳳朝陽

接上式。震右腳，向東

圖 29

北上左步，復上右步，提左膝；身稍前傾；同時，劍交右手，自下翻轉斜向前上方刺出；左手劍訣上提至左眉梢旁；目視劍尖，面向東北（圖30）。

圖 30　　　　　　　　　　圖 31

10. 杏花春雨

（1）接上式。落左
腳，虛踏於前，勁坐右
腿；同時，右手持劍，自
上劈下；左手劍訣扶右腕
上；目平視前方，面向西
（圖 31）。

（2）上動不停。左
腳前跨，成左弓步；同
時，右手持劍上挑，劍尖
向上；左手劍訣前指；目
平視前方，面向西（圖
32）。

圖 32

圖33　　　　　　　　　　　　圖34

（3）上動不停。復上右步，矮襠，成馬步；同時，右手持劍，朝體右側劈下；左手劍訣上提至左眉梢旁；目視體右側，身體朝南，面向西（圖33）。

11. 怪蟒翻身

（1）接上式。收右腳，虛點於左腳旁，勁坐右腳；同時，右手持劍，豎於體右側；左手劍訣扶右腕上；目視體右側，身體朝南，面向西（圖34）。

（2）上動不停。縱身跳起，身體凌空旋轉一周；同時，右手腕內旋，持劍上指；左手劍訣扶右腕上；目光隨身體旋轉而掃視四周，身體朝西，面向北（圖35）。

圖35

圖 36

（3）上動不停。身體旋轉落下，成右仆步；同時，右手持劍，朝體右側斜劈；左手劍訣上提至左眉梢旁；目視劍尖，面向西（圖36）。

12. 翻身劈劍

（1）接上式。向南上左步，成左弓步；同時，右手持劍，朝前上方直刺；左手劍指下移腰眼；目視劍尖，面向西南（圖37）。

圖 37

圖 38　　　　　　　　　　圖 39

（2）上動不停。腳不動，身體翻轉；同時，右手持劍，隨翻身之勢劈下成斜式；左手劍訣上提至左眉梢旁；目視劍尖，面向西（圖38）。

13. 獨立提劍（倒提金鐘）

接上式。向南開左步，提右膝；同時，右手持劍，拉回而倒提之；左手劍訣扶右腕上；目平視正前方，面向南（圖39）。

14. 歇步反撩（黑虎捲尾）

接上式。向後落右步，偷左步；同時，右手將劍自面前下向朝身後反撩；左手劍訣上提至左眉梢旁；目視劍尖，面向西北（圖40）。

圖40   圖41

15. 抽撤連環

（1）接上式。向
東退左步。右腳虛點於
前，勁坐左腿；同時，
右手持劍鈎回；左手劍
訣扶右腕上；目視前下
方，面向西北（圖
41）。

圖42

（2）上動不停。
上右步，成右弓步；同
時，右手持劍，朝前下方直刺；左手劍訣扶右腕上；目視
劍尖，面向西（圖42）。

（3）上動不停。向東退右步，左腳虛點於前，勁坐右

圖 43

圖 44

腿；同時，右手持劍
再次鈎回；左手劍訣
扶右腕上；目平視前
方，身體朝北，面向
西（圖 43）。

16. 金針探海

（1）接上式。
腳不動；右手持劍下
移；左手劍訣下移右
肩前；目視體左側，
身體朝北，面向西（圖 44）。

圖 45

（2）上動不停。向西南上右步，成右弓步；同時，右
手持劍前刺；左手劍訣扶右腕上；目視正前方，面向西南
（圖 45）。

圖46

圖47

17. 黃龍轉身

（1）接上式。
腳不動；右手持劍左
指；左手劍訣收於右
肩前；目視體左側，
身體朝南，面向東
（圖46）。

（2）上動不
停。左腳自右腳後過
步，身體由向南左轉

圖48

至向北；手型不變；目視體左側，面向西（圖47）。

（3）上動不停。向西上右步，成右弓步；右手持劍前
刺；左手劍訣扶右腕上；目視正前方，面向西（圖48）。

圖 49   圖 50

18. 妙手被斬

接上式。不動步，身體由向西左轉至向東，勁坐右
腿，左腳虛踏於前；同時，右手持劍向前劈下；左手劍訣
扶右腕上；目平視前方，面向東（圖49）。

19. 鈎掛劈剁

（1）接上式。腳不動；右手持劍，自體左側下向後畫
弧至身後上挑；左手劍訣移至右肩前；目視劍尖，面向西
北。是為鈎（圖50）。

（2）上動不停。腳不動；右手持劍，向上畫弧至身後
上方；左手劍訣仍在右胸前；目視劍尖，面向西北。是為
掛（圖51）。

（3）上動不停。腳不動；同時，右手持劍向前劈剁，

圖51　　　　　　　圖52

手心向右；左手劍
訣前移至右肘旁；
目平視正前方，面
向東。是為劈剁
（圖52）。

20.倒撒金錢

　接上式。腳不
動；右手持劍，自
體右側向下畫弧順
擺至身後下方；左
手劍訣指向前上

圖53

方；目視劍訣，面向東（圖53）。

圖 54

圖 55

21. 魚跳龍門

（1）接上式。震右
腳，提左膝；同時，右手
持劍，自體右側向上畫弧
前劈，繼而下移至體右側
下方；左手劍訣前指；目
平視正前方，面向東（圖
54）。

圖 56

（2）上動不停。落
左腳，以腳跟著地，勁坐
右腿；手型不變；目平視正前方，面向東（圖 55）。

（3）上動不停。往前跳一步，左膝上提，右腳獨立；
手型不變；目平視正前方，面向東（圖 56）。

圖 57

圖 58

22. 鷂子鑽天

（1）接上式。落左
腳，上右腳與左腳相併，
矮襠；同時，右手持劍，
朝前上方刺出；左手劍訣
扶右腕上；目視劍尖，面
向東（圖57）。

（2）上動不停。退
右步；同時，右手持劍鈎
回；左手劍訣收於右肩

圖 59

前；目視體右側，身體朝西南，面向西（圖58）。

（3）上動不停。上右腳與左腳相併，矮襠；同時，右
手持劍前刺；左手劍訣扶於右腕上；目視劍尖，面向東
（圖59）。

圖60　　　　　　　　圖61

23.鈎掛劈剁

（1）接上式。退左步；同時，右手持劍，自體左側向下畫弧至身後下方；左手劍訣上移至右肩前；目視劍尖，身體朝北，面向西北。是為鈎（圖60）。

（2）上動不停。腳不動；右手持劍，向上畫弧至身後上方；左手劍訣不動；目視劍尖，面向西北。是為掛（圖61）。

（3）上動不停。腳不動；同時，右手持劍，向前劈剁，手心向右；左手劍訣扶右腕上；目平視正前方，面向東（圖62）。

（4）上動不停。腳不動；右手持劍，自體右側向下畫弧上鈎至身後下方；左手劍訣上提至左眉梢旁；目視劍尖，身體朝東南，面向西（圖63）。

圖 62

圖 63

24. 白猿入洞

（1）接上式。腳不動；右手持劍，於體右側畫弧一圈後鈎回；左手劍訣扶右腕上；目視前下方，面向東南（圖

圖 64 圖 65

64）。

（2）上動不停。
上右步，成右弓步；同
時，右手持劍，朝前下
方直刺；目視劍尖，面
向東南（圖65）。

25. 飛龍引鳳

（1）接上式。身
體直起，右腳稍向後
移，虛點於前；同時，
右手持劍，向上畫弧於
體右後上方；目視劍
訣，面向西北（圖66）。

圖 66

（2）上動不停。左腳蹬地，身體騰空；同時，右腕內

旋，持劍向上；左手劍訣扶右腕上；目視體右側，面向東南（圖67）。

（3）上動不停。身體落下，成歇步；同時，右手持劍，朝體右下側斜刺；左手劍訣上提至左眉梢旁；目視劍尖，身體朝南，面向西（圖68）。

26. 弓步前刺

（1）接上式。撤右步，成左弓步；同時，右腕外旋，倒提劍於身後；左手劍訣橫於體前，手心朝前；目平視前方，面向東（圖69）。

圖67

圖68

圖69

圖 70

（2）上動不停。
退左步，成右弓步；同
時，右手持劍前刺；左
手劍訣扶於右腕上；目
視劍尖，面向東（圖
70）。

27. 劍斬連環

（1）接上式。退
右步，成左弓步；同
時，右手持劍，向下畫

圖 71

弧後撩；左手劍訣上提至左眉梢旁；目視體右後側，身體
朝南，面向西（圖71）。

（2）上動不停。退左步，成右弓步；同時，右手持
劍，朝前橫向推出；左手劍訣扶右腕上；目平視正前方，

面向東（圖72）。

（3）上動不停。退右步，成左弓步；同時，右手持劍，向下畫弧後撩；左手劍訣上提至左眉梢旁；目視體右後側，身體朝南，面向西（圖73）。

註：上述三個動作，反覆做兩遍，故名劍斬連環。

圖72

28. 提膝抱劍

接上式。左腳上抬，右腳獨立；同時，右手持劍，朝體左側插下；左手劍訣扶右腕上；目平視體左前方，面向

圖73

圖 74

圖 75

東（圖 74）。

29. 倒轉陰陽

（1）上動不停。以右腳前掌為軸，身體向左旋轉一周後，蹲下，成歇步；同時，右手倒提劍於體前；左手劍訣扶右腕上；目平視正前方，面向東（圖 75）。

（2）上動不停。腳不動；右手持劍上舉；左手劍訣前指；目平視正前方，面向東（圖 76）。

圖 76

30. 併步前刺

（1）接上式。退右步，提左膝；同時，右手倒提劍於體右側，手心朝後；左手劍訣指向體左側，手心向下；目

圖 77

圖 78

平視正前方，面向東（圖77）。

（2）上動不停。右腳向前落下，上右腳與左腳相並；右手持劍前刺；左手劍訣扶右腕上，目視劍尖，面向東（圖78）。

31. 收　勢

（1）接上式。退左步；同時，右手將劍交於左手；目平視正前方，面向東（圖79）。

圖 79

（2）上動不停。步不動，身體右轉；同時，左手持劍向右，劍尖朝左；右手劍訣下移腰眼；目平視體左側，身體朝西，面向南（圖80）。

圖 80

圖 81

（3）上動不停。步不
動，身體左轉；同時，左手
持劍，反背於後；右手劍訣
前指；目平視正前方，面向
東（圖81）。

（4）上動不停。退左
步；手型不變；目平視正前
方，面向東（圖82）。

（5）上動不停。退右
步，身體由向東右轉至向
西；同時，左手持劍向右，

圖 82

劍尖朝左；右手劍訣下移腰眼；目平視體右前方，面向西
（圖83）。

（6）上動不停。收左腳併於右腳旁，身體直立；同
時，左手持劍，反背於後；右手劍訣覆壓於體側；目平視

圖 83 　　　　　　　　　　圖 84

體左側，面向東。自鼻噴氣一口，小腹凹下；復自鼻吸氣
一口，小腹凸起。如是則散走四肢之氣復歸根於臍內黃庭
部位，是為收勢（圖 84）。

四、飛　鏢

　　刀劍可打近身之敵，而鏢則可打遠身之敵，或攻或
逃，在 5～9 公尺範圍內，鏢均可逞其能。故鏢之在技擊
家，誠亦不可忽略。

　　鏢有單人訓練者，有雙人訓練者。單人訓練者，如陽
手鏢、陰手鏢、回手鏢；雙人訓練者，如接鏢、還鏢。單
人訓練有根柢，方更之以雙人訓練。單人訓練，按由簡至
難之次序訓練之，先習陽手鏢，次習陰手鏢，最後習回手
鏢；按由近至遠之次序，先於距鏢靶 5 公尺處訓練，次於
距鏢靶 7 公尺處訓練，終之於距鏢靶 9 公尺處訓練。

圖1　　　　　　　　　圖2

【訓練方法】

　在牆上釘三個鏢靶，上靶高 1.8 公尺、中靶高 1.5 公尺，下靶高 1.2 公尺，是為預備。

1. 陽手鏢

　以手心向上，故名。用以打中靶（圖1）。

2. 陰手鏢

　以手心向下，故名。用以打上靶或下靶（圖2）。

3. 回手鏢

　乃側對鏢靶而立，於轉身背對鏢靶時猛回頭發鏢擊靶。

圖3

若左手扣鏢，或於體左側發之，或於體右腋下發之，均可
（圖3）。

　　註：扣鏢以食指、中指、拇指捏住鏢身即可。發鏢之
要訣，在以腕部突發陡勁而已。早晚訓練，兩年可成。

第四節　根基功訓練法

一、根基功概言

　　有了基本功，學會了套路與器械還不夠。因這一階段
所學到的，仍不足以用於實戰技擊，僅只是習武者入手訓
練的功夫，還算不上是入門。儘管如此，紮實的基本功卻
是下一階段之高難度訓練與實戰技擊的基礎。故基本功訓
練，誠亦不可忽略。

　　真正稱得上自然門入門的功夫，是自然門之根基功
夫。自然門根基功夫不下三十餘種，本書不一一述出，僅
撮其緊要者述出之。所述之各項根基功，皆寓練法、打法
於一體，合「手眼身法步、肩肘腕胯膝、頂項胸腰背」而
訓練之。蓋武術基礎功夫，就是以訓練這十五個環節為內
容的功夫。

　　分而言之，一著膠練的是手指拈捏之勁；鐵沙包練的
是手指抓扣之勁；鴛鴦環練的是出手之快捷與手臂之直
勁；子母球練的是點打穴位之指勁；上罐練的是手指的抓
勁和臂力、腕力的；虎口棒練的是虎口勁；套頭練的是錘
法與臂力；拔釘練的是拇、食二指之拔勁與捏勁；插沙練

的是手指上的直勁功夫；太極球練的是兩臂、肩、肘、腕的轉動之勁與手上之橫勁；鐵沙掌練的是手掌揮拍砍切之勁。此十一項功夫均練的是手上功夫。

鑽竹是專練腳趾上的直勁功夫；骈板是專練腳掌外沿的功夫；三角樁專練兩腳掃踢之勁。此三項功夫均練的是腳上功夫。

蹲樁是專練腰腿之勁；移閃磚法是專練閃躲之巧勁；梅花樁是專練腳下之穩勁；九星躲閃樁是專練身法與步法；地奔子是專練竄勁及腰腿功夫；懸球是用於練應變之能力。此六項功夫均練的是身功、法功、步功；懸錢是專練耳目的功夫；木人是專練肩肘腕胯膝的功夫。根基功成，即可用之於實戰技擊矣。

二、鴛鴦環

此功練的是出手之快捷與手臂之直勁。

以錫打制者為佳，蓋取其重量耳，無錫環則代之以鋼筋打製之鋼環，環內直徑為 10 公分，以每根鋼筋（長 38 公分）打製鋼環一支，每兩支一對，共需 16 對。每支重 0.5 公斤，合計 16 公斤。初習者套 2 對，由輕漸重，月加 1 對，增至 16 對為功。以推手習之，習之於肘前之前臂，不過肘後之上臂，亦可配合鬼頭手、內圈手訓練之。

1. 運使法之一

第一式

馬步；兩手屈肘，套鴛鴦環置於腰側，掌心朝上；目

圖1

圖2

平視，是為預備勢（圖1）。

第二式

身體直起；借勢左手向正
前上方直臂推出，掌心朝下；
右手位置不變；目視左掌指尖
（圖2）。

第三式

推至極限，身體復又下蹲
成馬步；借勢將左手收回於腰
側，掌心朝上；右手仍不動；
目平視（圖3）。

第四式

圖3

身體直起，借勢出左腳虛點於前，成高虛步；同時，
左手向正前上方直臂推出，手心朝前；右手屈肘置於胸
前，手心朝下；目視左掌指尖。至極限，復還原為預備勢

圖4　　　　　　　　　　圖4附圖

（圖4、圖4附圖）。

　　註：上述四式，為左手之訓練法，右手之訓練法與左手同。左手四式練畢，即換右手，右手四式練畢，復換左手。如是一起一蹲，左右交替，反覆訓練。練至兩手能推百次以上，仍覺兩手輕鬆，呼吸順暢，即告功成。

三、子母球

　　此功練的是點打穴位之指勁。

　　備鉛球（或石球）兩個，小者為子球，大者為母球。先習子球，後習母球。於每日早中晚蹲馬步訓練，忌用蠻力，講究巧勁。練時須眼到、手到、心到。功由漸成，由輕漸重，由慢漸快，切忌求急，誠所謂「欲速則不達」也。

圖5　　　　　　　　　　　　圖6

1. 拋抓式

　　一手將球拿起往上拋，另一手候球下落至面前時再迅捷伸出抓住（圖5、圖6）。

2. 點戳式

　　以食、中、無名三指向下點擊石球。點者，勁輕，要在準頭；戳者，勁重，要有穿透之意（圖7）。

3. 斬切式

　　斬者，用手掌外沿斬擊石球；切者，與斬相似，惟下斬時稍向前推（圖8）。

圖7

圖8

圖9

4. 刷打式

　　以手掌前半掌正反面拍靠石球。

　　（1）以兩手前半掌掌背交替輪番向下繞環靠打石球（圖9）。

　　（2）以兩手前半掌正面交替輪番向下批拍石球（圖10）。

圖10

5. 敲擊式

　　以食指（鬼頭指）、中指（雞心錘）敲擊石球。

　　（1）鬼頭指（圖11）

　　（2）雞心錘（圖12）

圖11

圖12

四、虎口棒

此功乃專練虎口勁。

以木製成短棒，棒長四寸六分，橫圓直徑為一寸九分。

【訓練方法】

一是練時兩手虎口部位緊掐木棒中段，兩手大拇指朝內向下，其餘四指朝前向

圖13

下，左手前向揪捏，同時右手後向揪捏；右手前向揪捏，同時左手後向揪捏。一前一後，一左一右，互換反覆訓練，圖略。二是訓練時，兩手對握木棒（圖13），右手五指緊握木棒右段，則左手五指用勁向左拉捏，直至左手五

圖14

圖15

指從木棒左段滑下捏攏為止（圖14）；左手五指緊握木棒左段，則右手五指用勁向右拉捏，直至右手五指從木棒右段滑下捏攏為止。如是一左一右，互換反覆訓練。

五、鐵沙包

此功乃專練手指抓扣之勁。

沙包用四層帆布製成，內盛鐵沙。

【訓練方法】

馬步站立，右手將沙包向體左側上空拋出，候沙包下落之一瞬間，右腳向右跨一步，成右弓步，左手五指迅將沙包抓住；復矮襠成馬步，左手將沙包向體右側上空拋出，候沙包下落之一瞬間，左腳向左跨一步，成左弓步，右手五指迅將沙包抓住。如是一蹲一起，一左一右，反覆訓練，早晚兩遍，每遍左右各抓90下為度，抓至鐵沙包重

圖 16   圖 17

20斤而仍能輕鬆自如者為功告成（圖15、圖16）。

六、插　沙

此功乃專練手指直勁與手掌向下拍按之勁。

木盒用高一尺二寸、寬八寸之方板製成。初練時盒內盛綠豆，插綠豆至一年，綠豆被插成碎末。復更之以滾圓無棱角之河沙，插河沙至一年，河沙被插成碎末。復更之以綠豆大之鐵沙，插鐵沙至一年，能一掌插下至沒腕程度即告功成。

【訓練方法】

練時蹲馬步於木盒前，兩手抱拳於腰眼，左手大拇指屈抵掌心，其餘四指併攏向盒內沙粒插下（圖17）。插至不能再下時，復以掌根向下拍按（圖18）。拍按畢，復將左掌變拳收回於腰眼，而換右手指掌向盒內沙粒插拍，其

圖18

圖19

法一如左手。如是一左一
右，由輕漸重，反覆訓練。

七、太極球

此功乃專練兩臂肩、
肘、腕的轉動之勁與手上之
橫勁。選一重 20 公斤之石
球作訓練器材。

圖20

【訓練方法】

練時兩腳站立於磚上，
兩手合抱石球於體前，先左上右下向體左側轉動，轉至極
限（圖19）。復右上左下向體右側轉動，轉至極限（圖
20）。如是一左一右，一上一下，來回往復地轉動石球。
一如太極雲手之訓練要領：其力起自兩腳十趾之抓地，轉

於兩腿，旋於腰，運於雙臂，勁注兩掌之中，寓掤、捋、擠、按四勁於其中。

八、踮　竹

此功乃專練腳趾之直勁。

取毛竹一根，竹長 2 公尺，直徑 3～5 寸，將毛竹 30 公分之下段埋於牆角處，再將竹身以繩捆縛固定。

【訓練方法】

練時光腳，以大腳趾與第二腳趾對準毛竹踮踢，由輕漸重，緩緩訓練，以不疼痛為度，練至一腳鑽破毛竹，即告功成。

九、三角樁

此功乃專練腳上掃踢之勁。

取圓木 3 根，每根長 3 尺，直徑 2～3 寸，埋入地下 2 尺，於木樁上捆繞麻繩數匝，呈三角形狀布置，樁距為 50 公分。

【訓練方法】

練時用兩腳掌內沿與外沿交替掃踢，或以掃剟腿法用腳跟部位掃之，練至能一腳掃斷木樁，即告功成。

第五節　小腹功訓練法

一、小腹功概言

小腹功，是自然門矮襠走圈功夫之基礎功夫，是集腰腹訓練與調息訓練於一體的功夫，是外壯腰腹力量、內實下丹田內炁，進而促成胎息開通人體「小周天」，使內炁循任督二脈周流不已的一種功夫，因主要是以訓練小腹為主，故名「小腹功」。

萬籟聲先生曾在《福州市自然門武術館教學提綱》一書之編後語中言：「然則這個氣功真訣如何？曰：除基本動作之『呼吸動作』外，在練功時應口閉，以鼻出氣一口，小腹放鬆，意微存小腹；目似視對方兩眉之間的心理，手手打伸腿腿踢伸，由輕到重，由慢到快，勿憋氣，勿喊叫，一任自然；只在姿勢準確，不在用蠻勁！尤其在自然門走矮襠、內圈手上下工夫，自得其詳矣。為政不在多言，真傳只在『一指間』耳，記之記之。」在這段話末尾，萬籟聲先生用「記之記之」一語反覆強調了矮襠走圈之重要性，並隱示性地向讀者透露出小腹功在自然門諸項根基功夫中之地位十分重要。

作為自然門創派之標誌性功夫的矮襠走圈功夫，其訓練要求中有兩大難度。由於訓練難度大：一是難在矮椿子上，二是難在調息上。由於有此二難，故此種矮襠走圈功練之者甚眾而成之甚少。因走圈時，椿子的矮，須矮到大

腿跟地面一樣平，不可忽高忽矮，這就勢必要使腰腹承受力增到極限。又因走圈時始而由慢漸快，繼而保持一樣快之勻速運動，不可忽快忽慢，這就勢必要使呼吸增到極限。從第一個要求出發，就非得具超群之腰腹功力不可！從第二個要求出發，就非得備超眾之調息功底不可！不克服這兩大難度，矮襠走圈之訓練就難收其功效。而小腹功訓練即以克服這兩大難度為旨而成其為矮襠走圈功夫訓練之基礎性功夫。

究小腹功之重要，歸納起來，有以下兩點：

第一，小腹功訓練，可以外壯腰腹力量。蓋腹強者，其腰力必強，此乃一定之理。小腹功以訓練小腹為主，小腹力量增強了，則腰部力量隨之而強。腰腹力量俱強，則矮襠走圈功夫之保持矮樁子姿勢訓練易為。

第二，小腹功訓練，可使下丹田內炁充實，並進而促成胎息開通小周天，使內炁得以循任督二脈周流不已。由於小腹是人體下丹田關元氣穴所在部位，故訓練小腹部位，則下丹田內炁因之得以充實滿盈，呼吸功力因之得以細勻深長。又，小腹功訓練分為三步：運使、拍打、揉臍腎。運使的方面：以意馭元神之神火、目之光質炁向下注入視入下丹田關元氣穴裡，關元氣穴裡之精水遇元神之神火、目之光質炁即燒而化之為蒸騰之生命低能量內炁矣！拍打的方面：據抵抗生力的原理，物理學作用力等於反作用力之原理，大拍打則有大抵抗力起而抗之，小拍打則有小抵抗力起而抗之，無拍打則無抵抗力可言。由是觀之，隨著拍打小腹的鐵沙包之重量的由輕漸重之訓練，則小腹之抵抗力亦由小漸大，而相對應，下丹田之內炁亦由少漸

多，由稀薄漸至於稠密矣。揉臍腎的方面：因以搓熱之兩掌對臍腎進行反覆按摩推揉，而使運使燒煉精水化來之內炁、拍打漸增之內炁得以固、得以定，而不散走、而不外泄。因不散走外泄，而趨於積存；因趨於積存，而得以形成胎息；因得以形成胎息，而化肺部呼吸而為腹部呼吸；因化腹部呼吸，而使呼吸由浮淺而化為深長，由粗喘而化為細勻，由喉部而達於腳跟。莊子所言「常人之息以喉，真人之息以踵」是也。合三為一，由小腹功之運使、拍打、揉臍腎訓練，而使下丹田內炁漸達於充實滿盈之狀態，進而自然而然地開通人體「小周天」，使下丹田內」得以灌注於任督二脈，周流不已，誠所謂「炁滿任督自開」是也。達此，呼吸功力渾厚，則矮襠走圈功夫之保持呼吸的細勻綿長之訓練易為！

第三，小腹功訓練，可以開通帶脈。蓋小腹功中之拍打腰圍訓練，因是繞腰圍而拍打，故此種訓練有助於開通繞腰而行之帶脈，帶脈一旦開通，則奇經八脈之門戶開矣。奇經八脈一開，則陰蹻氣脈之開通易為，而功力亦不長而自長矣。

綜上所述，有了預先三年之小腹功訓練，則再做矮襠走圈功夫之訓練，即可收事半功倍之功效矣。

二、調　息

1. 無極式

兩腳開立；雙手下垂，兩手覆掌，掌心朝下；目平

圖1 　　　　　　　　　　　圖2

視。念無他想，意馭念頭元神下注小腹內，舌抵齒間。舌
為心梢，齒為腎末，又，舌屬火，腎屬水，故舌抵齒間，
實乃是心腎相交、水火既濟之象（圖1）。

2. 守關元穴式

接上式。兩掌上移至小腹處之關元氣穴（約臍下3寸
部位），以意馭念頭元神注關元穴內，兩掌心朝上，左掌
在下，右掌在上，兩掌間須留有空隙，以分陰陽，以鼻呼
氣，候呼盡時，以鼻吸氣；候吸滿時，為第一輪呼吸（圖
2）。

註：考關元穴，漢代桓譚在《仙賦》一文中言：「積
氣關元。」荀悅在《申鑒‧俗嫌》一文中言：「鄰臍三寸
謂之關，關者所以關藏呼吸之氣，以稟受於四體也……故
道者，常致氣於關，是為要求。」《經穴釋義匯解》一文

中言關元穴「為男子藏精、女子蓄血之所，是人生之關要，真元之所存，元陰元陽交關之所，穴屬元氣之關隘，故名關元。」《會元針灸學》一書中進一步指出，關元在膀胱的下口部位：「關元者，膀胱下口之關竅，關乎元氣。」考關元的作用，張伯端在《青華秘文·爐鼎論》一文中視之為練精化」之爐：「黃庭為鼎，氣穴（關元）為爐，縷絡相連，是為爐鼎。」

圖3

3. 守石門穴式

接上式，兩掌稍向上移至小腹處之石門穴（約臍下 2 寸處），意注石門穴內，以鼻呼氣，候呼盡時，以鼻吸氣，候吸滿時，為第二輪呼吸（圖3）。

註：《素問·示從容論》一文中言：「沉而石者，是腎氣內著也。」《採艾編》一文中言：「石門，此中氣之門戶也。」《經穴釋義匯解》一文中言：「穴為任脈之氣出入之門戶，故名石門。」

4. 守氣海穴式

接上式。兩掌稍上移至小腹處之氣海穴（約臍下 1 寸半），意注氣海穴內，以鼻呼氣，候呼盡時，以鼻吸氣，

圖4   圖5

候吸滿時，為第三輪呼吸（圖4）。

　　註：張果在《太上九要心印妙經》一文中言：「常以
神抱於氣，氣抱於神，神氣相抱，固於氣海……其抱元守
一之道也。」《會元針灸學》一文中言：「其上之陰交，
其下之關元，由氣海而分天地，水火由是相交，導氣以
上，導血以下，故名氣海。」

5. 守膻中穴式

第一式

　　接上式。兩掌上提至胸部膻中穴（約在兩乳間之中點
陷中），掌心朝上，意注膻中穴內，同時呼氣（圖5）。

　　註：《醫經理解》一書中言：「膻中，兩乳之中，氣
所回旋處也，故又名上氣海。本經有二氣海：下氣海，生
氣之海；上氣海，宗氣之海也。」《會元針灸學》一書中

言：「心內繫上通於肺，故脈搏出於心，心跳則膻中顫動，故名膻中。」《甲乙》一書中言：「膻中，一名元兒……任脈氣所發。」

第二式

接上式。候呼盡時，於胸前翻掌心朝前，兩掌朝正前方推出；同時，以鼻吸氣，臀部下沉，意將小腹內之炁逼之過會陰而入督脈之陶道穴，由此穴而分往肩井穴，下接於天池穴，沿手臂內側直抵手心勞宮穴（圖6）。

圖6

註：陶道穴位在脊椎骨自上而下之第一椎與第二椎之間，《經穴釋義匯解》一文中言：「為督脈之氣通行之道，故名陶道。」肩井穴，位在肩上凹陷處，居肩之深處，故名肩井，《會元針灸學》一文中言：「肩井者，在肩部陽氣顯明之處，而通於五臟，推蕩淤血，而生青陽之氣，如泉湧出，……而開陰竅。」天池穴，位在乳後1寸，腋下3寸，《穴名選釋》一文中言：「以其位高，為手厥陰之首穴，故以天名。」勞宮穴，位在手掌中央。

第三式

接上式。推至極限，轉掌心朝前為朝下，十指指尖朝正前方（圖7）。

第四式

接上式。收兩掌返回至胸前，十指指尖相對（圖

圖7

圖8

8）。

　　第五式

　　接上式。兩掌自膻中穴前向下按壓至小腹前，意將「自膻中穴沿任脈下壓至小腹內，掌心朝下（圖9）。

　　註：從第二式至第五式均為以鼻吸氣，候吸滿時為第四輪呼吸。

6. 守小腹式

圖9

　　保持守膻中穴第五式之架式不變，以鼻呼氣，候呼盡時，以鼻吸氣，候吸滿時，為第五輪呼吸。意注小腹內。圖同上式之第五式，略。

7. 分掌抓握式

第一式

接上式。提兩掌向上
至膻中穴前，掌心仍朝
下，同時呼氣，意將小腹
內之炁沿任脈上提至膻中
穴內（圖 10）。

第二式

接上式。候呼盡時，
分兩掌至體左右側，意將
炁逼之過天池穴而入手臂
內側，直抵勞宮穴，同時吸氣（圖 11）。

圖 10

圖 11

第三式

接上式。兩手依次按小指→無名指→中指→食指→大拇指之次序逐一彎曲成空拳，繼而兩拳下落至腰側，肘尖朝外，拳心朝內，繼續以鼻吸氣，候吸滿時，為第六輪呼吸（圖12）。

第四式

保持第三式之架式不變，以鼻呼氣，候呼盡時，以鼻吸氣，候吸滿時，為第七輪呼吸。圖同上式，略。

圖 12

8. 合掌抓握式

第一式

接上式。左右空拳變掌，掌心朝上，會合於小腹前，繼而上提至膻中穴，同時呼氣，意將小腹內之炁上提至膻中穴（圖13）。

第二式

接上式。候呼盡時，兩掌抓握成空拳分而下行至腰

圖 13

兩側，拳心朝後，同時吸氣，意將膻中穴之氣逼之過天池穴而入手臂內側，直抵勞宮穴，候吸滿時為第八輪呼吸

（圖14）。

第三式

保持第二式之架式不變，以鼻呼氣，候呼盡時，以鼻吸氣，候吸滿時，為第九輪呼吸。意注小腹內。圖同上式，略。

圖14

註：上述 1～4 式為順呼吸，5～8 式為逆呼吸。

順呼吸：呼時腹部凹下，吸時腹部凸起。呼氣宜漸快，使小腹產生受壓緊縮之感；吸氣宜柔緩，使小腹產生納氣漸滿之感。

逆呼吸：呼時腹部凸起，吸時腹部凹下。吸氣時以意將炁自小腹逼之過會陰而入督脈，呼氣時以意引炁沿任脈返回小腹。以鼻呼吸，而不以口呼吸。呼吸共計 9 輪，每輪呼氣一口，吸氣一口，共計 18 口。

三、沙包拍打

調息完畢，即行拍打。備沙包兩個：一個內盛小粒鋼珠，一個內盛綠豆。盛鋼珠的沙包用於拍打腹部，盛綠豆的沙包用於拍打腰圍。

訓練之要：其始以 0.3 公斤重之沙包拍打 1～3 個月，自第 4 個月起，每個月加 0.3 公斤，一年加至 3 公斤，兩年加至 6 公斤，三年加至 9 公斤。至 9 公斤而小腹仍能承受

沙包之拍打，則此功告成。

究其原理：抵抗生力是也。沙包由輕漸重，即小腹之抵抗力由微小漸至增大，亦即下丹田內炁由稀少漸至充實滿盈之程度。練至小腹能承受 9 公斤重沙包之拍打，則任督二脈不開而自開矣，丹經所言：「氣滿任督自開」是也，任督開即小周天開通矣。有專習靜坐三年而小周天仍不能開通者，究其根由，在小腹之抵抗力不能日增。

此功之要訣，在「三到」齊至：聲到、意到、勁到。即候沙包拍打至小腹部位的同時，以口發聲，以意專注於受拍部位。拍打之沙包重量與用勁之大小，總以腹部能承受為度，切忌不能承受而仍用重力拍打，免致內傷。先拍小腹，次拍腰圍。

【訓練方法】

1. 拍小腹

（1）預備式

左手提沙包上端扎口處；兩腳開立，略寬於肩；目平視（圖15）。

（2）轉身式

接上式。身體向左轉；借轉體之勢，右手自然向體左側擺動；目平視（圖16）。

（3）回身拍腹式

接上式。身體復向右轉

圖15

圖 16

圖 17

至正面；借轉體之勢，右
手自然向體右側回擺；左
手提沙包拍打小腹；同時
以口發聲，意注受力點
（圖17）。

註：左手提沙包拍小
腹50下，即換右手提沙
包。拍小腹50下，共拍
100下。

2. 拍腰圍

圖 18

以重 0.2 公斤之綠豆
沙包環繞腰圍拍打，宜輕拍而不宜重拍，免傷腎臟。沙包
重量至 0.3 公斤為度，不宜再增（圖18）。

四、揉 腹

拍腹完畢，即行揉腹。以揉腹之訓練，達內壯之目的。揉腹之法，其要有三：一是預備。凡揉之前，宜解衣仰臥，袒胸露腹，合其目光，凝其耳聞，勻其鼻息，含其口氣，靜其肢體，空其念頭；

二是守中。守中即神入黃庭。收拾眼睛向外視物相之神光，使內視黃庭而不可須臾或離，故名曰「守」；黃庭在臍之後、腎之前，小腹之上，中腹之下，居人體上下左右之正中，故名曰「中」。合而言之，以目之神光內視人體正中之黃庭。這，就是守中。道家常言「返光內照」是也；

三是牧念。牧念即以意收拾外馳之念頭，使念隨掌下而不可須臾或離。蓋意為主宰，念為先行官，氣為隨從。設若意不牧念，念自散走，狀如脫韁之野馬，時時馳想於俗事，氣亦隨念向外散走損耗，氣散而不積，揉腹亦何用？此其一。其二，設若意不牧念，使念游走於四肢，氣亦隨念散布於四肢，即成外壯四肢而非內實黃庭矣，則揉腹亦虛其揉矣。故惟念隨掌下，氣方可隨揉動之掌而積注於黃庭之內。

揉腹訓練之法，以掌置腹部，或單掌，或雙掌相疊，以臍為圓心，繞臍揉之，含勁揉之，著意揉之，究揉腹之旨，在積氣黃庭。守中不離，念隨掌下，揉腹積久，氣必厚積於黃庭，氣既積矣，而念頭元神血液津液悉皆附之，故可謂之氣積而力自積，氣充而神自沛，氣厚而內自壯。蓋氣者，功力也，故積氣即是增長體內功力；氣者，生命

高能量也，故気積気充気厚，神勇自蘊於其中。

第六節　矮襠走圈功夫

一、矮襠走圈之真義

自然門練襠功夫，就是矮襠走圈。襠功成，則步功出，蓋步功即以襠功為根柢。襠若不矮，步必不靈；襠功不成，步必不穩。而步功又是武術訓練「手眼身法步，肩肘腕胯膝，頂項胸腰背」這十五個部位中之一關鍵部位。拳諺言：「教拳不教步，教步打師傅。」由是觀之，作為步功根底的襠功應是習武者必修的重要功課之一。

襠功訓練全恃腰腿，故其運用，就是腿法，換而言之，襠功為體，腿法為用。拳諺言：「手打三分腳打七。」就是說腳打比手打還要厲害，而腳打又須講究腿法，腿法又以襠功為根底，故襠功理應是武術技擊者必修的重要功課之一。

矮襠走圈實乃是自然門開宗立派之標誌功夫，此功夫雖只一種，卻體現了該派創始人徐矮師所總結的「動靜無始，變化無端，虛虛實實，自然而然」之十六字真義。矮襠走圈功夫，其法純以神行，出手起腿如環之無端，伸者縮之，縮者伸之。邁步如同貓行，動作均極圓活，不用識神，不用拙力，而自能增長功力。

矮襠走圈是融會內功、輕功、實戰於一爐的自然門功夫，屬椿功中的動椿。椿功有定椿與動椿兩種。定椿，就

是蹲馬步；動樁，就是蹲樁走圈子。動樁又分高樁子、中樁子、矮樁子三類，矮襠走圈屬矮樁子一類。矮襠走圈的訓練，不外乎三項要領：即調身、調息、調心。

　　首先論述調身。蹲身成矮樁子，要求大腿與水平面一樣平，腰背宜直而稍前傾，頭要頂住勁，切忌低頭彎腰，目光平視。這一架式，比八卦掌之走樁矮。究其原理有二：其一是抵抗生力。由矮襠走圈來將地面對雙腿之阻力增到極限，雙腿必以極大之抵抗力支撐方可走圈自如，故此種走圈可最大限度地增長雙腿之功力。從抵抗生力的原理看，不抵抗則不生力，小抵抗則生小力，大抵抗則生大力。「壓之愈深，信（伸）之愈烈」，故由這種矮樁子走圈練來的功力，跟高樁子、中樁子練來的功力相較，其抵抗力理應較大。

　　二是手腳配合，虛實協調，保持身體的平穩。矮襠走圈入手功夫是內圈手，練時兩手如虎爪自內圈行而出，一步一手，故名內圈手。怎樣才能保持身體的平穩呢？這就要求手腳的配合：左腳前伸，同時左手便自內圈行而出（前伸、圈出均有平上而起之意，稱為「虛」，故左腳前伸為「虛」，左手圈出亦為「虛」，合稱「虛虛」），右腳便矮樁，同時右手便自外圈行而回（矮樁、圈回均有平下而落之意，稱為「實」，故右腳矮樁為「實」，右手圈回亦為「實」，合稱「實實」。又，邁步的特點，如同貓行，有平起平落之狀，究其原理，如同水上浮球，將此浮球平正按壓於水面之下，手朝球體正上方一鬆開，則球即借水之浮力向正上方浮起，此種平起平落的邁步方式，極有助於日後輕功之形成！）。右腳前伸，同時右手便自內

圈行而出，左腳便矮樁，同時左手便自外圈行而回……這樣回環往復地矮襠走圈，就能做到手腳配合，虛實協調，始終保持身體的平穩。這也正是「虛虛實實」四字用來調身的義蘊。

而調身的特點，萬籟聲先生在《武術匯宗》一書中以格言的形式作了詳盡的描述：「吞身如鶴縮，吐手如蛇奔，活潑似猿猴，兩足如磨心。」「身似彎弓手似箭，眼似流星手似鑽。」要把握這些特點，就必須勁坐後腿，邁步時，以腰帶胯，以胯帶膝，以膝帶足，節節貫串，一步一手，手均成環狀自內圈行而出，就必須於走圈過程中，細心體會兩腳之感受，體會兩腳似在泥水中行走，拔腳如泥濘難脫，體會兩腳如在齊膝深之水潭中行走，感覺水對小腿的阻力，日久功深，即能細覺出空氣對小腿的阻力。

其次論述調息。《少林拳術秘訣》一書論述了調息的功效：「肺為氣之府，氣乃力之君，故言力者不能離氣，此古今一定之理。大凡肺強之人，其力必強；肺弱之人，其力必弱，何則？其呼吸之力微也。北派柔術，數十年前，乃有專練習呼吸以增益其氣力者，成功之偉，頗可驚異。其初本為寡力之夫，因十年呼吸練習之功，有增其兩手之力，舉七百斤以上者。」由此可見調息之重要。

先論述矮襠走圈的調息原理。矮襠走圈之前，由鼻猛噴氣一口，使小腹產生一種受壓緊縮之感，這就叫做用力拿住下丹田。

走圈過程中強調「不固執以求氣」六字，就是說意馭念（神）常在小腹下端之陰蹺氣穴而不可管呼吸。因意管呼吸，即覺憋悶；意不管呼吸，反覺順暢舒適。呼吸之

力，在隨走圈之由少到多而由有限到無限。走圈須每天加1圈。如你今天只能走 10 圈，明天就走 11 圈，後天走 12 圈……乃至於走 300 圈。始之於走 10 分鐘，繼而走 15 分鐘……以至於走一個時辰。既能使動作合乎矮襠之規矩，又能使呼吸之力由有限的力微以直線延伸的方式向極限處發揮，即孟子所言：「氣以直養而無害」是也。就是說，呼吸之氣，始為一個有限力微之圓點，繼為一短線，以至一長線，乃至於無限，這樣，直線勢力因不間斷延伸而日漸增長，則直線之勢力可充塞乎天地之間矣！

此種練氣法，須在恆字上用功，學功夫就如逆水行舟，不進則退，而進須持恆，不能持恆者必退。退的情形就如一長線退為一短線，退至一圓點，則直線之勢力微弱矣。這種練氣法，就是將人體有限的呼吸之力最大限度地發揮的練氣之法。究其原理，就是李小龍所概括的「以無限為有限」的為西方人所難以理解的東方哲學。

調息須遵守「自然而然」四字，就是說要循序漸進，不要貪多猛進，如你只有走 10 圈的能力，卻偏要走 20 圈，結果動作不合乎矮襠的規矩：大腿不能跟水平面一樣平，忽而高忽而低；速度不均衡，時而快時而慢；呼吸不均勻深長，時而順暢，時而憋悶。這就不合自然。相反，你今天只有能力走 10 圈，就只走 10 圈。只要動作合乎矮襠的規矩，大腿保持跟水平面一樣平，不忽高忽低；速度均衡，不忽快忽慢；呼吸保持順暢，不覺憋悶，這樣就成，這樣就合乎自然。

走圈須由不自然狀態漸到自然狀態。因矮樁子規矩帶來的呼吸量大，而難以保持呼吸的順暢，又因矮襠走圈帶

來的運動量大，而難以保持手腳動作的協調一致，難以保持腿力的長時間支撐，呼吸的不順暢，手腳動作的不協調，腿力的難以支撐，這一切都是不自然的狀態。不自然不要緊，俗話說得好：「書多讀則熟，藝常練則精。」只要勤走圈子，勤下苦功，則不順暢之息可使之順暢，不協調之手腳動作可使之協調，難於支撐的腿力可使之易於支撐。功夫練至化境時，神妙自現。

徐矮師即用「動靜無始，變化無端」八字來概括矮襠走圈進入自然狀態時之神妙，妙就妙在腳下能生出一種無形的力在拉著人體如繞磨心一般不由自主地旋轉，不是我要轉，而是一種無形的力在拉著我轉。功力到此，其息之深長，可達腳後跟，莊子所言「真人之息以踵」是也。功力到此，體內能量由感之極熱的生命低能量內氣磨練成流動速度疾如閃電的生命高能量內氣。功力到此，始由速慢如常之不自然狀態進入速快超常的自然狀態。用於實戰，就顯示出一種以快打慢的優勢：因速快，躲閃時，對手挨不到我，所謂「不招不架，避實就虛」是也；進攻時一出手就打著對手，所謂「手出一條線，打出人不見」是也（《武術匯宗》）。然而，這種無形的力究竟是從何產生的呢？是從氣穴產生的。「若問真消息，氣穴尋原因」（《武術匯宗》）。從氣穴怎樣產生的呢？這一問題就必須結合調心來加以論述。

第三論述調心。承上所問：無形的力是從氣穴怎樣產生的呢？萬籟聲先生在《武術匯宗》一書中言：「至於余所習之自然門，究何門戶？乃於內外功之中點，即兼內外功之長，而無其弊者耳！蓋外功即將氣散於全身，故氣未

能歸根而上浮，老來即漸衰微，內功將氣練入內膜，雖硬如鐵石，而又過於拙鈍，本門則在兩者之外。乃於空處用功，以意導氣不加絲毫氣力，絲毫色相，意到手到，意止手止，使氣純養歸根，以氣為本，是為氣功，稱為內家功夫，自無不可，惟不似他門之內功或外功也！本門功成，自有神勇，騰閃刺扎，氣不上浮，有疾有徐，有剛有柔，機息渺茫，動則萬變，不固執以求氣，不著相以用力，神乎神乎至於無形，飄乎渺乎至於無聲……雖外觀湊瘠，內實充盈，此其所以為氣功也！本門功夫，與道家極相通。不過在武功時，乃動中之靜；入道功時，乃靜中之靜而已。其練氣靜養之法，固全相通也。

這段話道出了自然門調心之至真義蘊，就是將矮襠走圈的武功，與打坐的道功相結合，旨在使炁純養歸根。能使炁純養歸根的究竟是什麼？是元神。歸根於人體什麼部位？「乃於空處用功」。由此可見，產生無形的力的法子不在別的，惟在乎元神於空處之默用而已，即岳武穆所言「運用之妙，在乎一心」是也。

何為歸根之空處？歸根之空處就是中丹田與下丹田之間的「黃庭」。考丹田的位置：上丹田在頭頂泥丸宮；中丹田在兩乳之間胸窩膻中穴；下丹田在臍下三寸之關元氣穴。而「黃庭」就在胸窩膻中穴與關元氣穴之間的臍內空處。據魏華存所著的《黃庭經・內景》一文中言：「上有魂靈下關元，左為少陽右太陰，後有密戶前生門。」務成子注：「自臍後三寸皆號黃庭。」就是說，黃庭就處在肚臍與命門之間的臍內空處，此橫向言之，縱向言之，黃庭介於下丹田與中丹田之間，位於人體之正中心，故作者又

稱之為「心核」。故將「使氣純養歸根」所歸向的根本性的空處定位在黃庭部位。在道功，歸根於黃庭部位，須經過八個步驟：

（一）練穀化精——以基本功訓練練飲食水穀化來的精微物質，稱「後天之精」，貯藏於關元氣穴之下丹田裡；

（二）練精化炁。須以道功打坐凝元神之神火，目之神光以入關元穴，關元穴裡的精水遇元神之神火、目之神光即化作生命低能量內炁；

（三）凝炁結津。以元神導炁將關元穴裡的內炁導之過會陰穴循督脈搬入頭頂泥丸宮凝結為津水；

（四）練津化炁。津注口裡，含而勿咽，含津行息，以道功打坐凝元神之神火、目之神光以入口裡，口裡之津水遇元神之神火、目之神光即化作生命高能量內炁，候一個時辰，如鯁猛力將津水與炁向下吞之，吞力之大，沖入中丹田（兩乳間之膻中穴）裡貯藏之；復打坐一個時辰，凝元神之神火、目之神光以入中丹田裡，中丹田裡的津水遇元神之神火、目之神光即化作生命高能量內炁；復負重走圈一個時辰，由負重走圈，故呼吸量增大，運動量增大，耗神量增大；由呼吸量增大，故風力增大，蓋道家喻息為風；由運動量增大，故抵抗力增大，蓋「壓之愈深，伸之愈烈」為古今一定之理；由耗神量增大，故火力增大，蓋道家喻神為火。風大、力大、火大——即以此「三大」將中丹田內之津水練化為生命高能量之內炁！

（五）積炁黃庭，於行走坐臥之時，皆留神於黃庭，勿忘勿助。神為炁之先行官，神注於黃庭，則炁亦隨往，

貫注於黃庭而積存之。

（六）搏炁結丹。候黃庭內炁充盈，即以元神搏炁於黃庭裡，使炁如球體般呈上下左右前後六個方位飛速旋轉，以產生一股巨大的向心力，即借此力將炁凝結為一粒生命高能量的高度濃縮物——內丹。

（七）馭炁神行。內丹煉成，則內炁充盈；內炁充盈，則於矮襠走圈過程中，聚炁開通陰蹻氣穴易為，誠所謂「炁滿陰蹻易開」是也。陰蹻一通，則走圈神速，不快而自快。

（八）練神還虛。為著保持黃庭內炁的充盈而不損減，計有二端：一是將一部分內炁自黃庭經中丹田向上循任脈搬入上丹田，以增益上丹田內炁而使元神充沛；二是使念頭常處空寂淨慮之本然狀態而不著相——不處思慮煩惱之人為狀態，以將元神神火之損耗降至最低限度，蓋「道法自然」——吾人修道，誠非效法自然界之義，實乃是以念處空寂淨慮之本然狀態而不處思慮煩惱之人為狀態為道、為理應效法之自然。言以此為道者，實因惟有此種念處空寂淨慮之本然狀態可以使神充炁盈，體魄強健，慈受禪師所言「念念常空寂，日用有大力」是也；言以此為理應效法之自然者，實因自然乃是指本然狀態而絕非指人為狀態。

由此觀之，念處空寂，不處思慮；神入黃庭，目視黃庭——誠之為「道法自然」之至真之理，誠之為吾人修道之至真之路。定位於黃庭是十分重要的，因臍內空處之氣層體——黃庭是人體內空間最大之部位，不僅易於在此部位多積內炁，且易於在此部位搏炁結丹。這就是「使氣純養歸根」，「於空處用功」之真訣。

萬籟聲先生曾在《神州市自然門武術館教學提綱》編後語中言：「然則這個氣功真訣如何？曰：除基本動作之『呼吸動作』外，在練功時應口閉，以鼻出氣一口，小腹放鬆；意微存小腹；目似視對方兩眉之間的心理，手手打伸，腿腿踢伸，由輕到重，由慢到快，勿憋氣，勿喊叫，一任自然；只在姿勢準確，不在用蠻勁！尤其在自然門走矮襠、內圈手上下工夫，自得其詳矣。為政不在多言，真傳只在『一指間』耳！記之記之。」就是說整個走圈過程均須貫穿一根調心的主線：意微存小腹下端之陰蹻氣穴。而整個矮襠走圈過程的訓練，須以走圈為主，打坐為輔。打坐或以元神練精水化炁於下丹田裡，或以元神練津水化炁於中丹田裡。走圈以念神聚炁沖開陰蹻氣穴。

　　首先闡述關元氣穴。考關元的位置，在《針灸資生經》一書中明確指出：「關元，乃丹田也，諸經不言，惟《難經》疏云：『丹田在臍下三寸』。」《會元針灸學》一書中進一步指出關元在膀胱的下口部位：「關元者，膀胱下口之關竅，關乎元氣。」考關元的作用，張伯端在《青華秘文·爐鼎論》一文中視之為煉丹過程中練精化炁之爐：「黃庭為鼎，氣穴為爐。黃庭正在氣穴（關元氣穴）上，縷絡相連，是為爐鼎。」《經穴釋義匯解》一書指出關元有藏精蓄血的作用：「穴在臍下三寸，為男子藏精，女子蓄血之處，是人生之關要，真元之所存，元陰元陽交關之所，穴屬元氣之關隘，故名關元。」

　　其次闡述膻中氣穴。考膻中的位置在兩乳間之中點陷中，《靈素集注節要》一書中言：「膻中卻在兩乳間。」《醫經理解》一書則進一步對膻中氣穴的異名、作用、部

位作了詳盡的介紹：「膻中，兩乳之中，氣所回旋處也，故又名上氣海，宗氣之海也。本經有二氣海：下氣海，生氣之海；上氣海，宗氣之海也。」《會元針灸學》一書則介紹了膻中穴取名的緣由：「心內繫上通於肺，故脈搏出於心，心跳則膻中顫動，故名膻中。」《甲乙》一書則介紹了膻中穴是任脈內氣發動之所：「膻中，一名元兒……任脈氣所發。」綜其作用，是人體生命高能量內炁生化之中心，是人體藏炁之腑。

其三，闡述陰蹻氣穴。此穴的部位在盆骨下端、輸精管根部的一個小小坑陷之處，與會陰穴相鄰，將射精時，以中指按壓此處，自會感覺到精水的回流，即此可以確定此按壓點就是陰蹻氣穴。因這一按，精會回流；精會回流，故可返於關元穴貯藏之。因陰蹻氣穴有通過按壓使精水回流的功能，而精水又是命源，故稱陰蹻氣穴為「復命關」。張紫陽在《八脈經》一書中對陰蹻氣穴的異名、作用、部位作了詳盡的介紹：

「八脈者，沖脈在風府穴下，督脈在臍後，任脈在臍前，帶脈在腰，陰蹻脈在尾閭前、陰囊下，陽蹻脈在尾閭後二節，陰維脈在頂前一寸三分，凡人有此八脈，俱屬陰神，閉而不開，惟神仙以陽氣沖開，故能得道。八脈者，先天大道之根，一氣之祖。採陽氣惟在陰蹻為先，此脈才動，諸脈皆通。次督任沖三脈，總為經脈造化之源。陰蹻一脈，散在丹經，其名頗多：曰牝門死戶，曰歸根竅、復命關，曰酆都野，死生根。有神主之，名曰桃康，上通桃泥丸，下透湧泉。倘能知此，使真氣聚散，皆從此關竅，則天門常開，地戶永閉……尻脈周流於一身，貫通上下，

和氣自然上朝，陽長陰消，雪裡花開，天根月窟閑往來，三十六宮都是春。得之者，身體輕健，容顏返壯。昏昏默默，如痴如醉，此其驗也，要知西南之鄉乃坤地，尾閭之前，膀胱之後，小腸之下，靈龜之上，此乃天地逐日生氣之根，產鉛之地也，醫家不知有此。」

趙避塵在《性命法訣明指》一文中進一步指出了陰蹻氣穴的作用：「人身通氣八脈，總根在生死竅，上通泥丸，下通湧泉，真氣聚散，皆以此竅為轉移。」《靈樞·脈度》一文則介紹了陰蹻脈的走向：「其起於足丹骨後方，經內踝上行於大腿內側進入陰器，再上行於胸壁內面，入缺盆，上經喉結旁、人迎穴前過顴部到目內眦，與足太陽經、陽維脈匯合。」由此看來，陰蹻氣穴開通於輸精管，知陰蹻氣穴功能者，命可以復——將射之精水可按壓使之不泄，不知此穴功能者，命不可復——將射之精水無法控制而外泄。因陰蹻氣穴有此功能，故歷來被內丹雙修派視為密不外傳的採氣的關竅，是一陽生氣的所在。

精水是由飲食化來的精微物質，稱「後天之精」，實乃是生命之內質，實乃是生命之源泉，固之勿泄，可防病患而長壽：「長生之稽（計），使用玉閉。玉閉時闢，神明來積，積必見章（彰），玉閉堅精，必使玉泉毋傾，則百疾弗嬰（攖），故能長生。」（馬王堆漢簡《十問》中曹熬語）

其四闡述念頭怎樣於空處默用？念頭的默用須守「自然而然」四字，念處空寂淨處之本然狀態而不著相，不思慮，是為念之默；以口吞津水入中丹田，以目之神光、元神之神火下注中丹田燒練津水以化氣，聚氣以沖開陰蹻氣

穴，是為念之用。合而言之，意的默用是指念無他想而守竅沖關，導炁搏炁。念處空寂淨慮之本然狀態時，因合乎自然，故稱為元神；念處思慮煩惱之人為狀態時，因有人為思想的參與，有悖於自然，故稱識神。或練精水化炁，或練津水化炁，乃元神用事，識神無用。因念乃是由炁中陰質與陽質交感而產生的生物電流，道家喻之為「神火」，神火——在念有他想之時耗散而顯火力之小，在念無他想之時蓄積而顯火力之大，故神火之或大或小，全在念處空寂之程度深淺，全在念無思慮之程度深淺，全在念無他想之程度深淺，全在無人為思想參與之程度深淺，深則蓄積之元神能量多而顯火大；淺則蓄積之元神能量少而顯火小。念由腦發，神居泥丸。泥丸宮裡有神火，下丹田裡有精水，中丹田有津水。精水與津水均屬水性，神火屬火性。水遇火而化作蒸騰之餾，同理，精水遇神火而化作視之不見，感之極熱，有循督脈上騰之功能的生命低能量內炁；水燒不開勤添柴火，精不化炁頻作無想，此乃練精化炁之原理，用之於行，須守「念無他想常在關元穴」九字，此九字乃於道功打坐時練精化炁之心法。

　　水遇火而化作蒸騰之餾，亦同此理。津水遇神火而化作疾如電閃、內蘊電流、會發光的生命高能量內氣；水燒不開勤添柴火，津不化炁頻作無想。此乃練津化氣之原理，用之於行，須守「念無他想常在中丹田」九字，此九字乃於道功打坐時練津化炁之心法。城門不開，百夫擔木而沖開，陰蹻氣穴不開，念（神）多無想而沖開，即慈受禪師所言「念念常空寂，日用有大力是也」，念（神）乃炁之先行官，念（神）指哪，內氣往哪，念（神）指陰蹻

氣穴內，炁必往至陰蹻氣穴內，往而受阻，念（神）反覆馭炁以沖之，陰蹻氣穴一旦被沖開，則上可通達泥丸，以回精補腦，下可通達腳心湧泉，以炁注湧泉，即循此陰蹻氣脈向下流注腳心湧泉之內炁，正是腳下生出的一種無形的力，而這正是矮襠走圈由不自然狀態進入自然狀態的關鍵所在。此乃聚炁通竅之理，用之於行，須守「念無他想，常在陰蹻氣穴」十字，此十字乃於走圈時聚炁通竅之心法。這樣，一邊走圈，一邊打坐。打坐或凝神以入關元氣穴，練精化炁，使炁充盈；或凝神以入中丹田，練津化炁，使炁充盈；走圈以元神聚炁沖開陰蹻氣穴，此穴一開，則下可循陰蹻脈通達足心湧泉，使腳下生出一種無形的力。故此種無形的力，即以炁為內質，而炁之流動，疾如電閃。這，正是自然門矮襠走圈功夫練成後攻防躲閃速快絕倫的內在原因。故二者可以互補。由此觀之，貫穿於走圈打坐的主線，惟在乎此元神於關元、膻中、黃庭、陰蹻這四個氣穴之交替默用而已。

以上言矮襠走圈訓練時恪守調身、調息、調心三個要領。

此功專練襠部以為步功之根柢，是融軟功、硬功、輕功、實戰於一爐的自然門創派的標誌功夫。

【訓練方法】

先習定椿，後習動椿。

二、矮襠走圈定椿

定椿共有9式，1～4式為定式，每式須練5分鐘；5～

9式為換式，9式練畢，即可走圈。

第一式　雙手側伸採地氣

兩手緩緩向體側平伸，掌心
朝下，掌暗含提勁，勞宮穴似有
微微吸風感，兩臂有明顯之沉浮
感。吸氣時，念想地陰之氣從手
心勞宮穴經臂內側吸入下丹田，
手心微有麻涼感；呼氣時，念想
氣自下丹田循原路從手心排出，
手心微有熱脹感（圖1）。

圖1

第二式　兩掌前伸對勞宮

接上式。兩掌向前合攏，距
離與肩同寬，掌心相對，勞宮穴
微有吸斥之感。吸氣時，念想兩
掌間有一個圓形氣球被拉長，呼
氣時念想此一拉長之氣球還原，
覺臂內有氣流動不已（圖2）。

圖2

第三式　十指相對肘外撐

接上式。緩緩屈肘，在胸前
撐抱，鬆肩撐肘。鬆肩，則兩臂
圓活，日久有綿裡藏針之功效；
撐肘，兩肘外撐，指尖相對；吸
氣時，兩臂外撐，呼氣時，指尖

圖3　　　　　　　　　　圖4

靠近，覺臂內有氣流動不已。兩目微合（圖3）。

第四式　兩掌提壓採地氣

接上式。兩掌內旋，下按至小腹前，指尖相對。吸氣時，念想地陰之氣從兩掌心沿臂內側吸入下丹田，掌心有麻涼之感；呼氣時，念想氣自下丹田循原路從掌心排出，掌心有熱脹之感；一呼一吸過程之中，兩掌有明顯之連續不斷之上提下壓之感；兩目微合（圖4）。

註：上述一至四式，於訓練過程中常會出現麻涼、熱脹、起伏、提壓、振顫、內氣流動、鼓蕩翻湧等種種感受，均是由手心勞宮氣穴將大自然中之天陽地陰之氣採入體內而產生的種種反應，為上功、長功之吉兆。採天陽地陰之氣以助長體內功力，斯即孟子所言「萬物皆備於我也」之義蘊是矣。

圖5

圖6

第五式　右手立掌左鈎提

圖7

（1）身體左轉；隨轉體，左手向體左後側伸；右掌外旋，掌心朝上，仍置小腹前；目平視體左後側（圖5）。

（2）上動不停。身體右轉；隨轉體，左手上提，若同翼狀置於體左上側；右手不動；目視左掌（圖6）。

（3）上動不停。身體繼續右轉返回於正面；隨轉體，左手變虎爪掌，移至體正前上方；右手不動；目視左掌（圖7）。

圖8

圖9

（4）上動不停。左掌由虎爪掌變掌下落於小腹前，掌心朝上；身體右轉；隨轉體，右手向體右後側伸，手心朝下；目平視體右後側（圖8）。

（5）上動不停。身體左轉；隨轉體，右手上提，若同翼狀置於體右上側；左手不動；目視右掌（圖9）。

圖10

（6）上動不停。身體繼續左轉返回於正面；隨轉體，右手變虎爪掌，移至體正前上方；左手不動；目視右掌（圖10）。

（7）上動不停。右手虎爪掌自體正前上方下落至小腹前，成立掌；左手變虎爪掌，自小腹前向上勾提至體正前上方；目平視（圖11）。

圖11

第六式　左右換步兩邊攻

（1）接上式。開右步；左手由虎爪掌變掌，下按至體側；右手由虎爪掌變掌，上提至體右前方；目視右掌。上提下按，均含暗勁（圖12）。

（2）上動不停。上左步；右掌下按於體側；左掌上提至體左前方；目視左掌。下按上提，均用暗勁（圖13）。

圖12

圖13

（3）上動不停。上右步；左手立掌，向體右前方推出；右掌向體右前下側撐；目平視體右前方。上推下撐，均用暗勁（圖14）。

（4）上動不停。上左步；左掌下按於體左前下側；右手立掌，向體左前方推出；目平視體左前方。下按上推，均用暗勁（圖15）。

圖14

第七式　雙掌上插護頭面

接上式。收右腳於左腳旁；兩掌自體左右下側緩緩上提，向上直插，掌心朝內；目平視正前方（圖16）。

圖15

圖16

圖 17　　　　　　　　　　圖 18

註：兩掌上插，均用暗勁。

第八式　翻掌後插上拜佛

（1）腳不動，腰略右轉；翻掌心朝後，自兩腋窩向體後緩緩插下（圖 17）。

（2）上動不停。腰復左轉返回於正面；雙手分抄體左右兩側，繼而上舉合掌成拜佛之狀（圖 18）。

第九式　烈馬問路左向行

左腳向體左側邁半步，身體下蹲成矮襠式；兩掌向體左側伸，掌心朝上；目平視（圖 19）。

第十式　馬步右旋葉底花

接上式。右掌移至右胸前，翻掌心朝下；左掌移至右

圖19

圖20

腰前，掌心朝上。兩掌上下相對成抱球狀（圖20）。

　　註：由此式，身體左轉，即成內圈手式，故此式即是由定椿轉入動椿之過渡式。

三、矮襠走圈動椿

（一）內圈手老架子

1. 虎爪式

　　兩手以虎爪掌成環狀自內圈出，故名內圈手。訓練時一步一手，順逆成環走之（圖21、圖22）。

圖21

圖 22　　　　　　　　　　圖 23

2. 手搖式

此式訓練方法如同虎爪式，惟手形由虎爪掌變拳（圖
23、圖 24）。

（二）內圈手新架子

此拳式乃由萬籟聲先生晚年在內圈手老架子基礎上推
陳出新而創出之新拳架。走法要求仍如同自然門內圈手之
虎爪式、手搖式之老架子，惟將手型手法換作西洋拳之預
備式（圖 25）。矮襠走圈時，其手型始終保持同一姿勢不
變。從這一創新拳架，我們不難看出老一輩武術家萬籟聲
先生為適應技擊的時代要求而融鑄西洋拳擊之長處以為我
用之苦心孤詣！由斯足以顯示出萬籟聲先生對西洋拳技之
海納百川、兼收併蓄的胸襟與氣度。

從這一創新拳架的形式觀之，其上半身之拳架預備式

圖24　　　　　　　　　圖25

呈現出西洋拳之技擊風格，下半身之矮襠腿則呈現出中國傳統武術注重腰腿弓馬功夫的技擊風格，這一創新拳架以其融東西方武術技擊於一爐的兼容姿態，而成其為自然門技擊從傳統武術技擊法向融東西方技擊於一體的散打技擊法過渡的一大標誌。這一拳架由萬籟聲先生首創，開由梁超群先生系統總結的「萬籟聲自然門技擊法」之端倪，杜飛虎自然門技擊法亦由斯而得到了極大的啟示。

　　這一創新拳架體現出萬籟聲先生以自然門創派之標誌功夫矮襠走圈為體、以西洋拳技擊長處為用的開放的、兼容的、與時俱進的武學思想。

（三）鬼頭手

　　走完內圈手，即變鬼頭手走之。內圈手乃自內圈出，鬼頭手則自內推出。先習陰手，後習陽手。陰手自手臂下以掌推出，陽手自手臂上以掌推出（圖26、圖27）。

圖26　陰手　　　　　　　　　　圖27　陽手

(四) 踮踢式

圖28

以腳尖直向踢出，是為踮踢式。可矮襠繞圈訓練，一步一手，左腳踢出，左手（成虎爪掌）便自內圈行而出；同時右腳便矮樁，右手（亦成虎爪掌）便自外圈行而回右腳踢出，右手（成虎爪掌）便自內圈行而出；同時左腳便矮樁，左手（亦成虎爪掌）便自外圈行而回……如是反覆訓練（圖28）。

(五) 骿踢式

以腳之外側橫向踢出，是為骿踢式。亦如踮踢式之矮

褶繞圈訓練，惟一用腳尖、一用腳掌外側之用以踢擊之方式不同耳（圖 29）。

圖 29

（六）負重式

此式乃是在手搖式基礎上增加沙衣、綁腿、鴛鴦環的訓練而成。因是負重訓練，故名「負重式」。沙衣、綁腿、鴛鴦環務須由輕漸重，切忌操之過急，須緩增所負之鐵沙重量，總以身體能承受為限度。

訓練時，先自鼻孔猛噴氣一口，則肩自沉下，且使胸內之氣壓往小腹，小腹因受壓而緊縮，隨即以鼻孔吸氣直注入小腹，如是則小腹納氣而凸起鼓起，意注小腹下端之陰蹺氣穴──此一注意力務須貫注於整個走圈過程中！始之於走 30 圈，繼而每天加走 1 圈，練至九個月，加走至 300 圈為度；沙衣內盛鐵沙，始之於負 10 公斤重之沙衣，繼而每個月加 2 公斤鐵沙，滿 10 個月加至 30 公斤為度；綁腿內盛鐵沙，始之於捆 5 公斤重之綁腿，繼而每個月加 1 公斤鐵沙，至 5 個月，加至 10 公斤為度；鴛鴦環共 32 支，每支重 0.5 公斤，始之於習 4 對，繼而每個月加 1 對，至一年，加至 16 對為度。滿一年，沙衣、綁腿、鴛鴦環之重量，合計為 56 公斤，功力至此，負重 56 公斤，走樁 300 圈，始告功成。此功既要狠練，又不要弄得身體吃不消，要順乎由輕漸重之自然規律，此功須苦練六年，六年畢，

圖30　　　　　　　　　　圖31

才能除盡體內浮躁之氣，而
代之以疾如閃電、動含電流
之內「（圖30、圖31）。

（七）踮行式

　　此式乃日後內圈手功夫
告成，即以腳尖點地繞圈訓
練，惟於訓練之時，仍須恪
守大腿與地面一樣平之規
矩。此功練至一年，即可上
木盆訓練（圖32）。

圖32

（八）走木盆式

　　此功是專練腳上輕功的功夫。此盆以木製成，外用細
鋼筋箍緊，內盛 200 斤小石塊，每 40 天撿起 5 斤，至日後

圖33　　　　　　　　　　圖34

剩 30 斤時，即不易撿出，每 15 天撿出 1 塊，不可急於求
成。此式以六年負重走圈為基，負重走圈畢，至第七年，
始上木盆走圈，則四年純功可成！

　　練時人立盆沿行走，也可兩手扶按盆沿，以不落下為
要，練法特點要領與內圈手相近，惟手法不同，此式為一
手下按，一手推出。直練至盆內之石塊撿盡，走圈於盆沿
之上而盆不傾斜，即告功成！此功之成，甚為奇妙，於呼
吸之一瞬間，即覺兩股熱流沿兩腿內側直奔足心湧泉穴，
一提氣，即覺身輕如燕，步履如飛，其內心感受，誠如莊
子所言「真人之息以踵」是也（圖33、圖34）。

第七節　四步功訓練法

一、四步功概言

顧名思義，四步功者，即將四種相關連的功夫湊在一塊分作四個步驟來進行訓練，故而合稱為「四步功」。這四個步驟依次是：（一）推環；（二）排打；（三）上樁；（四）頂功。之所以分其為四個步驟者，在明其先後訓練之程序。而言其相關連者，在前一種功夫之內氣運行，可與下一種功夫之內氣運行形成互補。

譬如第一步功之推環，主要是訓練內氣從黃庭經下丹田透脊背過肩窩腋下循手臂內側→外側→直抵手心勞宮氣穴，由此開通手三陽與手三陰六根經脈，並使內氣經反覆之推環訓練鼓盪於胸腹兩肋間，這就有助於第二步功之排肋、排胸、排小腹、排中腹訓練。如是，推環之理氣行之於前，排打之內抗繼之於後，庶幾乎可免氣血不暢之氣疾。且排小腹、排中腹之訓練，可使下丹田、中丹田之內氣因抗打而增強，這就為下一步上樁功之以中腹上脘氣穴之力承於樁尖上之訓練打下了渾厚的內氣功底，上樁一功旨在使中丹田內氣進一步增強。中丹田內氣既充實，又可為下一步頂功之以頭部額上之硬骨之力頂於牆壁上之訓練打下提氣貫頂之內氣功底。

由是觀之，四步功實乃是循下丹田→中丹田→下丹田之程序而提練人體內在生命能量的有序功夫，習此功夫者萬勿顛倒其序而練之，切記切記。

二、第一步功——雙推手

此功又名「雙手推環」，專練手三陰、手三陽這六根經脈。以元神將黃庭內気經中丹田透脊背過肩窩腋下循手臂內側→外側→直抵手心勞宮氣穴。又，備磚四塊，兩塊橫向排列，兩塊縱向排列，再備鴛鴦環十六對。是為預備。

1. 兩手分提式

【要領】

圖35

先自鼻孔噴氣一口，小腹凸起，採逆式呼吸法。馬步下蹲於第1、2兩塊磚上，兩手成鉤手，套鴛鴦環於前臂上，猶如提兩桶水之狀，分別自體兩側上提至與肩平為度，同時自鼻吸氣一口，小腹凹下（圖35）。

【功能】

此式主要是以神馭气以開通手三陰經脈，並訓練手筋的伸縮功能，以長臂力，拳諺所言「筋長一寸，勁長千斤」是也。

【歌訣】

雙手分提似提水，手提鋼環気貫臂；
一張一弛筋自長，筋長一寸勁千斤。

2. 手托青天式

【要領】

接上式。重心前移，左腳
朝正前方跨一步至第 3 塊磚
上，成左弓步；雙手由鈎手變
掌，沿體兩側收回於腰眼，掌
心朝上；呼氣，小腹外凸；繼
而將兩掌向正前上方輕輕托
起，念想雙掌將青天托在掌
中，同時呼氣，小腹內凹，採
順式呼吸法（圖36）。

圖 36

【功能】

此式主要是採天陽之氣，其色蔚藍。抬臂吸氣時，肩
要鬆，肘要墜，念想蔚藍色大氣從手心吸入，沿兩臂內側
循任脈採入下丹田內，手心微有麻涼之感；呼氣時，念想
蔚藍色大氣循原路從手心排出，手心微有熱脹之感。

【歌訣】

手托青天納陽氣，鬆肩墜肘氣自充；

「天人合一」惟一氣，自有胎息內外通。

3. 猛虎推山式

【要領】

接上式。重心復前移，右腳向正前方踏一步至第 4 塊
磚上，成右弓步；雙掌由上托內旋為掌心朝前而收回於胸
前；同時吸氣，小腹內凹；繼而借身體前傾之勢，猛然將

圖 37　　　　　　　　　圖 37 附圖

雙掌自胸前向正前方平推，念想去勢如虎，狀若推山，同時
呼氣，小腹外凸，採逆式呼吸法（圖37、圖37附圖）。

【功能】

以逆呼吸法逼壓黃庭內炁經下丹田由會陰穴走入督
脈，經肩井穴運入雙臂外側之手三陽經，發炁於手心勞宮
穴。練至一百天，手心即出現極強之熱感。

【歌訣】

　　猛虎推山傾全力，勁力源出下丹田；
　　沿督入臂炁貫注，發炁勞宮力無邊。

註：先將踏於第4塊磚上之右腳退而收回於第1塊磚
上，繼將蹬於第3塊磚上之左腳退而收回於第1塊磚上，
還原為雙手分提式，是為先出左腳而後出右腳之訓練法。
繼而換作先出右腳而後出左腳之訓練法，兩者交替，循環
訓練。

圖38 圖39

三、第二步功——徒手排打訓練方式

1. 排肋式

第一式

自然站立；兩臂下垂，將左掌沿體左側上提至左腋下，掌心朝上，成仰掌；目平視正前方（圖38）。

第二式

接上式。將左手之仰掌變作立掌，向體左側平推，掌心朝體左側；同時自鼻孔深吸氣一口，鼓蕩於胸肋間，小腹內凹，採逆式呼吸法；目視左掌（圖39）。

第三式

接上式。將左手之立掌抓握成拳，以左拳之拳心對準

圖40　　　　　　　　　　圖41

左腋下之肋骨回向猛擊，同時，以鼻孔猛噴氣一口，小腹
凸起；目平視正前方（圖40）。

　　註：上述三式，是為左手之排肋法，右手之排肋亦如
是操作。

2. 排胸式

第一式

　　將左掌提至體左側，掌心朝下，成覆掌；目平視體左
側方向（圖41）。

第二式

　　接上式。變左手掌心朝下變為掌心朝後；身體左轉，
扭頭向後；同時，以鼻孔深吸氣一口，鼓蕩於胸肋間，小
腹內凹，採逆式呼吸法，目平視身後（圖42）。

圖 42　　　　　　　　　　　圖 43

第三式

接上式。左掌抓握成拳；以左拳之拳心對準右胸猛擊；同時，以鼻孔猛噴氣一口，小腹凸起，目平視正前方（圖43）。

註：上述三式，是為左手之排胸法，右手之排胸亦如是操作。

3. 排小腹式

第一式

提兩掌於體側，成側平伸式，兩掌掌心均朝下，成覆掌；同時，以鼻孔深吸氣，鼓蕩於小腹內，小腹內凹，採逆式呼吸法，目平視正前方（圖44）。

第二式

接上式。兩手抓握成拳，以兩拳之拳心對準小腹猛

圖44　　　　　　　　圖45

擊；同時自鼻孔猛噴氣一口，
小腹凸起，目平視正前方（圖
45）。

4. 排中腹式

第一式

　與排小腹式第一式之操作
方法相同，圖亦相同，略。

第二式

　接上式。兩掌抓握成拳，
以兩拳之拳心對準中腹猛擊；
同時自鼻孔猛噴氣一口，中腹
凸起，目平視正前方（圖46）。

圖46

　　註：排打時，須全神貫注於受擊部位，切勿分神，否

則易致內傷也。究排打之要訣，在神注、排打、噴氣三者同到受擊部位。

【功能】

功成，胸腹腰肋可承受強勁之擊打，拳諺所言：「未學打人，先學挨打」是也。排打之旨，盡在此語之中。

【歌訣】

任彼巨力來打我，我自胸腹一氣足；

神排噴氣同時到，三者同到訣盡吐。

四、第三步功——上樁

此功專練內膜功夫。

【訓練方法】

每晨早起，舒活筋骨之後，即站成馬步；兩掌自小腹前上托至頭頂上方，掌心朝上；同時，自鼻吸氣，吸至不能再吸時，兩掌仍須上托 2 次，同時小吸 2 次（圖 47）。

上動不停。兩掌翻轉向下按壓至襠前，掌心朝下；同時仍自鼻呼氣，呼到不能再呼時；兩掌仍須下按 2 次；同時小呼 2 次，此為 1 息，如是訓練 10 息為止。吸時稍慢，並稍用力上托；呼時漸快，並稍用力下按（圖 48）。

提氣畢，即開始上樁。樁分固定木樁與移動木樁兩種。固定木樁，乃將木棒（長 5.5 市尺）埋於地下 3.5 市尺，露於地面 2 市尺；或將木棒捆於鐵架上；移動木樁，即一木棒耳。初訓練時須裹布一塊於樁頭上。上樁部位分兩處：一是臍下 3 寸之關元穴（位小腹處），二是臍上 3 寸半之上脘穴（居中腹處），兩穴均位處任脈上。上樁訓

圖 47

圖 48

練法有三種：

1. 前傾式

以椿棒一端（椿尾）支
牆根處，另一端（椿頭）抵
小腹關元穴，此即上椿。

第一式

兩手自然下垂，呼氣，
身體竭力前傾，以增大椿頭
對小腹關元穴部位之抵力；
同時，氣自雙乳壓向關元穴
（圖 49）。

圖 49

第二式

傾至極限，上體直起，左手握右腕於身後，吸氣，念

<table>
<tr><td>圖 50</td><td>圖 51</td></tr>
</table>

想気自關元穴上提至雙乳（圖 50）。

　　註：上述二式，交替反覆訓練。

2. 轉椿式

　　接上式。以小腹關元穴部位緊貼椿尖上，雙手緊握椿棒上半截，而用勁順時針方向旋轉 60 下，逆時針方向旋轉60 下（圖 51）。

3. 上椿旋轉式

　　以中腹上脘穴（約臍上 1 寸 5 分部位）緊貼椿尖上。先兩手撐於椿架扶手上，兩手緩緩向體左右側平伸，如鳥伸翼狀；繼兩腿挺起。初習找一助手相幫，執己兩腳踝部位繞椿架由慢漸快走動之（圖 52）。

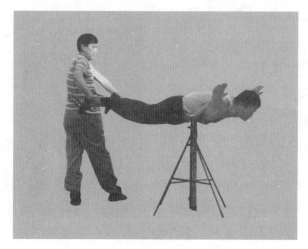

圖52

有歌贊曰：

上樁一功練內膜，能增小腹中腹気；

如綿裹鐵能抗打，樁尖之上不畏刺。

五、第四步功——頂功

此功專練頭頂功夫。

1.無極式

身體中正而立，兩腳自然分開；兩臂下垂體側，兩腕稍用力，兩手掌心朝下，成覆掌，手指朝前；頭頂似有繩繫而懸起，上下排牙齒微叩，舌抵齒間。舌為心梢，五行屬火；齒為腎末，五行屬水。故舌抵齒間，是為心腎相交之兆，水火既濟之象。目先合而後開，平視前方，意馭念

頭，無我想無他想，處空寂淨
處之本然狀態（圖53）。

【功能】

無極式主要是採地陰之
氣，其色黃。吸氣時，念想黃
色之氣從地騰起，從手心勞宮
穴吸入，沿手臂內側緩緩採入
下丹田，手心微有麻涼感；呼
氣時，念想黃色之氣循原路至
手心勞宮穴向外排出，手心微
有熱脹感。

圖53

【歌訣】

　　無極起式合自然，水火既濟舌抵齒；
　　念從手心吐納氣，神氣相抱念導氣。

2. 上提式

第一式

雙掌由掌心朝下變為掌心
朝上，從體側會合於小腹前，
繼而上提至胸部之膻中穴，指
尖相對，掌心朝上；念想炁自
下丹田上提至膻中穴。目先合
而後開（圖54）。

第二式

轉平掌為豎立之虎爪掌，
上提至頭部兩側；念想炁自膻

圖54

圖 55

圖 56

中穴沿督脈上行，上提至頭部
神庭穴（位處額頭髮上 5 分部
位），目平視（圖 55）。

3. 旋轉式

第一式

以額頭上端入髮際 5 分部
位之神庭氣穴為支撐點，身體
軀幹為軸，以兩腳帶動而旋轉
之；右手擺動於體左前側；左
手擺動於體右後側；重心移向
右腳前掌，目視體左上側（圖 56）。

圖 57

第二式

身體呈順時針方向旋轉至面部朝上，左腳自右腳後偷
步右移一步；兩手斜擺於體側；目上視（圖 57）。

圖 58   圖 59

第三式

重心移向左腳，身體繼續按順時針方向旋轉至面部斜朝下；隨轉體，右手自體右側向體左側上方擺動；左手自體左側向體右側下方擺動（圖58）。

再使身體按順時針方向旋轉至面部朝下，右腳自左腳尖前向體右側橫移一步，返回於第一式，是為順向旋轉，逆向旋轉亦如是操作，惟方向相反。圖略。

4. 頭撞南牆式

【要領】

以神庭穴部位頻頻撞擊牆壁，由輕漸重。初習時每遍撞30下為度，行3遍。漸增至每遍撞300下。總以頭部能承受撞擊之力為要，緩緩從事，日增5下為度（圖59）。

【功能】

功成可於頭頂疊磚5塊，以鐵錘裂磚而頭頂完好無

恙。可使上丹田內「充盈。

【歌訣】

下丹田気向上提，向上貫入神庭穴；

或旋或撞須適度，気透神穴頭如鐵。

第八節　內外八段錦訓練法

一、內外八段錦概言

此功分外練與內練兩種，外練專練筋，內練為煉丹。外八段錦為站功，又名「千八鑽」「拔斷筋」，其名「千八鑽」之義，乃需習一千八百把之謂；其名「拔斷筋」之義，有將筋拉長以至於近乎拔斷的極大限度。究其旨在借此以增長內勁，而非將筋拔斷。拳諺所言：「筋長一寸，勁長千斤」是也。久習此功，可使骨節呈軟脫之狀，可使百病皆不上身。練法甚簡易，而其功效甚靈驗。言其簡易者，因其動作僅八式而不繁雜；言其靈驗者，因其於增長內勁有明顯之功效。因見效明顯，故誠之為散打運動員用以增長內勁之優良功夫。

內八段錦為坐功，乃打坐之後下盤之先必修之功課，是丹道功夫的輔助功。久習此功，可使耳聰目明、齒牢腎固，亦可除腦疾，且有補於內丹之早日煉成。

二、外八段錦

1. 起　式

　　兩手握拳，平置腰眼
處，即胯骨尖上之部位，拳
心朝上；目平視，是為起式
（圖1）。

2. 兩手托日月式

　　接上式。兩拳變掌，內
旋後向頭部上方托舉，兩掌
尖相對，先觀左掌，次觀右
掌，三觀兩掌間上方之天
空。因存想左掌托日，右掌
托月，故名（圖2）。

3. 前朱雀式

　　接起式。收回成起式。
先將左掌前伸，再內旋向體
左側向外抓拳後收回原處，
右掌亦如是操作（圖3）。

4. 左青龍右白虎式

　　接起式。左掌向體左側直伸，向外抓握成拳後收回原

圖1

圖2

圖3　　　　　　　　　圖4

處（即名之為左青龍式），
右掌亦如是操作（即名之為
右白虎式）（圖4）。

5. 後玄武式

接起式。先左拳變掌，
向體左後側平伸，向外抓握
成拳後收回原處，右掌亦如
是操作（圖5）。

6. 轉轆轤式

圖5

（1）接起式。左拳變
掌向前平伸，再內旋向體右側畫弧，隨身體前躬而達左腳
尖，掌心朝左（圖6）。

圖6   圖7

　（2）上動不停，左掌隨身體直起而外旋至掌心朝上，再抓握成拳收回於原處，右手亦如是操作（圖7）。

　註：兩膝不可彎曲。

7. 龍虎相交式

　由起式，兩拳向前平伸開掌，兩掌由仰掌外旋成覆掌，繼而兩掌於胸前交叉翻轉而上托之，再返回為起式（圖8）。

8. 收　式

　由起式，變拳為掌向下按壓，成覆掌；意存下丹田內，是為收式（圖9）。

圖8　　　　　　　　　　　圖9

三、內八段錦

1. 鳴天鼓

　　兩手掩耳，食指加中指
上而下彈之，輕彈之，一上
一下，如擊鼓然。習二十四
過，可癒腦疾，祛風濕，除
邪氣（圖10）。

2. 磨牙齒

　　以上下牙齒來回磨之，
凡十六過，即咽氣一口，習

圖10

七遍（圖11）。常習磨牙，可癒齒痛，並一生不患齒疾。因齒在唇內磨動之狀無法攝影，故啟唇露齒，以示齒磨動之狀。

圖11

3. 揉泥丸宮

一手掩百會（又名崑崙，居腦後枕骨之上），一手揉前頂（居頭之頂端，此穴之下即泥丸宮），或右手掩而左手揉，或左手掩而右手揉，各二十四過（圖12）。常揉泥丸可除腦疾。

4. 擦眼眉骨

以兩掌八指交叉，用兩拇指根部背面，自中間分往兩邊擦眼眶上端之眉骨二十四過（圖13）。常擦眉骨，可練眼之神光，永無目疾。

圖12

5. 擦脖根骨

一手按住前頂穴，另一手擦脖根骨，或右手按而左手擦，或左手按而右手擦，各二十四過（圖14）。

圖13

圖14

6. 擦　面

以兩手心相貼搓三十六
次，手心即熱；再以手心擦
面部，以兩手中指自鼻孔兩
側擦起，往上至額頭向兩旁
太陽穴分開，再往下循臉頰
擦而返回於鼻孔兩側。如是
兩手於面部各繞一圈，擦二
十四圈（圖15）。常擦
面，可使面色光潤，不起皺紋。

圖15

7. 拔耳毒

兩手掩耳，掩時輕，放開重，如拔罐然，可將耳中邪
氣熱毒悉皆拔出（圖16）。常拔耳毒，可使耳聰善聞。

圖 16   圖 17

8. 磨 背

先將拳背擦熱，繼而一邊握空拳循腰椎兩旁上下反擦腰背，一邊吐出體內濁氣數口，可將五穀毒氣吐出，此式亦名熬魚擺尾（圖17）。

第九節　大力神功訓練法

一、內實丹田　外示神勇
——大力神功之訓練原理

自然門武學，其理論即淵源於道家。「大力神功」是自然門武學的精華之一，是從不外傳的自然門上乘功法，其「內實丹田，外示神勇」之功法原理，與武當武術「厚

積薄發」之特點有異曲同工之妙。「大力神功」是集人體肩、臂、腰、腿之訓練於一爐，以意馭念——外採太陽紫氣、月光白氣、地陰黃氣以充實丹田，內帥丹田之氣以貫四肢，據此以增強肩、臂、腰、腿功力為主的一種功夫。自然門第四代傳人杜飛虎在《自然門與哲理》一文中言：「積蓄之能量越大，發出之功力越強。」換而言之，人體內在生命能量，大積則大用，小積則小用，不積則無用，此乃一定之理。自然門功夫講究的是「內實丹田，外示神勇」，而「大力神功」之訓練過程即體現了這八字原理。詳而究之，內實丹田，是為大積；外示神勇，是為大用。蓋丹田不實，神勇不顯；丹田充實，神勇自顯。

怎樣才能內實丹田呢？

大力神功主要是用以意馭念——外採外氣（太陽紫氣、月亮白氣、地陰黃氣）循經絡走向注入丹田，從而充實丹田，達到增強人體內在生命能量的目的。

究其原理，意為主宰，念為先行官，太陽紫氣、月亮白氣、地陰黃氣為隨從，黃龍滾身為輔助。

（一）意為主宰。意乃一身之主宰，生死之路頭，意是人體生命能量的總開關。因此，只要降伏此意，就能達到「天人合一」的境界。這一總開關，下轄六個小開關：眼、耳、鼻、舌、身、念是也。意一旦向外，就等於打開了人體生命能量之總開關，人之種種慾望亦因之而生。總開關一打開，六個小開關亦因之而開啟。目開以視外在物相，稱「觸相」；久視外在物相，稱「住相」；因久視外在物相而使光質氣散耗，俗言「久視傷血」是也。耳開久聞外在之聲而使腎炁散耗，蓋耳為腎之末。鼻開久嗅外在

氣味而使肺」散耗，蓋鼻為肺之梢。口開久說話而使聲質氣散耗，《道德經》所言「多言數窮，不知守中」是也。身染房事而使精、炁漏失，佛家所言「身漏」是也。

念開——念自黃庭起而向外，或動之於大腦中樞：連續目所視之物相而成想，變化目所視之物相而成思，即動之於思慮是也，如是則電質氣因思慮而散耗，如是則電質氣因發顯動作而散走於四肢百骸。反之，意一旦向內，就等於閉上了總開關，人之種種慾望亦因之而滅。總開關一閉上，六個小開關亦因之而閉上。目內視黃庭，不開視外在物相，稱「不觸相」；不久視外在物相，稱「不住相」，《金剛經》所言「應無所住而生其心」是也；目不外視，以養光質氣。耳不聞外在之聲，內凝以養腎炁。鼻不嗅外在氣味，勻息以養肺氣。口不說話，含津水以養聲質氣。身不染房事，獨處以存精炁。念處空寂淨慮之本然狀態，元神貫注於黃庭，或不動之於大腦中樞；不連續目所視之物相而成想，不變化目所視之物相而成思，即不動之於思慮是也。

換而言之，不著絲毫之人為思想，佛家所言「不著相」是也，俗語所言「省心」是也，「靜以養神」是也，如是則電質氣因念不著相而得以積存；或不動之於大腦中樞所轄之神經網絡，不作四肢百骸之動作，如是則電質氣因不發顯動作而得以積存於黃庭裡。因此，意之向內的路線，就是繫念黃庭、處寂不起的路線，就是積氣於黃庭的路線，就是日增心力的路線，就是修道者所走的真道路。

由此可以得出三點義理：其一，人之一身，理所當然，宜以意作主；其二，意必須將念調控在不著絲毫人為

思想的狀態中，故練功夫必須以元神行炁而不可有絲毫識神的介入。惟其如是，方可使電質炁存而不耗；其三，黃庭之位置，居於人體臍內之空處，介於人體中丹田（兩乳之間的膻中氣穴內）與下丹田（臍下三寸之關元穴內）之間，故黃庭內炁充實，則下可貫炁於下丹田，上可貫炁於中丹田，使中丹田與下丹田內炁充實。

（二）念為先行官，太陽紫氣、月亮白氣、地陰黃氣為隨從。念，又名「神」，是由泥丸穴內炁中之陰質與陽質交感而發顯之電流。此種電流，乃天然形成的，而非人為思想之介入而形成的，這就是自然門「自然而然」之內涵。誠所謂「陰陽之感，神乃自生」——此神即人體內之生物電流，亦名「先天神」，在無人為思想參與時，稱元神；因有人為思想的介入，而化為識神。蓋識神耗電，元神蓄電。又，就積蓄而言，念有牽引外氣進入人體以增強人體內在生命能量的功能，有採外氣（太陽紫氣、月亮白氣、地陰黃氣）於人體丹田之內以內實丹田的功能。

1. 採太陽紫氣。「大力神功」之三吸紫陽式，即在太陽初升、日頭當頂、夕陽西斜三個時辰訓練。其第二吸之運氣吞吐要點，即在用意馭念，將太陽紫氣從上托之兩掌心勞宮穴吸入，沿兩臂內側→左右肩井穴→會合於咽喉→循任脈下行→中丹田→下丹田。

2. 採月亮白氣。「大力神功」之九轉吸陰式，即在月亮當空時訓練。其第二吸之運氣吞吐要點，即在以意馭念，將月亮白氣從上托之兩掌心勞宮穴吸入，沿兩臂外側→咽喉→鵲橋→印堂穴→泥丸穴（上丹田）→玉枕穴→沿督脈下行至腰間→呈兩股氣流左右分開→帶脈→下丹田。

3. 採地陰黃氣。「大力神功」之九轉吸陰式，其第三吸之運氣吞吐要點，即在以意馭念，將地陰黃氣從足心湧泉穴吸入，沿腿外側→足三里穴→腰眼穴→左腳經帶脈往右環形進入下丹田；右腳經帶脈往左環形進入下丹田。

由上所述觀之，內實丹田之氣有二端：一是內炁，一是外氣，內炁是人體內由津液化來的帶光色的氣，其光人能看見，炁之流動，疾如電閃，人能覺察，可放出電波，形成磁場給人療病。此炁積存於黃庭內達到稠密程度之時，或摶之以結內丹，有結丹之功能；或提之即可將人體上托於空中，有托體臨空之功能；或向下以貫注下丹田，向上以貫注中丹田，有充實丹田內炁之功能。或以念帥黃庭內炁經丹田以貫注於肩、臂、腰、腿，並以口快速嗆聲吐氣為輔，即可將此一股電流之氣或發之於手心勞宮穴，或發之於足心湧泉穴，有出手起腿即帶電之技擊功能。

外氣是人體外的太陽紫氣，月亮白氣、地陰黃氣。紫氣為陽質之氣，白氣、黃氣為陰質之氣，以意馭念頭存想之亮點，將這兩股氣流從手心勞宮氣穴循人體經絡採入中丹田、下丹田內，並以口快速嗆聲吐氣（道家喻稱為「武火」）與鼻孔中速緩緩吸氣（道家喻為「文火」）為輔，即可形成生物電磁反應。採入丹田裡的外氣所含之陰質與陽質交感，即可化作一股強烈之生物電流，亦名「後天神」。此生物電磁反應一旦出現，即可將此股生物電流敷布於周身皮膚，形成不動念發功則罷，一動念發功即周身皮膚如裹電的技擊境界。如是內炁、外氣匯積於中丹田與下丹田內，則中丹田與下丹田內之生命能量即由生命低能量內炁向生命高能量內炁轉化。

內實丹田如上所述，怎樣才能外示神勇呢？

「大力神功」之內實丹田，以意馭念採外氣循經脈注入丹田，是以鼻孔中速吸氣為輔助來達成的。相對而言，「大力神功」之外示神勇——以意馭念帥丹田之「貫注肩、臂、腰、腿，則是以口嗆聲迅速吐氣為輔助來達成的。如「大力神功」之三吸紫陽式中之第二吸，當以意馭念將太陽紫氣吸至下丹田時，即改鼻吸氣為口吐氣，要以口嗆聲迅速將氣吐出，同時以意馭念——帥下丹田內之炁似閃電般向下直沖向足心湧泉穴，此即以念帥炁貫注下肢之情形。其以念帥炁貫注上肢之情形，如「大力神功」之三吸紫陽式中之第三吸，當以意馭念將太陽紫氣吸到下丹田時，即改鼻吸氣為口吐氣，亦要以口嗆聲迅速將氣吐出，同時以意馭念——帥下丹田內之炁似閃電般向上直沖向手心勞宮穴。

「大力神功」之外示神勇，除了以口嗆聲迅速吐氣作輔助外，還須結合黃龍滾身之輔助訓練。

如前所述，意之總開關一打開，則念之小開關亦因之而開啟，只不過功夫訓練所開啟的是動作開關而非思慮開關。動作開關的開啟，可使電質炁因發顯之動作而由丹田貫注於四肢動作部位，據此以達到勁透四肢、外壯四肢之功效。如黃龍滾身之第一式，鐵棒來回滾動於上臂與下臂之間，炁即貫注於上臂與下臂之間；如黃龍滾身之第二式，銅棒來回滾動於腰背大腿小腿之間，炁即貫注於腰背、大腿、小腿之間。銅棒滾壓之每一部位，內炁即於其所滾壓之每一部位抵抗之，內炁即於其所滾壓之每一部位貫注之。內炁所注入處，即內勁透達之處；內勁透達之

處，即功力增長之處。銅棒由輕漸重，功力亦由淺至深。

又，思慮開關的不可開啟，這是因為：思慮開關一旦開啟，念即處於消耗狀態，即耗電狀態，而練功夫卻是在蓄電狀態中進行的。惟其將思慮開關關閉——沒有絲毫人為思想的介入，方可行炁以練功。即慈受禪師所言「念念常空寂，日用有大力」是也。然而念又無自主性，須由意駕馭之。意有自主性，有覺察駕馭之功能。意能統帥精、神（又名念）、氣、血。炁本身是沒有方向性的，只是人們按自己的意來利用它，並為它的運動作出定向，才使它指向一定目標。意既可駕馭念——帥炁由黃庭以注入中丹田與下丹田內，以達炁實丹田之功效；可駕馭念——帥丹田內由外氣陰質與陽質交感而生之電流，或發之於手心勞宮穴，或發之於足心湧泉穴，以達出手起腿即帶電之功效；也可駕馭念——帥丹田內氣以貫注四肢，以達勁透四肢之功效。

由是觀之，以意馭念、以念採外氣、以念帥內氣以貫注四肢為特徵的「大力神功」，久久訓練，必可臻於意到、念到、勁到、電自到的收放自如的境界——收則藏炁於黃庭，放則出手起腿即帶電，布則周身皮膚如裹電流，與敵格鬥，沾著即將敵擊之丈外。

此功專練肩臂腰腿，內實丹田，外示神勇。

二、無極式

訓練之始，念處空寂淨慮之本然狀態，無我想，無他想，神注黃庭，目不外視，耳不聞聲，鼻息細勻，口若含物，四肢百骸不動作。立身中正，兩臂下垂，雙掌下覆，指

尖朝前。陰陽未判，一氣渾然，是為無極式。目先合而後開，體自靜而入動，即「無極而太極」之謂也（圖1）。

圖1

三、三吸紫陽功

此功宜在早晨太陽初升、正午日頭當頂、傍晚夕陽西斜三時訓練。

第一吸

第一式

此式於太陽初升時訓練。

接上式。背北面南，身體直立；兩手握拳於腰眼，拳心朝上，繼而提兩拳於左右腋下；出左腳，成左仆步；同時，右拳經胸前向左推至左肩前，拳心向左；左拳變仰掌，向體左側東方初升之太陽緩緩平伸；目視體左側（圖2）。

圖2

第二式

接上式。左掌緩緩抓握成拳；同時，以鼻緩緩吸氣，以意馭念頭存想之亮點將太陽紫色之氣從手心勞宮穴吸入；繼而屈左臂，使左拳與右拳相合於左肩前，兩拳心相

圖3

圖4

對；頭轉至正面，目平視正
前方（圖3）。

第三式

接上式。將左右合拳向
右、向上翻過頭頂落於右肩
前；同時，左仆步緩緩變成
右仆步；目平視正前方（圖
4）。

第四式

接上式。左拳變掌，豎
於右肩前；右拳變掌，下按

圖5

至右大腿前；同時，以口快速嗆聲吐氣，以意馭念頭存想
之亮點牽著一條紫色之氣閃電般沿體右側直沖向右足心；
目平視正前方（圖5）。

【運氣吞吐要點】

左掌抓攏之時，即以意馭念頭存想之亮點將太陽紫色之氣從左掌心勞宮穴吸入，沿左臂內側→左肩井穴→右肩井穴→體右側→右腿內側→右足心湧泉穴這一路線作游走訓練。

圖6

第二吸

第一式

此式於正午太陽高照之時訓練。接無極式。轉掌心向上成仰掌，提至胸前；目平視正前方（圖6）。

第二式

接上式。兩掌外翻，掌心仍朝上，上托至頭頂上方；足跟提起；同時，以意馭念頭存想之亮點將兩個紫色氣團吸在兩掌心上；目上視（圖7）。

第三式

接上式。轉掌心朝正前方，十指尖朝上，兩掌心吸著紫色氣團下落至小腹前；同時，身體下蹲成馬步；目平視正前方（圖8）。

圖7

圖8　　　　　　　　　　　圖9

第四式

接上式。轉掌心朝上，成仰掌，兩掌心捧著紫色氣團向正前方平伸；目平視正前方（圖9）。

第五式

接上式。屈兩臂，掌心朝裡；目平視正前方（圖10）。

第六式

接上式。兩掌轉掌心朝

圖10

裡為朝外，收兩掌於胸前，復向正前方平推；目平視正前方（圖11）。

第七式

接上式。兩手十指抓攏成拳，轉拳心朝上；於收拳至

圖11

圖12

腰際的同時，以口快速嗆聲吐氣，同時以意馭念頭存想之亮點牽著一條紫色之氣，閃電般直沖向兩足心湧泉穴（圖12）。

【運氣吞吐要點】

以意馭念頭存想之亮點將兩條紫色之氣從兩掌心吸入，沿兩臂內側→左右肩井穴→會合於咽喉→循任脈下行至小腹內→經帶脈左右分開→左右足三里穴→直沖向兩足心湧泉穴這一條路線作游走訓練。

第三吸

此式於夕陽西斜時訓練，訓練要領及運氣吞吐要點與第一式相同，惟方向相反，仍面南背北，變左肩側對東方為左肩側對西方。圖略。

圖 13

圖 14

四、九轉吸陰功

選擇月亮高掛之夜晚訓練，無月亮時可在室內訓練，以子時行功為佳。功分三吸，每吸三轉，合為九轉。

第一吸

第一式

接無極式。右手向體右後側畫弧，左手下垂體側；同時自鼻孔緩緩吸氣；目平視體右後側（圖13）。

第二式

接上式。右手屈臂至右肩前變作立掌，掌心朝前，緩緩向正前方平推；左手握拳於腰際；目平視正前方（圖14）。

圖 15

圖 16

第三式

接上式。右掌變拳，收回於腰際，拳心朝上；左拳不動；目平視正前方（圖15）。

第四式

接上式。左手由拳變掌，向體左後側畫弧，右拳不動；目平視體左後側（圖16）。

圖 17

第五式

接上式。左手屈臂至左肩前變作立掌，掌心朝前，緩緩向正前方平推；右拳不動；目平視正前方（圖17）。

第六式

接上式。左掌變拳收回於腰際，拳心朝上；右拳不

圖18

圖19

動；目平視正前方（圖
18）。

第七式

接上式。將腰側兩拳變
掌，掌心朝上，成仰掌，向
正前方平伸；目平視正前方
（圖19）。

第八式

接上式。屈兩臂，兩手
抓握成拳，拳心朝裡；目平
視正前方（圖20）。

圖20

第九式

接上式。兩拳變立掌，轉掌心朝前，收兩掌於胸前，
再緩緩向前平推；同時以口快速嗆聲吐氣，目平視正前方
（圖21）。

圖 21　　　　　　　　　　　　圖 22

【運氣吞吐要點】

右手向體右後側畫弧時，以鼻緩緩吸氣，以意馭念頭存想之亮點牽引月亮白色之氣從右掌心吸入，沿右臂內側→右肩井穴；左手亦如是存想。

兩手平伸時，以意馭念頭存想之亮點牽引月亮白色之氣從兩掌心吸入，沿兩臂內側→左右肩井穴；兩掌推出時，以意馭念頭存想之亮點牽引兩條白色之氣從左右肩井穴閃電般直沖向兩掌心勞宮穴。

第二吸

第一式

接無極式。兩手從腰側上提。交叉於胸前，掌心朝裡；同時自鼻孔緩緩吸氣；目平視正前方（圖 22）。

第二式

接上式。兩腳跟離地提起；兩手翻掌向頭頂上方交叉

圖23

圖24

上托；目上視（圖23）。

第三式

接上式。兩手左右分
開，向兩旁畫弧至側平伸；
足跟落下；目平視正前方
（圖24）。

第四式

接上式。身體前躬，成
打躬式；兩手繼續向下畫弧
至掌背貼地，掌心朝上，十
指指尖相對；目下視（圖
25）。

圖25

第五式

接上式。上身慢慢直起；兩手緩緩上提至胸前，掌心

圖 26

圖 27

朝上；目平視正前方（圖
26）。

第六式

接上式。身體右轉；兩掌
分別從左右腋向身後下插；目
視體右後方（圖27）。

第七式

接上式。身體左轉返回於
正前方；兩手自身後經體兩側
向正前方畫弧，合掌於咽喉
前；目平視正前方（圖28）。

圖 28

第八式

接上式。身體左轉；兩掌分別從左右腋向身後下插；
目視體左後方（圖29）。

圖 29　　　　　　　　圖 30

第九式

接上式。身體右轉返回於正前方，同時，左腳旁開半步，身體下蹲成馬步；兩手自身後經體兩側向正前方畫弧，合掌於小腹前，同時以口快嗆聲吐氣；目平視正前方（圖30）。

【運氣吞吐要點】

兩掌向頭頂上方交叉上托時，以意馭念頭存想之亮點將月亮白色之氣從兩掌心吸入，沿兩臂外側→會合於咽喉→上循百會→下行玉枕→至腰間帶脈分兩股氣流進入下丹田→沿兩腿內側閃電般直沖向兩足心湧泉穴。

第三吸

A.

第一式

接無極式。兩手分別以大拇指、食指、中指撐地，成

俯臥撐式；搏身後縮，臀部拱起，同時自鼻孔緩緩吸氣；目下視（圖31）。

圖31

第二式

接上式。屈兩臂，身體下伏，胸部貼近地面，俯身至極限；目下視（圖32）。

圖32

第三式

接上式。兩臂上撐，頭向正前上方抬起；同時以口快速嗆聲吐氣；目平視正前方（圖33）。

註：上述三個動作，須連貫一氣，切勿拖泥帶水，反覆訓練。

圖33

【運氣吞吐要點】

吸氣時，以意馭念頭存想之亮點將地陰黃色之氣從兩

手拇指、食指、中指吸入，沿手臂內側→左右肩井穴→會
合於膻中穴→下循至下丹田；吐氣時，以意馭念頭存想之
亮點自下丹田過會陰→督脈→陶道穴→左右肩井穴→沿手
臂內側閃電般直沖向兩手拇指、食指、中指指端。

B．

第一式

左手在外，右手在內，
成青龍抱背手法（即虎爪掌
之立起者）；以右腳立地支
撐全身，左腿前伸，左腳盡
量抬高，與腰平行，足尖先
順向後逆向繞圓畫圈各 10
轉；目平視正前方（圖
34）。

圖 34

第二式

接上式。右腿緩緩屈膝
下蹲，左腿仍伸直不動，目
視左腳尖（圖 35）。

註：上述兩個動作，於
繞圓畫圈後，先以左腳支撐
一蹲一起，反覆訓練 10
次。復換右腳支撐，亦如是
操作。

【運氣吞吐要點】

立起時吸氣，下蹲時呼
氣。吸氣時，以意馭念頭存

圖 35

想之亮點將地陰黃色之氣從足心吸入，左腳沿腿內側經帶脈往右進入下丹田，右腳沿腿內側經帶脈往左進入下丹田；呼氣時，以意馭念頭存想之亮點將地陰黃色之氣自下丹田沿腿內側緩緩逼向兩足心湧泉穴。

五、托天提地功

第一式

接無極式。左腳橫開半步，矮襠，成馬步；兩手如抱球狀相抱於體前，右掌心朝下，左掌心朝上；目平視正前方（圖36）。

圖 36

第二式

接上式。右掌向外翻掌，掌心斜朝上，緩緩上托至體右前上方；相應左掌翻掌心朝下，下按至體左側；同時，以鼻緩緩吸氣，目上視右掌（圖37）。

第三式

接上式。還原為抱球式，繼而換右掌心朝上，左掌心朝下，仍為抱球式；目平視正前方（圖38）。

圖 37

圖38   圖39

第四式

接上式。左掌向外翻掌，掌心斜朝上，緩緩上托至體左前上方；相應右掌翻掌心朝下，下按至體右側；同時以鼻緩緩吸氣，目上視左掌（圖39）。

第五式

接上式。還原為第三式之抱球式；同時以口快速嗆聲吐氣。目平視正前方。圖略。

【運氣吞吐要點】

右手上托至體右前上方，以意馭念頭存想之亮點將天陽蔚藍色氣從右掌心吸入，沿右臂內側→玉枕穴→循督脈下行→會陰穴→下丹田；左手下按至體左側，以意馭念頭存想之亮點將地陰黃色之氣從左掌心吸入，沿左臂內側→耳門穴→百會穴→鵲橋→咽喉→下行至下丹田。兩股氣流，一上一下，會合於下丹田內，如太極球一般，滾動不已。

<table>
<tr><td>圖 40</td><td>圖 41</td></tr>
</table>

圖 40　　　　　　　　　圖 41

六、黃龍滾身

備鐵棒一根，較輕；銅棒一根，較重。輕者用於單臂舞花訓練，重者用於雙臂舞花訓練。

1.單手舞花

第一式

身體右轉；隨轉體，左手執鐵棒向體右前下方畫弧，右手擺於體後；目視鐵棒上端（以虎口所對之方向為上端，反之為下端）（圖40）。

第二式

接上式。左手執鐵棒，轉腕向體右前上方畫弧；右手位置不變；目視鐵棒上端（圖41）。

第三式

接上式。身體左轉；隨轉體，左手執鐵棒，翻腕向體左前下側畫弧；目視鐵棒上端（圖42）。

第四式

接上式。左手執鐵棒，翻腕向體左前上方畫弧；目視鐵棒上端（圖43）。

註：上述四個動作為左手舞花一次，如是一右側一左側呈「∞」形路線，反覆訓練；右手舞花亦如是操作。

2. 滾　臂

第一式

兩臂平伸，將鐵棒橫置於兩臂之上，兩手上抬時，掌心朝上，鐵棒借勢沿手臂滾動至兩肩處；目平視正前方（圖44）。

第二式

接上式。兩手下俯時，掌心朝正前方，成豎掌，鐵棒借勢沿手臂滾動至腕背處；目平視正前方（圖45）。

圖 42

圖 43

圖44

圖45

3. 滾小腿背部

第一式

將鐵棒中段橫放於搭在平臺上之小腿上，以兩掌壓住鐵棒之兩邊，使鐵棒自腳腕背沿小腿背部往回滾動至膝蓋骨前；目視鐵棒（圖46）。

第二式

接上式。兩掌推動鐵棒，自膝蓋骨前沿小腿背部

圖46

往前滾動至腳腕背；目視鐵棒（圖47）。

註：上述兩個動作，一往回一往前，做來回反覆的滾動訓練。先訓練左小腿，後訓練右小腿。

圖 47

圖 48

4. 滾大腿背部

第一式

將鐵棒中段橫放於搭在平臺上之大腿上，以兩掌壓住鐵棒之兩邊，使鐵棒自近膝蓋骨處沿大腿背部往回滾動至髖骨前；目視鐵棒（圖48）。

第二式

接上式。兩掌推動鐵棒，自髖骨前沿大腿背部往前滾動至近膝蓋骨處；目視鐵棒（圖49）。

註：上述兩個動作，一往回一往前，做來回反覆的滾

圖 49

圖 50　　　　　　　　圖 51

動訓練。先訓練左大腿，後訓練右大腿。

5. 挑　棒

第一式

將鐵棒上段置於左腳腕背上，以右手穩住鐵棒末端；右腿屈膝下蹲；目視左腳腕背部（圖50）。

第二式

接上式。右腿直立而起，左腳借勢將鐵棒向上挑起；目視左腳腕背部（圖51）。

註：上述兩個動作，一下蹲，一立起，做反覆訓練。先做左腳挑棒訓練，後做右腳挑棒訓練。

6. 雙手舞花

第一式

左向舞花（圖52）。

圖 52

圖 53

第二式

右向舞花（圖53）。

註：上述兩個動作，循「∞」形路線做反覆訓練。

7. 滾腰背

第一式

右手執銅棒下端，扛銅棒於右肩上；目視體右側（圖54）。

圖 54

第二式

接上式。身體向體右側傾，頭左轉；右手借勢將銅棒下端移至頭上方；目視體左前下側（圖55）。

第三式

接上式。右手執銅棒下端，從體前翻至腦後，扛於右

圖 55

圖 56

肩上；身體右轉，復以左手
執銅棒下端，將銅棒從右肩
移至左肩，目視正前方（圖
56）。

第四式

接上式。身體左轉，並
向體左側傾，頭右轉；左手
借勢將銅棒下端移至頭上
方；目視體右前下側（圖
57）。

圖 57

第五式

接上式。右腿下蹲，成左仆步；右手穩住銅棒下端，
緩緩將銅棒從腰背滾動至左腿上；目視體左前下側（圖
58）。

圖 58

圖 59

第六式

接上式。右手執銅棒下端，從腦後翻至體前，又以左手前臂將銅棒上端挑起；目視銅棒上端（圖59）。

第七式

接上式。左腿下蹲，成右仆步；左手穩住銅棒上端，緩緩將銅棒從腰背滾動至右腿上；目視體右前下側（圖60）。

圖 60

註：上述七式，一至三式為左向滾腰背，五至七式為右向滾腰背，第四式為過渡式。七個式子，一左一右，反覆訓練。

第十節　內外護體功訓練法

一、內外護體功概言

　　此功以採外補內為主要特徵，是訓練者在經過小腹功、矮襠走圈功、四步功、大力神功之長期性、階段性訓練基礎上，為使訓練既獲功力能夠穩固增長、不致衰減退化而創設的一種高一層次的功夫，是訓練者在下、中、上三丹田內氣已經充實，大小周天已經開通之根基上，具備了採攝自然界空氣中之有益於生命的各種高能量之氣元素以充實人體內在生命能量的功能條件之下進一步修練的功夫。主要是經過結手訣的修練，將宇宙高能量大氣沿手訣循十二經絡採入上丹田。

　　護體功成，其發功則周身皮膚可以迅速敷布生物電流，與敵交手，任其從各個方位擊來，只要一沾著皮膚，即可使其受到強大電流之擊打而倒之於丈外。達此，亦即達武術追求之最高境界——將人之體能推到最高限度。

　　此功分站樁與打坐兩種。

二、站　　椿

第一式　內氣通心

面向東方，兩腳與肩同寬。屈膝沉臀，頭頂項豎；右

圖1

圖2

手成鈎手，指向前方，略高於肩；左手成鈎手，指向肩井穴，與耳同高；目平視正前方（圖1）。

第二式　左右勾手

（1）接上式。右腳向體右側邁半步，同時身體右轉；右鈎手食指尖仍指向前方；左鈎手向右推至右腋下；目平視前方（圖2）。

圖3

（2）上動不停。左腳向體左側邁半步，同時身體左轉；兩鈎手左上右下向體左側畫弧，左鈎手食指尖指向前方；右鈎手畫弧至左肘旁；目瞪視前方（圖3）。

圖4　　　　　　　　　圖5

第三式　鬼頭探腦

（1）接上式。身體右轉，左腳向前邁半步；左鈎手變鬼頭手，向前半伸，右鈎手變鬼頭手，向左肘下緩緩推出；目瞪視前方（圖4）。

（2）上動不停。身體左轉，右腿稍向下蹲，左腳借轉體之勢向體左側橫開半步；右手緩緩向體右前下側轉動；左手緩緩向右胸前浮動；目瞪視體右側（圖5）。

三、坐　式

第一式　沉香推山

（1）雙腿盤坐，兩手舉頭，左掌心貼太陽穴，右掌心貼右臉頰，目視初升之太陽（圖6）。

圖6　　　　　　　　　　圖7

（2）上動不停。向前探身；同時，兩掌內旋至掌心朝上，指尖相對，下移至足尖前，如同捧水之狀，將地陰之氣捧至胸前；同時，身體直起，兩掌內旋至掌心朝左，用暗勁向體左側緩緩推出。

（3）上動不停。復向前探身；同時，兩掌外旋至掌心朝上，指尖相對，下移至足尖前，如同捧水之狀，將地陰之氣捧至胸前；同時，身體直起，兩掌內旋至掌心朝右，用暗勁向體右側緩緩維出。

【要領】

此式要求動作連貫，柔中含剛。兩手移動要有較大的內含之力，兩臂有力的屈伸，加大了呼吸的深度。

【功理】

兩手捧地陰之氣至胸部膻中穴，使外氣內注，手掌的旋轉與緩推，使經絡內氣加速運行，推動手三陽經、手三陰經內氣的暢通，沖擊手心勞宮穴，有效地增強內氣外發、外氣內收之功能。而且轉動腰部，可以牽動脊椎及腰

腹肌肉，蠕動內臟，有助於氣血運行。

第二式　龍騰九霄

（1）接上式。右掌上托至頭頂上方，掌心朝天，以採攝天陽之氣；左掌置背脊心部位，掌心朝外（圖7）。

（2）有意扭動身軀，扭得似風中楊柳，搖搖擺擺，飄飄灑灑。

（3）存想自己似金龍一條，或騰雲上天，或潛隱於海，或駕霧盤旋，或翻雲覆雨，或出日入月，金光四射，變化莫測，一式化五，五化無窮。仿龍運動，威武神通。

【要領】

此式在扭動軀體時，手、足、身軀要配合協調，隨意而扭，隨心而舞，隨己發揮，不受常規動作之拘束。究其要訣，在扭出舞出發揮出「人在氣中，氣在人中」之氣感。

【功理】

龍是傳說中的靈物，仿龍運動不僅可以祛病強身，而且可以激發神通功能。當幅度舞大時，手要略帶暗勁，使內氣徹底貫注流動於頭、頸、腰、腿、肩、臂、指掌中。若出現「靈動」超常現象，則不要控制，只意存下丹田即可，順任自然，怎麼舒服就怎麼舞，才能最大限度地溝通宇宙高能量，迅速增長功力。

第三式　自然貫頂

（1）接上式。右掌背貼額頭處，掌心朝東；左掌心貼左太陽穴部位。目視東方初升之太陽（圖8）。

（2）以念頭牽引太陽紫氣從右掌心勞宮穴吸入，循右

圖8　　　　　　　　　　　圖9

手臂內側進入胸窩內之中丹田，存想採入中丹田內的紫氣，逐漸摶成一個紫色氣球。

（3）存想天空發出白光一道射入頭頂百會，並與中丹田內之紫色氣球相接。

【要領】

當念頭存想中丹田內之紫色氣球將天空中的一道白光自頭頂百會穴吸入時，就會產生細微的氣流入感。

【功理】

百會穴又叫「天門」，在上乘功夫中極為重要。因此穴一開，宇宙中之氣元素、氣能量即可由此而向下灌注於上、中、下三丹田內，以增強人體生命能量，並可益智強心，激發內視、透視等特異功能。

第四式　三光注體

（1）接上式。頭向左轉，以右掌撫後腦，左掌背貼背脊心部位（圖9）。復將頭右轉至正面，面向東方，當胸

合掌，雙目圓睜，凝視初升之太陽，候太陽發出之光由刺目變為柔和悅目——望太陽如一白紙剪成的圓形，日光由紅色變為白色，即存想太陽之白氣由天目穴（印堂穴稍上微凹處），吸氣，將白氣納入口中，呼氣，將白氣與口中津水一起如鯁吞入腹中。並存想上丹田發出一團白光。反覆訓練，共練九遍。

（2）月夜當空之時，當胸合掌。抬頭觀月片刻，存想月亮自天空降下，以口承而吞入中丹田內，有清涼之感，並存想中丹田發出一團白光。反覆訓練。共練九遍。

（3）群星燦爛之夜，面向北斗之星，當胸合掌，存想北斗七星（又名天罡）之白光自天空而降，由周身毛孔吸入體內，並向下丹田搏聚，並存想下丹田發出一團白光。

【要領】

此式採日精法宜在太陽初升或將落時訓練，切勿在日光強烈時訓練，以防損傷視力。若無日月星辰時，可存想日月星辰當空顯現而練之。

【功理】

採日精可壯陽補身，驅除體內寒氣；納月華可滋陰補身，平息體內心火；吸天罡之氣，可增人體能量。概言之，採攝三光之氣，可使人體氣血暢達，陰陽平衡。

第五式　自然寶鏡

（1）接上式。兩掌背緊貼腎臟部位，掌心朝外，目視東方初升之太陽（圖10）。

（2）將兩掌拇指、食指相接成一個圓，掌心朝外，成「寶鏡訣」。舉至天目穴前，存想太陽紫氣經手訣進入天

図 10　　　　　　　　図 11

目穴，並直沖玉枕穴（人體仰臥時後腦著枕部位），以太
陽紫氣摶成之氣團在天目、玉枕間來回沖擊震蕩九次。

（3）將「寶鏡訣」向下按壓至胸窩前，掌心轉向下，
存想太陽紫氣團穿出天目穴，並駐留在天目穴前，與手訣
中之氣團上下輝映，並存想天目穴前之紫色氣團向下降入
手訣之中，收於胸窩中丹田之內。

【要領】

存想紫色氣團在天目穴與玉枕穴之間來回沖擊，如同乒
乓球在兩球拍之間受拍反彈之狀，兩個穴位有細微之動感。

【功理】

天目一穴在人體之內，是潛能納氣之部位。開通此
穴，可以提高內氣外發、外氣內收之功能，而且可以增強
小周天內氣的運轉功能。

　第六式　萬象之神

（1）左掌撫後頸，右掌背緊貼右腎部位；目視東方初

升之太陽（圖 11）。

（2）兩掌拇指與食指分開，呈「八」字形，左手指天，右手指地，成護體訣。繼而，用右護體訣在眼前來回柔緩地畫動，每畫動一次即回憶一個美好景觀，或江河湖海，或花草樹木等，直至回憶不出來為止。

（3）存想自己似一棵沙漠裡的大榕樹，鬱鬱蔥蔥，遮天蔽日，引來眾多長途跋涉之行人乘涼其下，以躲避炎熱的太陽之炙曬。

（4）存想自己似高山上的一株鬆柏，聳入雲端，接受雨露、大地的滋潤，感到無比的清涼。

【要領】

護體訣左手指天右手指地，可採天陽、地陰之能量，循左臂外側之手三陽經脈與右臂內側之手三陰經脈匯聚於中丹田內，形成高能量。

【功理】

護體訣是實現「天人合一」境界的一條捷徑，也是提高念力的必由之路。久練能使人之念力充沛，產生臨空而動、飄飄欲仙之感。由於存想之物象均是美好、純潔的景觀，故可由此以驅除大腦中存留的不良信息。以右護體訣的輕柔畫動來作為大腦回憶美好景觀的助力，有益於採攝宇宙中的高能量之各種氣元素，可收開慧益智之效。

第七式　紫氣通心

（1）兩手在胸前結「天人合一」罡訣，即將兩手握拳，張開拇指與食指成「八」字形，食指或指向天空，或指向初升之太陽，或指向將落之太陽，其餘三指仍彎抵拳

心，將兩拳合併（圖12）。

（2）存想罡訣發出重重
紅光，從食指端射向雲霄，高
徹宇宙。太陽發出絲絲紫氣，
直射罡訣，自罡訣之食指而
入，循手陽明大腸經採入下丹
田與中丹田之間的腹內空
處——黃庭，以增強黃庭內煉
出的內丹能量。

圖12

　　修道者到一定層次，以目
觀初升之朝陽，或西斜之夕陽，觀望片刻而將目光移向蔚
藍色之天空，即可望到一顆如黃豆大的多色光環，光環呈
圈狀。由內到外為黃、紅、紫、綠，須臾，此一光環化作
一團稍大之紫色光團，隨視線之移動而移動。又，紫氣是
一種太陽光能，是一種高能量，故採紫氣於黃庭，即可使
心力倍增。

【要領】

　　食指與拇指之間要有張力，採紫氣時，食指指端會發
熱發脹，兩臂外側之手陽明大腸經有內氣流動、顫動感，
臍內空處偶爾會有發熱、發光、發聲之現象。

【功理】

　　罡訣採氣，如同收音機、電視機之裝上天線，可以溝
通電磁波以接收空中信息。同理，人體架起「罡訣」，就
可以溝通太陽發出的紫氣，採攝紫氣以增人體生命能量，
這正是實現「天人合一」境界的捷徑之一，久練此式，可
收內氣外發，外氣內採之功效。

第八式　收功歸元

（1）接上式。兩掌左上右下置背脊處，左掌背貼背脊心，右掌背貼雙腎部位；目視東方初升之太陽（圖13）。

圖13

（2）上動不停。兩掌向體左右兩側分開，繼由體兩側向上捧氣至頭頂上方，掌心斜朝下方之頭頂，指尖相對，將氣貫注於百會穴。再兩掌向下按壓至肚臍前，將氣從百會穴循任脈向下導入臍內空處之黃庭部位。

（3）上動不停。兩手握拳，作意下坐，功畢。

【要領】

兩掌背左上右下緊貼背部，以念導引，將下丹田內炁逼過會陰穴循督脈上騰至頭頂百會穴，督脈有明顯之暖流上行之感；兩掌捧氣灌頂，復下按至肚臍前，以念導引，將氣從百會穴下壓循任脈下行至黃庭內，臍內空處覺有一團熱流在旋轉不已。

【功理】

黃庭實乃是人體生命能量匯聚儲存之根本部位，是摶炁結丹之根本部位，故以念導氣歸於黃庭，即是「返本還元」，對穩固長功至關緊要。

第十一節 道 功

一、道功概言

自然門淵源於道家，故作為道家丹士的內丹修練歷來是自然門傳人必修的功課之一。

修道的手段主要是內丹術。古代道教中的煉丹派，於宋元時期形成了一套煉丹法，期望從自己體內煉出「丹」來，故稱其功法為「內丹法」。

內丹術是道士借用外丹（鉛汞燒煉之物）的燒煉原理來內練人體精氣神的生命修練術。內丹術以性能量為開發對象，以關元氣穴（下丹田）為第一開發區域，在此區域練精化炁，開發出生命低能量內炁。以兩乳間胸窩膻中氣穴（中丹田）為第二開發區域，在此區域練津化炁，開發出生命高能量內炁。以泥丸宮（上丹田）為第三開發區域，在此區域凝炁結津，開發出生命高能量內炁所必需的原材料津水。亦在此區域練神還虛——念處空寂淨慮之本然狀態，將元神之耗散控制在最低限度，從而最大限度地開發出念頭電流與元神神火。以黃庭這一人體臍內空處之氣層體作為第四開發區域，在此區域積炁搏炁以結內丹，開發出生命高能量內炁濃縮物。以陰蹻氣穴為第五開發區域，在此區域聚炁沖開此陰蹻氣穴以開通陰蹻氣脈，開發出、訓練出速快絕倫的自然門下盤功夫。

元代內丹家陳致虛在《金丹大要》一文中提出了「精

氣神……三物交感，順則生人，逆則成丹」的思想，這一思想是對宋元陳摶「無極而太極」的生成圖式思想的繼承。「無極而太極」的生成圖式認為：由無極（將念頭作無他想的極限發揮，使常處空寂淨慮之本然狀態中）的修練可結出一粒高能量的內丹（又名「太極」）。逆則成丹的化生圖式認為：由無極的修練，將精、氣、神三要素化為炁、神二要素，又將炁、神二要素化為一粒內丹。與老子《道德經》「道生一、一生二、二生三，三生萬物」的說法相反，這裡是由三返二，由二返一，由一還虛，以合道體之無極。換而言之，由搏炁結丹而返還於練神還虛，或言之，由太極而返還於無極。

周敦頤言「無極而太極」，即由無極的修練達到太極的境界——搏炁結丹的境界。內丹結成，又由太極而無極，即由搏炁結丹返還於練神還虛，返還於無極，以還虛、無極的修練方式，以念處空寂淨慮之本然狀態的修練方式，使搏炁結成之內丹這一人體生命高能量核保持充盈的狀態而不耗散。

由此觀之，無極的修練方式分兩個階段：第一階段是無極而太極，其修練目標是搏炁以結丹。第二階段是太極而無極，其修練目標是鞏固內丹，使之充盈而不耗散。在道家稱「內丹」，在佛家稱「舍利子」，在儒家稱「太極」。說法不同，其實則一，都是指由意駕馭念神搏炁而結成的高度濃縮的生命高能量核。

如近代內丹家趙避塵在《性命法訣明旨》一文中言：「了然、了空禪師傳我時曰：『將十步閉精氣，練得精囊內元精，團成舍利子。』」內丹修練法，內丹北宗之祖王

重陽在《五篇靈文注》一文中作了詳盡闡述：「這先天一氣，藥從外來，依形而生。採取之法，只是忘情忘形，委志虛無，一念不生，靜中至寂，忽然元光自發，不內不外之間，若有一物，或明或暗，乃玄珠成象。」這段話強調了無極（念處空寂淨慮之本然狀態中）的重要性。王重陽弟子馬珏在《重陽真人語錄》一文中言：「學道者無他務，養氣（『炁』——作者注）而已。心液（『元神』——作者注）下降，腎氣（『炁』——作者注）上升，至於脾（『黃庭』——作者注），元氣（『炁』——作者注）氤氳不散，則丹聚也。」這段話則強調了丹是由元神神火練精化炁、凝炁結津、練津化炁於黃庭內積炁搏炁結成的。更重要的是，強調了學道的第一要義是養炁，是積炁黃庭。

二、修道究竟以何為本？

意為根本。意怎麼會是修道的根本？這是因為「人身之中，精、氣、血、神不能自主，悉聽於意，意行則行，意止則止」（達摩著《易筋經·內壯論》）。由此觀之，意具有自主性，意能統帥精、神、炁、血。炁沒有自主性，在人體內是散走的。炁本身是沒有方向性的，只是人們按自己的意來利用它，並為它的運動作出定向，才使它指向一定目標。因此，炁雖然重要，但更重要的是能為炁作出正確定向的意。

什麼是定向呢？炁沿一定的路線流走，這一定路線的指向就是定向。譬如球體旋轉時即產生一種向著球心的向

心力。同理，用意駕馭體內散走的炁向著黃庭這一人體臍內空處之氣層體做球體般旋轉運動，炁在旋轉時也同樣產生一種向著人體上下左右之正中心——黃庭氣層體的向心力，由於這種向心力，使體內易於散走流失的炁得以貫注摶聚於黃庭裡，得以在黃庭裡積存起來。這種將炁積存於黃庭的修練，在道家稱之為「摶炁」，而這一摶炁路線，就是「神入氣穴，常注黃庭」的路線，就是積炁的路線。正因為是積炁路線，所以這一路線的從體內四面八方朝著黃庭這一人體上下左右之正中心作出的指向，就是意為炁作出的正確定向。而炁是人體內的高能量的生命能量流。

由此可見，有了這一正確定向，炁就得以積存，有限的生命就得以延長，沒有這一正確定向，加之炁本身的無自主性，在人體內是散走的，因散走，故易流失；因流失，故有限的生命不但延長不了，反而縮減。由此可見，積炁對於生命的長壽是十分重要的。

那為什麼指向黃庭是意為炁作出的正確定向呢？這是因為，人體內空隙處最大的部位是處在肚臍與命門之間的臍內空處，務成子稱之為「黃庭」，又因黃庭是處於中丹田（兩乳之間的膻中氣穴）與下丹田（臍下三寸處的關元氣穴）之間，位於人體正中心的一個氣層體，故筆者稱之為「心核」。因這一氣層體可以多積炁，故指向黃庭理應是意為炁作出的正確定向。

李道純在《中和集》一文中言「學神仙法，不必多為，但練精、氣、神三寶為丹頭，三寶會於中宮，金丹成矣」。就是說，積炁最適合的部位是在中宮——黃庭是也。而精、氣、神這三種生命要素又是煉丹的藥物。精可

化炁，炁可凝津，津可化炁，炁可結丹。「炁」是道家所造的先天氣的專用字，指先天虛無中的真火、真陽、真氣。道家喻炁為鉛，喻神為汞，鉛汞同煉，以元神搏炁，就是煉丹。又，炁是命，神是性，故煉丹又稱性命雙修；內丹學，又稱性命之學。

積炁以黃庭為最合適的部位，而積炁的關鍵是帥炁而動的元神。因念（神）為先行官，炁為隨從，所以念神走向哪裡，炁亦跟至哪裡，念神走至牆壁，而炁亦跟至牆壁；念神走至黃庭，炁亦跟至黃庭；念神外馳則炁亦向外散走流失；念神注於黃庭裡，則炁得以在黃庭裡積存起來。

由此可見，念頭常外馳用於人為之思慮，元神常離黃庭，則無積炁之望；念頭常處空寂淨慮之本然狀態，元神常注黃庭，則有積炁之望。故能於每天打坐之時，將目光視入黃庭，元神注入黃庭，這在佛家稱「觀自在」。

明白這一點是十分重要的，明白這一點就是悟道。悟的什麼道？長生久視之道。因神常注入黃庭而積存之炁多，因積存之炁多而生命得以延長，故又稱長生之道；因目常視入黃庭而積存之光質炁多，因積存之光質炁多而可長久保持良好之眼力，故又稱久視之道。

意乃一身之主宰，生死之路頭。意是積炁與散炁的總開關。由此，只要降伏此意，就能達到「天人合一」之境界！這一總開關，下轄六個小開關：眼、耳、鼻、舌、身、念。意一旦向外，就等於打開了人體生命能量之總開關——人之種種慾望亦因之而生！總開關一打開，六個小開關亦因之而開啟。

目開以視外在物相，稱「觸相」；久視外在物相，稱「住相」；因久視外在物相而使光質炁散耗，俗言「久視傷血」是也。耳開久聞外在之聲而使腎炁散耗，蓋耳為腎之末。鼻開久嗅外在氣味而使肺炁散耗，蓋鼻為肺之梢。口開久說話而使聲質炁散耗，《道德經》所言「多言數窮，不如守中」是也。身開染房事而使精炁漏失，佛家所言「身漏」是也。念開──念自空寂淨慮之本然狀態起而外馳，或動之於大腦中樞，連續目所視之物相而成想，變化組合目所視之物相而成思，即動之於人為之思慮是也；如是則電質炁因思慮而耗散，或動之於大腦中樞所轄之神經網絡──駕馭四肢百骸而動作，如是則電質炁因發顯之動作而散走於四肢百骸。

反之，意一旦向內，就等於閉上了總開關，人之種種慾望亦因之而滅！總開關一閉上，六個小開關亦因之而閉上。目內視黃庭──不開視外在物相，稱「不觸相」；不久視外在物相，稱「不住相」，即《金剛經》所言「應無所住而生其心」是也，就是說目光因不久視外在物相而常內視黃庭心核這一人體臍內空處之氣層體，而使氣層體之內炁日增。換言之，目光常內視黃庭而使黃庭內炁日增。或言之，目光常內視心核而使心力日增。

合而言之，應使目光不久視外在物相而常向內視入黃庭心核，使念頭元神不久外馳用於人為思慮而常向內注入黃庭心核，而使心核內炁日增。目不視外在物相，內視以養光質炁。耳不聞外在之聲，內凝以養腎炁。鼻不嗅外在氣味，勻息以養肺炁。口不說話，含津行息以養聲質炁。身不染房事，獨處以存精炁□念頭處空寂淨慮之本然狀

態，元神內注於黃庭，或不動之於大腦中樞：不連續目所視之物相而成想、不變化組合目所視之物相而成思，即不動之於思慮是也。

換言之，不著絲毫之人為思想，佛家所言「不著相」是也；俗語所言「靜以養神」是也，「省心」是也。如是則念頭電流、元神神火不外馳散耗於思慮而內斂積存於上丹田裡。或不動之於大腦中樞所轄之神經網絡，不發顯為四肢百骸之動作，如是則念頭電流、元神神火不散走四肢而積存於黃庭裡。由此可見，意之向內的路線，就是積存黃庭內炁的路線，就是日增黃庭心核這一人體臍內空處之氣層體之內炁的路線，就是日增心力的路線，就是修道者所走的真道路。

念頭元神是炁的先行官，炁是念頭元神的隨從，念頭元神一動，則炁亦隨之而動。念頭向外一絲，炁就損耗一絲；念頭不動一絲，炁就積存一絲。炁損耗一絲，生命能量就減少一絲；炁積存一絲，生命能量就增加一絲。生命能量減少一絲，生命就縮減一絲，累積眾多個縮減一絲，生命即短促。生命能量增加一絲，生命就延長一絲，累積眾多個增加一絲，生命即長壽。

換言之，念不外馳炁自積，念一外馳炁自散。炁散則命短，炁積則長壽。故一念之別，生死存之。生者，一絲炁之積存；死者，一絲炁之耗散。

又，意是念的主宰，故生死之機，全憑意來把持，即道家所言「我命在我不在天」是也。目是念的門戶，目動則念動，但目之開閉是由意來駕馭的，意駕馭目開視外在物相，念即隨目光馳向於外在物相。這種情形，孟子稱之

為「放心」，如同牧童放羊於山上。物相有種種，有高官富貴，有美色利祿……此等物相皆身外之物也。念馳之於身外之物相，即離於身內空寂淨慮之本然狀態，這種情形，道家稱作「身為物役」，佛家稱作「心有掛礙」，儒家稱作「放心」，喻指念頭被身外的物相所捆縛，以致黃庭裡的炁失所統馭而散走體外，炁散體外，故黃庭（心核）如水上浮萍，易搖難定，有念馳身外物相太過投入而忘乎自我者，俗稱「魂不守舍」是也。此時若一旁人乘其不備而突拍其背，則忘我者必感心旌搖蕩而驚慌失措，而念常處空寂淨慮之本然狀態者不致於此。

由此觀之，念常處空寂淨慮之本然狀態者可使心旌狀如磐石，常定而不搖蕩！羊放夠了，牧童須趕羊回圈，趕羊回圈的主人是牧童；趕念返回黃庭的主人是意，因意之覺察念馳身外物相太久對積炁安心有害而趕！念馳體外失度則心有不安，念處空寂淨慮之本然狀態有常則心安。為何這樣說呢？

黃庭又名心核氣層體，只是臍內空處的一團氣層體而已，念在空寂淨慮之本然狀態裡，則內炁亦摶聚於心核氣層體內，則心核氣層體有所安頓之力，而覺心安；念馳體外則心核氣層體內之炁亦向外散走，而心核氣層體失所安頓之力，而覺心有不安。

換言之，因目光不著相不住相而念頭內斂，因念頭內斂而處空寂淨慮之本然狀態，因念處空寂淨慮之本然狀態而神炁積存，因神炁積存而體有大力，因體有大力而心（又名「心核」「黃庭」，均指人體臍內空處之一氣層體，簡稱為「心」，並非「心臟」）有所安頓，因心有所

安頓而覺心安，因覺心安故身體變化無端。

反之，因目光著相住相而念頭外馳，因念頭外馳而連續物相成想，變化組合物相成思之人為狀態，因念處思慮之人為狀態而常感煩惱，因常感煩惱而神氣耗散，因神氣耗散而感體力微小，因感體力微小而心失所安頓，因心失所安頓而覺心有不安，因覺心有不安而身體呆滯懶動。故性功要訣，只在「念無他想，常處空寂」八字上用功，目光既不外視物相，念頭既不用於思慮，則元神可沖開物相思慮之捆縛，如蛟龍入海、自由翱翔矣。

此種由意作主將外馳於物相思慮之目光念頭趕回空寂淨慮狀態的功夫，就是道家所說的修性功夫，即孟子所言「求放心」是也。誠所謂：修道安心即性功。

性功，又稱之為「煉已」「不起」「明心見性」「誠」「禪」，名目極多。煉已，指煉念頭。不起，指念處空寂淨慮之本然狀態而不離開。明心見性，性者收斂；明者，覺也，意覺察念頭馳於體外物相用於思慮之人為狀態對積氣安心有害而使之返回於空寂淨慮之本然狀態裡。

更進一步，由意作主將念頭鎮在空寂淨慮之本然狀態裡而不動。這種功夫，儒家稱之為「誠」，即周敦頤在《通書‧聖第四》一文中所言「寂然不動，誠也」，即指念在空寂淨慮之本然狀態裡不動。禪宗稱之為「禪」，義指淨慮，以意覺察為主，使每一個念頭都不染思之塵、想之垢，不著絲毫思慮之相，不住絲毫思慮之相。

上述種種，名雖不同，而其實則一，均指性功為煉念頭。已者，又稱作心、神、真性、元神，均指處空寂淨慮之本然狀態裡不起而外馳的念頭。清代柳華陽在《金仙證

論》一文中言：「已即我心中之念耳。」可見已非別物，正是念頭。

由此推之，煉已就是煉念頭，性功就是煉念頭的功夫。念頭，蘊含神火、電流。念頭因含火性，道家喻稱作「神火」；念頭所含之電流，乃由泥丸穴裡之炁中陰質與陽質交感而生，所謂「陰陽交感，神乃自生」。念頭內斂，即為元神；念頭外馳，則為識神。元神者，無人為思想的參與的念頭，不向外馳於物相、不用於人為思慮的念頭，道家稱作「先天」，佛家稱作「覺性」，儒家稱作「道心」。識神者，有人為思想參與的念頭，向外馳於物相，用於人為思慮的念頭，道家稱作「後天」，佛家稱作「識性」，儒家稱作「人心」。

性功之旨，在淨除思慮，存留念頭元神之電流神火，禪宗所言「淨慮」是也。荀子有言：「耳不能兩聽而聰，目不能兩視而明。」推而用之於此，曰：「念不能兩用而靈。」故修練性功之時，只能元神用事——只能由意作主，使念處空寂淨慮之本然狀態而不起；不能識神用事——不能有絲毫人為思想的介入，不可向外馳於物相用於人為思慮之狀態。故修道是只用元神，不用識神。

念頭無自主性，有散走性。散走的念頭，俗稱「心猿意馬」。煉念頭主要就是由意作主，駕馭散走的念頭，使心猿受擒、意馬歸繮。擒歸於何處？擒歸於空寂淨慮之本然狀態裡。擒歸於空寂淨慮之本然狀態裡作何用處？其用有二：

一是積存念頭元神之內在能量——電流神火，以用之於命功；二是積氣，以用之於結丹。因念頭一起，思慮、

煩惱即接踵而來，元神能量因為耗散而電流弱、神火微矣，炁亦因之而散走流失矣。神火微則元神不能燒精水以化炁矣；亦不能燒津水以化炁矣；電流弱則元神不能導炁周流於任督二脈矣；亦不能摶炁以結丹矣；炁散走流失則元神無原料可摶——結丹不成矣。

反之，念在空寂淨慮之本然狀態裡不起，不馳乎體外，無思慮無煩惱，念頭元神之能量因積存而電流強、神火大矣，炁亦因之而摶聚矣，積小炁以為大炁，長袖宜於翩翩起舞，大炁適於摶聚結丹。電流強則元神有能量導炁周流於任督二脈矣，亦有能量摶炁以結丹矣；炁摶聚則元神有原料可摶之以結丹矣，故念頭處空寂淨慮之本然狀態裡，可積存元神之神火、念頭之電流以用之於命功，可積炁以用之於結丹。

總之，貫穿於修性功夫始終的主線是念無他想、常處空寂，即慈受禪師所言「念念常空寂，日用有大力」是也。

以上言修道之情形，兼及性功之原理，內丹術是修道的主要手段，內丹修練採性命雙修法。性功主要是煉念頭，命功主要是練精氣神。性功與命功是互補的，性功可積存充沛之元神能量以用之於命功，命功無性功所積存的充沛的元神能量，便不能練精以化炁，便不能導炁周流於任督、凝炁以結津水，便不能練津水以化炁，摶炁以結丹。命功之練精化來之炁可為性功提供生神之內質，練津水化來之炁可為性功提供安頓心核之原料。由此可見，性功與命功是互補的。

三、性　功

其法只在馭念神於息。

馭念神於息有三：其一為數息法，數呼吸之一出一入為一息，從一數至五，反覆數去，攝念在數，勿使散亂，數至念息相依，念不離息，息不離念，念定而不散走，則無須再數，順任自然。其二為聽息法，馭念以聽息之出入，聽息之有聲漸至於無聲，則息亦由粗忽漸入於細勻。其三為調息法，在意作主，將念頭元神鎮於黃庭裡，使呼從黃庭呼出，吸從黃庭吸入，如是則息息歸根——歸之於積炁之根本部位。調息至此，則念定之於黃庭，處寂而不起，則呼吸不調而自調，誠所謂息調則念定是也。

數息法與聽息法，均用之於每日打坐之中，調息法之使念不用之於泄憤縱欲而用之於神入黃庭。變常人之肺部呼吸為修道之腹部呼吸，可謂之：「神入氣穴，常注黃庭。」此八字修練是性功過程之須臾不可或離的功夫，是行走坐臥皆必修練的功課。

雜念紛擾，思慮難除，是為煉己不純。究其原因，在硬壓雜念，硬除思慮，結果雜念思慮不但壓不住、除不了，反而越壓越多、越除越亂，以致出現頭昏腦脹之現象。其尤著者，道家喻稱為「入魔」。說魔非魔，實是練功時頭腦中出現之幻景，是練功者平時所見、所聽、所嗅、所說、所感、所想之現象在練功者頭腦裡重現出來。此等幻景，若信以為真，太過醉心於其中，就可使練功者神志不清，如瘋似癲。

治之之法，在見怪不怪，魔境自滅。因腦中幻景，究其實皆是由識神化出之虛假幻想，不足置信矣。

賦歌一首，以作性功之收束。

性功十要：

1. 功夫極致是性功，性功只在念淨處。
2. 淨除思慮始入定，神入黃庭炁自積。
3. 念頭外馳思慮起，念頭內斂思慮空。
4. 一夫拼命眾難當，其緣只在萬慮空。
5. 神炁耗散因思慮，萬慮皆空念即定。
6. 念定神炁始可壯，神炁內壯有大力。
7. 念不為危所動搖，處危如常可應敵。
8. 刀槍加頸念動搖，自顧不暇何應敵？
9. 臨敵念動恐怖生，恐怖生於有牽掛。
10. 無牽無掛無恐怖，臨敵念定性功深。

四、命 功

人體內在生命的高能量，在道家稱之為「炁」，據此便可將積蓄人體內在生命的高能量簡稱為「積炁」，將「積炁」的修練稱之為修道。由此觀之，長壽不在乎外在形式上之動與靜，而在乎體內積炁的多與少。習動之旨，在攝取飲食水穀之精華——精水是也；習靜之旨，在以意馭念神，使念頭常處空寂淨處之本然狀態中，以使念頭電流得以積蓄而不耗散；元神常注黃庭氣層體內，以使內炁得以貫注積存於黃庭而不散走。黃庭之內：積炁多則長壽可致；積炁少則難以長壽。誠可謂之：長壽在於修道，在

於積炁。一言以蔽之，曰：「我積炁故我在！」

　　然而，炁在人體內是散走的，散走體內的炁，從何而來？從津水化來；津水從何而來？從炁凝結而來；炁從何而來？從飲食水穀之精微物質──精水化來，道家所謂「練精化炁」是也。究其原理，如同煮飯，水遇火而化作蒸騰之餾；同理，以臟腑作用攝取飲食水穀裡的精微物質──後天之精，喻稱「精水」；以含電流之元神，具光質之目光──後天之神，喻稱「神火」；目光下視於關元氣穴，神火下降於關元氣穴，關元氣穴內之精水遇目之神光、元神之神火而化作上騰之炁，故稱「練精化炁」。

　　米若霉爛，就煮不成香飯；精水若用於淫欲，就化不出真炁。這種情形，佛家喻為「蒸沙求飯」，只能蒸出熱沙而蒸不出香飯，因飯的原料是米而不是沙。故淫不力戒，炁化不出；要化真炁，必斷淫欲。

　　究其原理，常人以精水順行，行房事使精水外漏以生子女，以盡天演生職繁衍種族之職，精水枯竭之時，即命源枯竭之時，即歸於死。修道者反其道而行之，於修道期間，戒除房事，使精水不順行外漏而逆行內化，用元神下注、目光下視關元氣穴，使氣穴裡的精水燒化為炁而以意導引，使精水化來之炁，沿督脈上騰入上丹田內。但是，精水命源跟炁一樣，是沒有自主性的，是散走流動於體內的，故易於漏泄。有精滿自泄的，有人為漏泄的。由於漏泄，使化炁的原本就有限的原料變得更加有限，這更加有限的原料（精水）如果不知用於化炁而只知用於淫慾，則化炁更加沒有原料了。為了使化炁有充足的原料，就必須節戒色慾，這是因為「人身之氣血，未鍛鍊則虛浮無力，

既鍛鍊則靈活而易動；倘於斯時不知節戒慎守，則全副精力，必至若決江河，一潰而不可復收，反不若不練習者之為佳也」（《少林拳術秘訣》）。

由上足見節戒色慾之於命功十分重要。進而言之，化炁的關鍵是意的善於調理：精水由飲食水穀化來，這就要求善調飲食；練精化炁須有充足的精水命源，這就要求善克淫慾，不淫慾，不起淫念。意的把持只可斷除人為漏泄，對精滿自泄卻不起作用，這就要靠練小腹功來使蓄滿的精水堅固不漏。

善於調理，有三結合：首先，善調飲食者，則須與善調運動量相結合，善調飲食，小則可以免除不講飲食衛生所致的腸胃病，大則可以增大飲食量，攝取較多的命源。凡運動量大者，其飲食量必大。故善調飲食者，須與相應的飲食量相結合，在身體能承受的情況下，以運動量大為宜。

其次，善調呼吸者，則須與鍛鍊筋骨相結合。因調息儘管可以增大氣力，但大的氣力只有靠堅韌的筋骨作後盾才能發揮其技擊作用；若脆弱的筋骨則不足為靠，因脆弱的筋骨，一遇強勁的抵抗，必致手足折斷。

其三，善克淫慾者，則須與小腹功相結合，才可內固精水，才可使化炁有充沛的原料。此種練精化炁的功夫，道家稱為修命功夫，佛家稱為不漏功夫。

總之，貫穿於修命功夫始終的主線是斷除淫慾、淫念，即丹經所言「斷除淫根即是仙」是也。

以上言命功之原理，究其修練之方法，則有層層之關竅，修命功者不可不詳察焉！命功以精、氣、神作為修練

對象，共分三個階段，八個細目。三個階段為：第一階段練精化氣；第二階段練氣化神；第三階段練神還虛。八個細目是：（一）練穀化精；（二）練精化炁；（三）凝炁結津；（四）練津化炁；（五）積炁黃庭；（六）摶炁結丹；（七）馭炁神行；（八）練神還虛。

（一）練穀化精

精是由人體內之臟腑從飲食水穀攝取而來的精微物質，又稱：「後天之精」「精水」，是人體生命之源，簡稱「命源」。

練穀化精功夫，以強體力運動為主，凡運動量大者，其食息量必大；食息量大，則攝取之精水就充沛。故練穀化精階段須飽食而足睡。運動量大之運動，如基本功訓練、套路訓練、器械訓練、負重走圈訓練之類是也。拳諺所言「吃得苦中苦，方為人上人」就是說吃得「夏練三伏，冬練三九」之苦，吃得強體力運動之苦，食息量自必增大，攝取之命源——精水自必充沛。

由是觀之，要攝取充沛的命源，就非得歷強體力運動之苦修磨練不可！試問：精水不充沛，焉能化得充沛之炁？炁不充沛，焉能凝得充沛之津？津不充沛，焉能化得充沛之炁？炁不充沛，焉能摶成內丹？故強體力運動為主的練穀化精功夫，實為修道必不可缺之根基功夫，蓋不由此，則進道無基。今多文墨之士，不願吃苦，不願流汗，不願做強體力運動，以不吃苦之練法，而求結丹，與緣木求魚者之做法有何區別？！

(二)練精化炁

散走體內的炁從何而來？從飲食水穀的精微物質——精水化來。精水充沛，則化得之炁自必充沛。蓋精水者，化炁之源！炁是由精水化來的視之不見、感之極熱的體內能量流，內有微粒子，能發出熱量來。此功可分為五個環節。

1.調　藥

調即調理，藥即內炁。調藥就是透過調理的方法使內炁充沛。調整的方法就是以意運目之神光，元神之神火自泥丸宮向下視入注入關元氣穴，關元氣穴裡的精水遇目之神光、元神之神火即化作炁。王重陽在《五篇靈文注》一文中言「即凝神下照坤宮，方得真炁發生」，就是說的這一調理方法。

2.產　藥

候小腹內出現一團火一般溫暖之熱感，即是精水化作一團蒸騰之炁發出的熱感。此即產藥化炁之徵兆。

3.採　藥

熱感產生之時，即精水化炁之時，此時宜及時用逆呼吸法逼此暖流透過尾閭入於升陽之路——督脈之中。

4.煉　藥

丹家稱小周天功法，指炁由關元穴逼入督脈，直沖三關，至頭頂泥丸穴而接任脈，沿任脈下行，返回於下丹田的循環流動過程。在此過程中，過尾閭穴（位於脊椎骨下端）宜用忍大便法，撮一撮，提一提，以防炁從穀道走漏（炁從穀道走漏表現為放屁現象），過夾脊穴（位於仰臥

時兩肘尖連續線之正中部位）宜用升腰法，將腰部極力向上提；過玉枕穴（位於仰臥時後腦著枕處）宜用頭上頂法，將頭極力向上頂，兼用閉目上視法，將炁向上丹田（頭頂泥丸宮）牽引；過印堂時，宜用舌緊抵上腭、鼻吸莫呼法，以意將炁牽往下行。以防炁從鼻孔走漏（炁從鼻孔走漏表現為鼻孔流下兩條白色鼻涕），過中丹田（兩乳間之膻中）返回於下丹田（關元穴）。

在此過程中，用口（上下牙齒緊叩，上下唇微開）吸氣時，炁沿督脈緩緩升騰直上；用鼻呼氣時，炁順任脈快速下行，如是一吸一呼，是為一個周天循環，口吸為進陽火，鼻呼為退陰符。一吸一呼為一息。口吸為武火，鼻呼為文火，旨在借助呼吸之風力助元神之神火燒煉精水以化炁。呼吸之氣是自然界之空氣，是既存在於自然，又存在於人體的內外溝通之氣。

5. 封　爐

從關元穴所藏精水裡化出的炁，因散走迅捷，故易於從穀道、鼻孔兩處外漏，須防其走漏，是為「封爐」。

以上言打坐時之五個主要環節，然打坐是消極的，積極的有「小腹功」。打坐以練精化炁，然化來之炁易於走漏，「小腹功」以固炁增炁，然須以練精化炁為基礎。惟打坐之練精化來之炁可承受住小腹功之拍打，惟拍打之由輕漸重，可使內炁趨於抵抗拍打而不外漏，趨於日增而不減。可謂之：有拍打之力，必有抵抗力生出；無拍打之力，則必無抵抗力可生；小拍打則生小抵抗力，大拍打則生大抵抗力。

何謂抵抗力？內炁是也。惟其抵抗力之從無到有，從

小漸大，內炁方可增至最大限度。內炁增至最大限度則沖關易為，即《慧命經》所言「氣（炁，作者注）滿任督自開」是也。故打坐與小腹功，二者是互補的。

(三) 凝炁結津

炁注頭頂泥丸宮內至稠密狀態時，或化生為元神，或凝結為津液。泥丸宮，又名百會、上丹田，乃藏神之所，泥丸宮內炁稠密，則其蘊含之陰質與陽質自必充盈，陰質與陽質充盈，則由陰質與陽質交感化生之元神自必旺盛。故凝炁結津亦稱作練炁化神。

(四) 練津化炁

道教喻津為虎，喻神為龍，故以元神練津化炁，在道教又稱之為龍虎丹道，簡稱之為「練神」。「是由念頭電流、元神神火燒練津液化來的帶光色的氣，其光人能看見，炁之流動，疾如電閃，人能覺察，可放出電波，形成磁場給人療病。

遇有強敵來犯萬不得已之時，亦可發炁擊之。凡被此炁擊倒者，非傷即殘，皆無藥可治。其炁搏聚於黃庭內達稠密程度之時，一提炁即可將人體上托於空中，有托體臨空之功能。候津液注口至滿，含而勿咽，含津行息達一個時辰，即如鯁猛力將津水吞下於胸窩膻中穴之中丹田內封固。繼而以意運目之神光、元神之神火下注中丹田裡，中丹田裡之津水遇目之神光、元神之神火即化作「炁」。練津化炁，須候至兩個時辰，須如雞孵蛋一般耐心，其間不容有稍許識神介入。

(五)積気黃庭

以意馭元神，注入黃庭，則由中丹田練津化來之気亦隨元神貫注積存於中丹田下端之黃庭裡。「神入氣穴，常注黃庭」。此八字修練宜貫穿於行走坐臥之過程中，不可須臾或離，甚或如少林五祖弘忍大師每夜皆禪坐達旦，以使內気之積注黃庭能達到稠密狀態。

(六)搏気結丹

丹是以意馭元神搏聚黃庭氣層體至稠密狀態之內気而結成的一粒人體生命高能量濃縮的能量核。黃庭乃藏気之所，結丹之處，是人體臍內空處之氣層體。故以此為搏気結丹之根本部位。

候黃庭內気至稠密狀態時，即以元神搏気使之如同球體般做上下左右前後飛速旋轉運動以形成一般巨大的向心力，即借此向心力將內気濃縮為一粒內丹。

(七)馭気神行

丹成，即於矮襠走圈訓練過程中，以意馭元神導黃庭內之丹気經下丹田向下沖開下丹田下端之陰蹻氣穴，開通陰蹻氣脈，則兩腿自可生出一種無形的力，此力即源出於黃庭內之丹気。有此無形之力，不動則罷，動則步履如飛，快捷無以倫比。

(八)練神還虛

丹成之時，用意將黃庭裡的陽神（內丹之気）沿任脈

向上經中丹田遷入頭頂泥丸宮之上丹田內，候陽神出印堂穴，印堂前呈現出一光團，此光團內有一端坐之人相，細看即我之相，這就是「還虛」。修道至此為最高境界。

賦歌一首於下，以作命功之收束。

命功歌：

> 神入黃庭意作主，念無他想謂無極。
> 元神目光注關元，精水遇火化作炁。
> 炁上泥丸津水凝，吞津猛下中丹田。
> 神光下注中丹田，津水遇火化作気。
> 以神帥気入黃庭，摶気飛轉黃庭裡。
> 向心力凝丹一粒，丹成無極生太極。
> 矮襠走圈訓練時，導気沖開陰蹺穴。
> 陰蹺氣脈一開通，兩腿生力速如飛。
> 黃庭之中有陽神，意遷使入上丹田。
> 陽神時現印堂前，明明白白一光團。
> 團內含有一己相，天人合一神還虛。

五、內丹火候

因火候很難把握，故內丹家歷來有「傳藥不傳火，從來火候少人知」之說。因此煉丹者必須多積累經驗。「火候」主要是靠意念呼吸的技術來把握。「火候本只寓一氣之進退，非有他也。真火妙在人。若用意緊則火燥，用意緩則火寒，勿忘勿助，非有定則，尤最怕意散，不升不降，不結大丹」（《真詮》）。就是說，火候有三個要素：意念、呼吸、周天。意的作用有二：調控與導引。

調控有緊緩，意加緊則火燥，意鬆弛則火寒。導炁沖關宜緊，守穴守竅宜緩。火候之要，當於真息中求之，念無他想則息調，息息歸於心核命根，是為真息。練穀化精、練精化炁時宜用武火烹煉；凝炁結津、練津化炁時宜用文火溫養。鼻呼鼻吸為文火，鼻吸口吐為武火。二火互用，周天可通。周天，又名「河車」，指在意的導引下，使炁循人體任督二脈做循環往復的周天一般的流注運動。言周天必須熟悉經絡走向。精氣神藏於丹田臟腑氣穴之中，其流注的通道就是經絡。上下直行為經，左右橫行為絡。主要有十二正經與奇經八脈。前者是醫家針灸按摩等治療手段的依據。後者是元神導炁的「內景隧道」，是內煉與爐火的根本所在。

十二正經在內丹修練中僅只是次要的行炁經脈，目的在於促使陽炁循十二經運行敷布四肢百骸來「練形」。十二經內繫五臟六腑，外通四肢百骸。人體五臟屬陰，故與五臟發生關係的稱陰經，六腑屬陽，故與六腑發生關係的稱陽經。又按各經絡走向來分，分為四組經絡：手三陰經、手三陽經、足三陰經、足三陽經。

十二經走向：手陰經從胸走手而交於手陽經，手陽經從手走頭而交於足陽經，足陽經從頭走足而交於足陰經，足陰經從足走內臟而交於手陰經，由此形成一個迴環往復的路線。

奇經八脈在內丹修練中是主要的行炁經脈，指十二經以外的八脈，包括督脈、任脈、帶脈、沖脈、陽蹺脈、陰蹺脈、陽維脈、陰維脈。因這八脈不屬正經，另闢蹊徑，故稱「奇經」。正經如河流，八脈如深湖，河滿則流於深

湖。八脈走向：督脈起自會陰穴，沿脊內上達腦海，是陽脈的總督，故稱陽脈之海；任督起自頭頂百會穴，循臉面胸腹下至會陰，是陰脈的走向，故稱陰脈之海。

沖脈從會陰走於胸中，是十二經之衝要，與任督的起點同，故稱「一源三歧」。帶脈繞臍環腰一周，如帶繫腰間，總束八脈。陽蹺脈維繫諸陽，走於肢體外側；陰蹺脈維繫諸陰，走於肢體內側。陽維脈起自足跟外側，上走入目內眥會合陰蹺，陰維脈起自小腿內側，沿大腿內側上行與任脈會於頸部。

開通八脈，是內丹的樞紐至要。人在母腹，八脈俱開，靠母體內炁維繫生命。出生之後，八脈皆閉，靠口鼻呼吸維繫生命。故要想如嬰兒在母腹裡的胎息，就要由積炁修練，沖開緊閉的八脈。

張紫陽在《八脈經》一文中言：「凡人有此八脈，俱屬陰神，閉而不開，惟神仙以陽氣沖開，故能得道。」就是說要沖開八脈，首先要開通任督二脈。通此二脈，其他六脈及十二經脈皆能繼之而通，即俞琰注《參同契》所言「人能通此兩脈，則百脈皆通」是也。而開通任督二脈主要靠的是化炁的修練。化炁的手段，一是打坐，二是小腹功。前者練精化炁，後者固炁增炁。

開通任督，就是開通小周天。任督二脈是元神與」交感的通道。明代醫家李時珍言：「任督兩脈，人身之子午也，乃丹家陽火陰符升降之道，坎水離火交媾之鄉。」《黃庭經》言：「鹿運尾閭，能通督脈；龜納鼻息，能通任脈。」

陰蹺脈是內丹修練採炁的區域。此脈開通陰部，故而

以人體性能量為修練對象的內丹功法將其視為關鍵的採炁之關竅，稱為「歸根竅」「復命關」「死生根」。精將漏泄時，以中指按壓此竅，則精水不漏而回流，故此竅實為身根不漏的密處，為精水命源不泄的關鍵所在。

綜上所述，道學修道意義上的「道」的本來面目就是指體中有氣（炁、氕）、有屈伸運動、有「無極而太極」法則的一團「恍惚體」。故修道者只要遵循「無極而太極」的道體法則，以武入道、以道貫武、以「念無他想，常處空寂」為體，以「神入氣穴，常注黃庭」為用，就一定能在臍內空處煉出一粒人體內在生命的高能量核的內丹，使人之體能從低能量內炁向高能量內氕轉化。

修道者只要長期走意之向內——「念無他想、常處空寂，神入氣穴、常注黃庭」的修行路線，走練穀化精→練精化炁→凝炁結津→練津化氕→積氕黃庭→搏氕結丹→馭氕神行→練神還虛的修行路線，就一定能夠達到修道者所追求的「超凡入聖」「天人合一」的最高境界。這，就是還「道」以道學修道意義上的道的本來面目的價值與意義所在。

六、打坐、蹲樁與臥功

此功是道士煉丹必修之功課，也是習武者必修之功課。究其煉法，在以性命雙修為主。修性，即煉念頭；修命，即練精氣神。煉念頭，可使念頭由外馳用於思慮之人為狀態，收而返回於空寂淨處之本然狀態，可遠離人為狀態，而融吾人之身心於自然境界之中。

考其功效有五：一在解脫生死恐怖之煩惱；二在袪病延年；三在儲存內氣於黃庭使不散走；四在愛精惜神斂氣，使精氣神常處充盈狀態；五在能有效恢復武術運動性疲勞。合而言之，可有效提高吾人自身體質，將體內生命低能量內炁提煉為高能量內氣，從而將人之體能推達最高境界。

此功之煉法，主要分坐式與臥式兩種。

(一)打坐——數息法

選空氣暢通之空房一間，備稻草編製之草墊一個，是為預備之需。

每晚子時打坐，切勿一坐即起。初習時以一個時辰為法度；三年後增至兩個時辰為法度；六年後增至三個時辰為法度。初習以一個時辰為法度者，其修練區域在下丹田，位處臍下三寸之關元穴內，其旨在練精化炁，開通任督二脈之小周天。

繼習以兩個時辰為法度者，其修練區域在中丹田，位處兩乳間之胸窩膻中穴內，其旨在練津化氣，以氣化神，開通十二經脈之大周天與奇經八脈。終習以三個時辰為法度者，其修練區域在黃庭與上丹田。黃庭位處臍內空處，其旨在積氣摶氣以結內丹；上丹田位處頭頂百會穴下，其旨在凝炁結津與練神還虛。

究上坐與下坐之程序如下：

1. 上坐程序

(1) 收　念

以意為主宰，收外馳用於人為思慮之念頭，使返回於

空寂淨慮之本然狀態，遠離人為思慮而融身心以入自然之境界，能入此境即合修性要求故名「收念」。

圖1

(2)盤腿端坐

兩腿交叉而盤，是為盤腿。以目開一線之光，下視鼻尖，以鼻尖下對肚臍，則腰椎不直而自直，臀部不正而自正，是為端坐（圖1）。

(3)疊　手

兩掌相疊於肚臍前，左上右下，兩掌間留有空隙，以分陰陽，是為疊手。

(4)搭　橋

以舌抵齒，使上丹田內凝炁結成之津液可以下注口中，如同搭橋可以使人達於河對岸，故名「搭橋」。

口微合攏，上下齒緊扣，以牙齒輕抵齒縫間，如平常之狀，是為本門傳授之搭橋方法，與少林、武當傳授之搭橋方法有別。蓋少林、武當之傳授，是以舌抵上腭，本門之傳授則是以舌抵齒間。

兩種傳授法，其相同處有二：一是接通任脈與督脈，使內炁在念頭牽引下循督脈與任脈而流動運化，以開通「小周天」；二是將上丹田內凝炁結成之津液承入口中。其不同處在於：舌抵上腭，在刺激上腭以生津液，屬人為之舉；舌抵齒間，則一如平常，屬自然之態。究舌抵齒間之生理，按傳統中醫的看法，舌為心梢，齒為腎末，又，

在五行中，舌屬火，腎屬水，故以舌抵齒，即為心腎相交，水火既濟之兆。

(5)垂 簾

輕合兩目，勿緊閉，微開一線之光。蓋緊閉則神易昏沉，微開則神常清醒。

(6)守丹田

究守丹田之程序為：先守下丹田、次守中丹田、末守黃庭→上丹田三個階段，每個階段約需三年期限。若中途不間斷，則九年純功可達搏気結丹之境界。

(7)調 息

初習有數息法，計一呼一吸合為一息，從一數至五，復從一數至五，如是反覆數去，直至念無他想為止。

可攝念在息，使念息合一。進而有聽息法，聽呼吸之聲，從有聲聽去，聽至無聲，則無需再聽。有聲則息粗而淺，無聲則息細而深，能聽息至無聲，至此則念頭始入於空寂淨慮之本然狀態中，則息不調而自調，誠所謂「息調而念定」是也。聽息法行之於蹲樁過程中，數息法行之於打坐過程中。

2.下坐程序

(1)轉 念

打坐時辰一到，念頭即由守丹田而轉移為下坐，是為轉念。念雖轉，而於下坐後之行走坐臥之每時每地，仍微存念頭於臍內空處之黃庭中，誠所謂「勿忘勿助」之修練法是也。

(2)撤　橋

舌不抵齒，是為「撤橋」。

(3)捲　簾

緩睜兩眼，狀若開窗，似捲起門簾，故名「捲簾」。

(4)收　手

兩手先緊握成拳，繼而鬆開，是為收手。

(5)下　盤

先以兩足心相抵，繼以兩手扶膝而合攏兩腿，終以兩腿緩伸而下坐收功。

(二)蹲樁——聽息法

此功乃專練腰腿之勁。

備磚兩塊。

【訓練方法】

初練時將磚兩塊平放地上，蹲馬步於磚上，要求兩腳略比肩寬，腳趾緊扣，大腿與地面一樣平，頭頂臀沉，身正不傾，兩手成青龍抱背手，右手成虎爪掌，以左手合之即成。其要在聽氣下行，以鼻呼吸，念注臍下三寸處之關元穴，咬緊牙關，以舌抵齒縫間，兩目平視。

初練蹲至 20 分鐘，切勿一蹲即起，至 20 分鐘，稍事休息，復又馬步下蹲，總以每日練足一個時辰從不間斷為度。以每日夜間訓練為佳。第二年起改兩磚平放為側立，第三年起改兩磚側立為豎立，至兩磚豎立，能蹲馬步於其上一個時辰不動，則此功告成（圖2、圖3）。

図2　　　　　　　　　　　　図3

(三)臥功——蟄龍法

1. 臥式一

晚將就寢，人體側臥，左右側不拘；兩臂屈肘，以兩手食指塞住兩耳聽孔，其餘四指微握；兩腿併攏，屈膝直腰，口微合攏，仍以舌抵齒縫間，雙目微閉，身體各部位均處放鬆狀態。

摒除人為之思慮，念處空寂淨慮之本然狀態，神入臍內空處，以鼻呼吸，吸氣時要求深緩細長，呼氣時要求柔綿輕快，一呼一吸均要求腹部有明顯的凹凸動感，此功日行10分鐘足矣，於每晚打坐後睡眠前練之（圖4）。

圖4

2. 臥式二

人體平躺於長凳上，兩手扶石球於肚臍之上，兩腿微開而平伸，腦下不用枕頭，雙目微閉，口微合攏，仍以舌抵齒縫間，以鼻呼吸，吸氣時腹部向上凸起，呼氣時腹部凹下，而置腹臍上之石球亦隨呼吸而一下一上。要在勿作意與石球之壓力相抗，只須守「順任自然，勿忘勿助」八字即可。

初時選一個較輕之扁石球用之。習滿一年，即可更之以較重之石球用之。此種臥功仍是採抵抗生力之原理，用之於臥式訓練以增強黃庭內氣的一種有效功法，每晚行 20 分鐘足矣（圖5、圖6）。

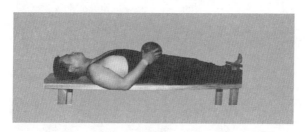

圖5

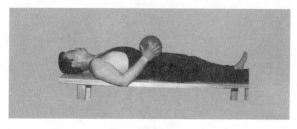

圖6

下　編
自然門技擊法

第八章
自然門技擊法

第一節　自然門技擊法概言

　　自然門技擊法以「動靜無始，變化無端，虛虛實實，自然而然」十六字為心法。它擷取了少林拳、武當拳與自然拳之精華，具有以神馭形，形神合一；以快打慢，實戰力強；純任元神，不拘招式；長短兼備，攻防嚴密等獨到的技擊特點。

一、訓練特點

　　訓練方面，講究「手手打伸，腿腿踢伸」八字，即以肘膝關節伸直為度，在訓練中可求彈勁透勁，在實戰技擊中可放長擊遠，也可長中寓短，蓋不短則不足以自保，不長則不足以制敵。

　　腿上特點：靜則為令牌式，動則為八法襠，變則為浪步。手上特點：靜則為抱背手，動則為鬼頭八法。打法特點：有明八打與暗八打，有單一動作訓練與組合動作訓

練。單一訓練動作細小緊湊，快猛靈活；組合訓練動作迅捷連貫，環環相扣。

二、攻防特點

攻防以自然拳法為主，參融武當三豐太極拳之柔勁，少林六合拳、金剛拳之剛勁於其中，動作樸實無華，招式精簡實用，步法講究「步法丁丁，腳走七星」，身法講究「搖身晃膀，鬼頭探腦」；打法講究手腿並重，靈活善變，以速快打速慢，以力大擊力小，以無他想打有他想，以巧破拙，以長擊短。

1. 以速快打速慢

「手出一條線，打出人不見」，講究的是速度快，「見身就走，一閃即打」，「黏手即走，一走指戳」，講究的也是速度快，「後發先制」，沒有在速度上的超過對手，能在對手後發招而搶先擊中對手嗎？

此種之快，實乃是一種形神合一的快，是一種具輕功根基的快，是一種見虛而入、見實而擾的快，是一種不發則已，一發即中的快。

其一，形神合一。神乃人體之元神電流，其流速之快如電閃，如光波，而形則是人體之筋骨皮肉，其動作之速度則遠較元神遲緩。而武術訓練主要是解決形體動作在速度快捷上與元神趨於一致的問題，以求達到形神合一、動若電閃之境界。

其二，具輕功根基，則樁穩而步靈。樁穩步靈從矮襠

走圈中練出。矮襠走圈屬椿功中的動椿，長期訓練，可使身椿穩固，推挽不倒；步法靈活，攻防躲閃，進退裕如。蓋椿功不穩，步法必浮；步法不靈，出拳必慢。拳諺所言：「步不靈則拳慢，椿不穩則拳亂」，斯言至當。

其三，見虛而入，見實而擾。換言之，見換招就打，見定招不打。不於見招拆式中處被動，而於對方換招時主動出擊。蓋對方換招時，亦即舊力已用老，新力未發顯之時，此時發起攻擊，易處主動。而對方不換招時，亦即新力待發之際，此時見招拆式，則易處被動，只能採擾而不打、六方兼顧、環環相扣、步步緊逼之法，以伺機而動，化被動為主動，變劣勢為優勢，以挫敗對方。

其四，不發則已，一發即中。時機不到，寧可挨打，也不發招，時機一到，即當以迅雷不及掩耳之勢命中對方要害。

2. 以力大擊力小

單有速度上的快捷還不夠，還必須有在實戰技擊中能重創對方的打擊力，「相對如嬰兒，舉手不能逃」，講究的是以力大擊力小。

局部言之，以我力大之部位擊敵力小之部位，譬如以腿法阻截敵方攻來之手，以劍指戳擊敵方眼部……整體言之，逢弱走中路，逢強兩邊攻，若不以力大擊力小，何須逢強不逕走中路而要旁敲側擊之？

3. 以念無他想打念有他想

此說主要指在實戰技擊中元神的運用。元神在內斂狀

態下，其質性為生物電流，在發顯狀態下，其質性或表現為目光，或表現為念頭，或表現為剛柔之勁，或表現為內氣外發。其中，表現為目光，自然門技擊法講究既要眼觀六方（上下，左右，前後），又能專注對方兩眉間之印堂穴。自然門擅長以矮襠走圈功夫訓練出來的眼功用之於實戰技擊，練就眼功者，其目之神光狀如琥珀，陡然捲起，光氣直逼，令敵心膽懼顫。

其二，表現為念頭，自然門技擊法講究以念無他想打念有他想，換言之，以專注之元神打敵之分神。念無他想，指念頭處空寂淨慮之本然狀態；念有他想，指念頭處煩惱思慮之人為狀態。在本然狀態之下，念頭以空寂的形式存在，元神因解脫了思慮之捆縛而得以自由翱翔，形體之動作因元神之自由而得以隨意發揮；在人為狀態之下，念頭以煩惱的形式存在，元神因受思慮之捆縛而不能自由翱翔，形體之動作亦因元神之不自由而不能隨意發揮。

由是觀之，武術技擊所追求的最佳狀態理應是念頭處空寂淨慮的本然狀態。只有在此種狀態之下，武術技擊才能真正做到純以神行，不拘招式，內化為一種超然於招式之外而應敵以吾黃庭體內一氣之伸縮，即所謂「超然象外，應乎環中」是也。只有在此種狀態之下，武術技擊才能真正做到「打法自然，不露打相」「無中生有，任意而為」。

交手應敵，純出乎一種生物元神之本能反應，如水之流，似雲之行，或縮者伸之，伸者縮之；或高者下之，下者高之；或左者右之，右者左之；或前者後之，後者前之⋯⋯東來則西應，直來則橫截，手來則腿截⋯⋯無可無不可，大要則在乎神運敵先，在不分神而專以神行，在不擾

神而純以神注，而非將元神困於煩惱思慮之人為狀態中，困於如何應敵之想法之中，「看敵如蒿草，打拳如走路」。沒有渾厚的功夫根基，何來「看敵如蒿草」之膽魄？沒有空寂淨慮破生死念頭之禪定功力，何來於生死搏擊場面中之元神的本能反應？元神之不能保持本能反應，何來應敵之主動？應敵之不能爭取主動，何來「打拳如走路」之應付裕如？

有詩贊曰：

融剛柔於快捷中，自然技擊第一義。
靜以斂神動練形，練形合神快如電。
靜爲令牌動浪步，進退躲閃波浪尖。
彼浪捲來此浪退，保持距離覓生存。
手手打伸腿踢伸，發揮至極透勁出。
以快打慢慢讓快，出手起腿只見影。
臨陣審勢辨虛實，其肩聳者必出招。
其身遠離將起腿，其露空者必有誘。
見敵定招不冒進，擾而不打環環扣。
步步緊逼伺機動，機到迅發不容緩。
見招不打換招打，一發即中靠功深。
明暗八打兼相用，快猛靈活細緊湊。
上下左右與前後，鬼頭八法六方顧。
步法丁丁走七星，鬼頭探腦搖晃膀。
以大擊小小讓大，逢強智取逢弱捉。
陡捲目光視敵目，令敵心膽俱寒顫。
念處空寂神翱翔，不拘招式任神行。
任敵變招來打我，一氣伸縮應裕如。

縮者伸之伸者縮，神運敵先方主動。

本能反應技合道，不露打相方自然。

第二節　套六錘法

此法乃用於訓練身手之架格閃躲，屬二人對練之搏擊法。訓練雙方間距一步，對面併步而立，喊「開式」時，兩手抱肘，兩腳跳起分開，成高襠步。練畢，復兩腳跳起併攏，兩拳自腰眼放下，垂於體側即可。甲左乙右。甲發六錘，是為攻擊；乙接六手，是為防禦。或攻或守，交互訓練。精簡實用，便於初學。

1. 甲向上側擊右錘式

【動作分解】

甲出右錘上擊乙方左胸；乙以左拳由裡向上掛開甲方來拳（圖1）。

【要點】

乙方只稍向右閃，即可躲過甲方來拳。

2. 甲向上側擊左錘式

【動作分解】

甲出左錘，上擊乙方右胸；乙以右拳由裡向上掛開甲方來拳（圖2）。

圖1

乙方只稍向左閃，即可躲過甲方來拳。

3. 甲向中路擊右錘式

【動作分解】

甲出右錘前擊乙方左側腹部；乙以左掌下切格開甲方來拳（圖3）。

【要點】

乙方只稍向右閃，即可躲過甲方來拳。

圖2

4. 甲向中路擊左錘式

【動作分解】

甲出左錘前擊乙方右側腹部；乙以右拳下切格開甲方來拳。圖略。

【要點】

乙方只稍向左閃，即可躲過甲方來拳。

5. 甲上擊右錘式

圖3

【動作分解】

甲右錘上擊乙方面部；乙以左掌腕部自外向裡扣壓之，即將甲方來拳格開，圖略。

乙方只稍向左後閃開，即可躲過甲方來拳。

6. 甲下擊左錘式

【動作分解】

甲左錘下擊乙方小腹正中；乙以右錘向上帶開，同時回擊甲方右側胸部，而甲方亦按乙方防禦法，以左掌自裡向上帶來，如是周而復始，互相套襲，故名「套六錘法」。

【要點】

乙方只稍向右側身，即可躲過甲方來拳。

第三節　明暗八打

一、明八打

(一)摟

【方法】

左預備勢。當乙方上左步，用右腳向甲方胸部蹬來時，甲方迅速用左手前臂勾帶乙方來腳（圖4）。

【要領】

甲方以左臂摟帶時，要肘沉，前臂上挑。

圖4

(二)打

【方法】

左預備勢。
當乙方上左步，
用右腳向甲方胸
部踹過來時，甲
方左腳向左側上
步閃身，避過乙
方之攻擊；同
時，用右直拳擊
打乙方面部（圖
5）。

圖5

【要領】

甲方閃身要
快，出拳要準而
狠。

(三)騰

【方法】

左預備勢。
當乙方上右步，

圖6

用左拳向甲方腹部擊來時，甲方兩腳迅速向後躍步，閃身
避開乙方之攻擊（圖6）。

【要領】

甲方後騰要快，含胸收腹。

圖7   圖8

(四) 封

【方法】

當乙方上右步，用雙拳向甲方頭部擊來時，甲方迅速用兩掌拍擋乙方來拳成交叉狀，順勢向前推按（圖7）。

【要領】

動作要協調一致，前後連貫。

(五) 掃

【方法】

左預備勢。當乙方上右步，用右直拳向甲方面部擊來時，甲方右腳迅速向左前踮步，用右手扣住乙方右腕，同時用左腳掃踢乙方前腳，用左掌拍按乙方右胸（圖8）。

【要領】

手腳併用，上下協調。

(六)掛

【方法】

左預備勢。當乙方上右步，用右拳向甲方面部擊來時，甲方迅速以左腳前掌為軸，向右轉身 180°，身體後仰避開乙方之攻擊，同時以右腳擺踢乙方頭部（圖9）。

圖9

【要領】

轉體要快，擺踢要猛，支撐腿樁子要穩。

(七)彈

【方法】

左預備勢。當乙方上右步，用右直拳向甲方面部擊來時，甲方左腳迅速向左側移步，閃身避開乙方之攻擊，同

圖10

時用右腳彈踢乙方襠部或腹部（圖10）。

【要領】

彈踢要準，勁透腳尖。

（八）踢

【方法】

左預備勢。當乙方上右步，用右直拳向甲方胸部擊來時，甲方迅速用左腳掌外沿側踢乙方前腿膝部（圖11）。

【要領】

側踢要迅猛。

二、暗八打

（一）拿

【方法】

左預備勢。當乙方上右步，用右直拳向甲方小腹擊來時，甲方迅捷用

圖11

圖12

右手拿住乙方來腕，同時用左拳背下砸乙方右肘（圖12）。

【要領】

拿腕要準而緊，下砸要沉而猛。

(二)扳

【方法】

左預備勢。當乙方上右步，用左直拳向甲方面部擊來時，甲方迅捷用左手扣住乙方來腕，並向下以逆向纏絲勁纏拉（圖13）。

圖 13

【要領】

扣緊即纏之扭之拉之。

(三)拖

【方法】

左預備勢。當乙方上右步，用右直拳向甲方胸部擊來時，甲方右腳向左後撤半步，同時

圖 14

用兩手迅捷抓住乙方臂、腕向體右前方拖扯（圖14）。

【要領】

抓握要緊，抖發內勁，以使對方重心失控。

圖 15　　　　　　　　圖 16

(四)按

【方法】

（1）左預備勢。當乙方上右步，用兩手抱住甲方前腿時，甲方迅速身體前俯（圖 15）。

（2）上動不停。甲方隨即以兩掌按壓乙方背部（圖16）。

【要領】

下按時暗含向左之內勁，以使對方身體重心失控。

(五)肘

【方法】

當乙方上右步，用右直拳向甲方胸部擊來時，甲方兩腳迅速向左側移步，閃身避開乙方之攻擊，同時以左手壓住乙方來肘，用右肘掃擊乙方面部（圖17）。

圖17　　　　　　　　　　　　圖18

【要領】

閃身、壓肘、肘擊要迅捷連貫。

（六）搖

【方法】

左預備勢。當乙方上左步，用左直拳向甲方面部擊來時，甲方迅捷用左手扣住乙方來腕，同時用右手推擊乙方左肘部（圖18）。

【要領】

拿腕要緊，抖勁推擊。

（七）靠

【方法】

（1）左預備勢。當乙方上左步，用右直拳向甲方面部擊來時，甲方迅捷用右手扣住乙方來腕（圖19）。

圖19　　　　　　　　　　　圖20

（2）上動不停。甲方
隨即用左手前臂靠擊乙方右
肘部位（圖20）。

【要領】

拿腕要準而緊，靠擊要
迅捷剛猛。

（八）推

【方法】

左預備勢。當乙方上右
步，用右拳向甲方面部擊來

圖21

時，甲方左腳迅速向前上步，閃身避開乙方之攻擊，同時
用雙掌壓住乙方左前臂並推擊乙方胸部（圖21）。

【要領】

閃避之後上步推擊要迅捷剛猛。

圖22　　　　　　　　　圖23

第四節　起腿八法

(一)彈

　　右腳向前攩出一步，獨立支撐，左腿屈膝上抬，腳尖向前彈出；同時左手於左膝上方向前出爪抓扣；右手亦出爪伏於左膝旁；目視左爪（圖22）。

　　註：此招上抓下彈，伏爪連環，令敵防不勝防。且上抓敵面部，下踢敵襠部，對手若防中盤，我即以爪抓彼面部；對手若防上盤，我即以腳尖彈踢彼襠部；對手若後撤，我即落步以下伏爪向前猛抓。

(二)勾

　　接上式。落左腳，復出右腳，右腳尖勾起稍上提，向

圖24

圖25

左前方勾踢；同時，右爪變鈎手，向右下往後掛出，左爪變掌，向前擺擊。目平視前方（圖23）。

註：此招上掛下勾，揮臂擺擊，令敵應接不暇。

（三）踹

接上式。若勾踢不中，復落右步，身體快速右轉，借轉體之勢，以左腳腳掌外沿向體左側平踢；同時，右鈎手變掌，豎於左胸前；左掌成覆掌。置於體左下側；目平視體左前方（圖24）。

註：左腳掌背宜掤平，踹出宜平穩快猛。左腳平踢，力點在腳掌外沿。

（四）跨

接上式。身體下伏，成左仆步；右掌豎於胸前；左掌變拳，仍置於體左下側；目視體左前方（圖25）。

圖 26　　　　　　　　　　　　圖 27

註：身體下伏，樁子須穩固，如落地生根。

(五)蹬

接上式。右腳收回半步，身體直起，借直起之勢，以左腳之腳底板向體左側蹬出；同時，右掌豎於胸前；左拳變覆掌，置於體左下側；目平視體左前方（圖26）。

註：左腳側蹬，打擊面在整個腳底板上。

(六)撞

接上式。落左步，身體由向東右轉至向西，復上右步，以左膝向前上方撞擊；同時，兩掌變拳，右拳置於胸前以護體，左拳置於體左下側；目平視前方（圖27）。

註：身形轉換要靈活穩捷，左膝上撞要強勁剛猛。

圖 28

圖 29

（七）跟踢法

接上式。右腳不動，身體右傾，借右傾之勢以左腳腳跟向體左側平踢；兩拳置於體左右兩側，以調整身體平衡；目平視體左側（圖 28）。

註：左腳平踢，擊打之力點在左腳跟部。

（八）踩腿法

此招可單獨訓練。練時以右腳滑步，左腳借滑步之勢向體左側以腳跟踩出，落左步，復以右腳借滑步，左腳復借滑步之勢向體左側以腳跟踩出；如是反覆踩去。以 20 公尺之場地為範圍，每 20 公尺為一組，踢 10 組（圖 29）。

註：以腰之轉動帶動大腿，以大腿之轉動帶動小腿踩出。踩腿宜高。

第五節　手　技

預備勢

【方法】

　　預備勢分為左實戰預備勢與右實戰預備勢兩種。甲乙雙方相距一步，側身站立。甲左乙右者，為左實戰預備勢，甲右乙左者為右實戰預備勢（說明：甲為穿背心者，乙為穿 T 恤者）。

　　甲乙雙方之預備架式均表現為：兩腳前後分開，兩腳間之距離略比肩寬，左腳在前，右腳在後，兩膝微屈，重心放在兩腳之前掌；左手握拳屈肘前伸，拳頭與肩同高，拳心朝下；右手握拳屈肘置於右胸前，拳心朝下，以護衛頭部、下頜右肋諸部位；目瞪視對方兩眉間之中心印堂穴。是為左實戰預備勢。左實戰預備勢（以下簡稱「左預備勢」）為左手左腳在前，右實戰預備勢（以下簡稱「右預備勢」）為右手右腳在前（圖30、圖31）。

【要領】

　　全身放鬆，沉

圖30

圖 31

肩墜肘，項豎頭頂，全神貫
注。

（一）填空不應響法

【方法】

由左預備勢。當乙方上
右步，用右直拳向甲方胸部
擊來時，甲方右腳迅捷向右
側前方上步，左腳向右腳後
撤一步，閃身避開乙方之攻
擊，同時，用右直拳擊打乙
方面部（圖 32）。

【要領】

一閃即打，發勁乾脆俐索。

圖 32

圖33   圖34

(二)連環錘法

【方法】

（1）由左預備勢。當乙方上左步用左直拳向甲方面部擊來時，甲方左腳迅速向左側橫移半步，同時閃身避開乙方之攻擊，並以左直拳擊打乙方面部（圖33）。

（2）上動不停。甲方搶先用右直拳擊打乙方面部（圖34）。

【要領】

一閃即打，連環出錘，搶先打入。

(三)插打法

【方法】

（1）由左預備勢。當乙方上左步，用右直拳向甲方胸部擊來時，甲方上右步，迅速用右手拍壓乙方來拳，同時

圖 35

圖 36

用右直拳擊打乙方面部（圖35）。

（2）由左預備勢。當乙方上左步，用右直拳向甲方胸部擊來時，甲方兩腳迅速後躍，繼以右手扣住乙方右腕，而出左直拳擊打乙方面部（圖36）

圖 37

（3）由左預備勢。當乙方上右步，用右直拳向甲方胸部擊來時，甲方左腳迅速向左側橫移，右腳上前一步，用右直拳擊打乙方面部（圖37）。

【要領】

上步、後躍、換步要迅捷。拍壓、抓扣要快而穩，出

拳要準而狠。

（四）反面錘法

【方法】

（1）由左預備勢。
當乙方上左步，以右直拳
向甲方胸部擊來時，甲方
左腳迅捷向左側橫移半
步，閃身避開乙方之攻
擊，同時用左拳背靠打乙
方面部（圖38）。

圖38

（2）由左預備勢。
甲方乘乙方防備不及時，
突以左拳背襲打乙方面部
（圖39）。

【要領】

放鬆腕部，以肘關節
為轉軸，以「鞭勁」擊
出，如甩鞭之狀，故名。

（五）流星錘法

圖39

【方法】

由左預備勢。當乙方上左步，用右直拳向甲方胸部擊
來時，甲方左腳迅捷向左側橫移半步，閃身避開乙方之攻
擊，同時，用左擺拳擊打乙方耳部（圖40）。

圖 40

圖 41

【要領】

擰腰轉胯，順肩擺臂，擺擊宜猛。

(六)提攔錘法

【方法】

由左預備勢。當乙方上左步，用左擺拳向甲方頭部擺擊過來時，甲方右腳迅速向右側前方上一步，矮襠避過乙方之攻擊，同時，出左拳擊打乙方肋部（圖41）。

【要領】

矮襠要快，爆發用勁。

(七)炮錘法

【方法】

由左預備勢。當乙方上左步，用右擺拳向甲方頭部擺擊過來時，甲方迅速以左手擋架或抓住乙方腕部，同時，

用右直拳擊打乙方胸部
（圖42）。

【要領】

轉腰沉肩，出拳迅
捷。

(八)翻身錘法

【方法】

由左預備勢。當乙
方上右步，用右直拳向
甲方胸部擊來時，甲方

圖42

左腳迅捷向左側橫移半步，閃身避開乙方之攻擊，同時，
用右拳壓住乙方來拳，用左擺拳擊打乙方頸部（圖43）。

【要領】

移步、閃身、擺擊要協調一致。

(九)指襠錘法

【方法】

由左預備勢。當乙
方上左步，用右直拳向
甲方面部擊來時，甲方
迅速用左手擋架或抓住
乙方腕部，同時，用右
直拳擊打乙方襠部（圖
44）。

圖43

圖 44

圖 45

【要領】

上架要快，下擊要
狠。

(十)搬攔錘法

【方法】

（1）乙方從背後用
右直拳向甲方擊來（圖
45）。

（2）上動不停。甲
方迅速右轉身，用左手護
面，右前臂向下攔截乙方來拳（圖46）。

（3）上動不停。甲方隨即上右步用左拳擊打乙方面
部。圖略。

圖 46

轉身、攔截、擊拳要連貫一氣，銜接緊湊。

（十一）滾身錘法

【方法】

（1）由左預備勢。甲方用掌指戳擊乙方面部（圖47）。

圖47

（2）上動不停。當乙方左腳後退避開甲方的攻擊時，甲方右腳迅速上前一步，同時，出拳擊打乙方面部（圖48）。

（3）上動不停。甲方左腳迅捷向右腳後偷步，同時，身體左轉，用左掌砍擊乙方頸部（圖49）。

（4）上動不停。甲方隨即再用右掌拍擊乙方後頸部（圖50）。

圖48

圖 49　　　　　　　　　圖 50

【要領】

　　戳擊、晃拳、雙掌連出，須連貫而出，注意攻擊之時機的節奏之把握。

(十二) 摔面掌法

【方法】

　　（1）由左預備勢。當乙方上左步，用右直拳向甲方胸部擊來時，甲方身體迅捷向右側轉，避開乙方之攻擊，同時左拳變掌，下插體側以備摔掌之用（圖51）。

圖 51

圖52　　　　　　　　　圖53

（2）上動不停。甲方隨即左腳向前滑動半步，同時身體前傾，以左掌摔打乙方面部（圖52）。

（3）若甲方主動發起攻擊，可趁乙方無備而突然以左掌摔打乙方面部（圖53）。

【要領】

腕部放鬆以使內勁透達於摔出之掌指背。身體之側轉與前傾、腳步之前滑與手掌之摔打，要協調一致，吃準時機。

（十三）順手牽羊手法

【方法】

由左預備勢。當乙方上左步，用右直拳向甲方胸部擊來時，甲方左腳迅捷向左側橫移半步，閃身避開乙方之攻擊，同時，右手抓住乙方手腕、左掌推按乙方肘部，一拖一推，使乙方身體重心失控（圖54）。

圖 54

圖 55

【要領】

一拖一推，發勁短促。

(十四)閃電手法

（1）由左預備勢。當
乙方上左步，用左直拳向甲
方胸部擊來時，甲方迅速用
右掌拍壓乙方來拳，同時，
用左掌指戳擊乙方眼部（圖
55）。

圖 56

（2）由左預備勢。若
甲方主動發起攻擊，可先用左掌拍開乙方來拳，右掌指佯
攻乙方（圖56）。

（3）上動不停。當乙方抬手攔架甲方右手時，甲方迅
速換左掌指戳擊乙方眼部（圖57）。

圖 57   圖 58

【要領】

一拍即戳，勁透指尖，連環戳擊，防不勝防。

(十五)鬼頭手法

【方法】

由左預備勢。當乙方上左步，用左直拳向甲方面部擊
來時，甲方左腳迅捷後撤半步，以使乙方來拳擊空，同
時，用鬼頭手擊打乙方面部（圖58）。

【要領】

一撤即打，勁透食指關節。

(十六)靈貓上樹法

【方法】

由左預備勢。當乙方上右步，用右直拳向甲方胸部擊
來時，甲方迅速先用右掌挑擋乙方來拳，隨即用左掌拍壓

乙方來拳，同
時，用右拳或右
手虎爪掌擊打、
抓擊乙方面部
（圖59）。

【要領】

挑擋、拍
壓、抓擊靈敏、
準狠。

圖59

(十七)退步制勝法

【方法】

（1）由左預備勢。當乙方用右腳向甲方腰部踢來時，
甲方左腳迅速後退一步，避開乙方之攻擊，同時用右拳背
砸擊乙方來腳（圖60）。

圖60

圖 61

（２）上動不停。甲方隨即滑步上前用右腳側踹乙方右
肋（圖 61）。

【要領】

退步要快，下砸要準，滑步要快，側踹要狠。

（十八）連消帶打法

【方法】

（１）由左預備勢。當乙方用左腳向甲方左膝部踹來
時，甲方左腳迅速後退半步，身體下蹲，同時，用左掌拍
擋乙方來腳（圖 62）。

（２）上動不停。甲方左腳迅速上前一步，右腳跟踮
起；同時，用右擺拳擺打乙方頸部（圖 63）。

【要領】

先退後進，先守後攻，矮襠下拍要穩而狠，上步擺拳
要準而快。

圖 62

圖 63

(十九)披身劈打法

【方法】

（1）由左預備勢。當乙方上左步，用左直拳向甲方胸

圖 64   圖 65

部擊來時，甲方迅速用左手撥擋乙方來拳，同時，用右擺拳擺打乙方耳部（圖64）。

（2）上動不停。甲方左手緊扣乙方手腕，同時退左腳，以右腳側踹乙方左肋部（圖65）。

【要領】

擺擊要快，扣腕要緊，退腳要穩，側踹要猛。

（二十）吞吐奇擊法

【方法】

（1）由左預備勢。當乙方用右腳向甲方肋部踢來時，甲方兩腳迅捷向體左後側躍步，避開乙方之攻擊（圖66）。

（2）上動不停。甲方左腳向前滑動一步，同時，以左掌推按乙方腿彎部位，用右掌指戳擊乙方眼部（圖67）。

圖 66

圖 67

【要領】

提氣收腹，後躍前滑，轉換要靈動柔捷。

(二十一)靑龍獻爪法

【方法】

（1）由左預備
勢。當乙方上左步，用
右直拳向甲方面部擊來
時，甲方迅捷用左掌擦
乙方手臂內側向前戳擊
乙方眼部（圖68）。

（2）上動不停。
甲方右腳隨即上前一
步，用左掌架住乙方右
腕，以左掌指戳擊乙方

圖 68

圖 69

圖 70

眼部（圖69）。

【要領】

出掌連環，一架一戳，搶敵機先。

（二十二）雙壓打法

【方法】

（1）由左預備勢。當乙方用右腳向甲方頭部踢來時，甲方迅捷用雙拳砸擊乙方來腳（圖70）。

圖 71

（2）上動不停。甲方右腳隨即上前一步，同時，以雙拳直擊乙方胸部（圖71）。

【要領】

擰腰轉體，砸擊、上步直擊連貫而出，勁透雙拳。

圖72　　　　　　　　　圖73

(二十三)奸滑急三戰法

【方法】

（1）由左預備勢。甲方用兩掌佯攻乙方眼部，同時，用右腳彈踢乙方前膝；乙方上右步，閃身避開甲方之攻擊，並用右直拳向甲方胸部擊來（圖72）。

（2）上動不停。甲方右腳迅速向後落地，左腳後撤一步，同時，用右拳挑擋乙方來拳（圖73）。

（3）上動不停。甲方左腳隨即向左前側上步，同時，用左直拳擊打乙方面部（圖74）。

圖74

圖75　　　　　　　　圖76

【要領】

彈踢落步、撤步、挑擋、上步、出拳要連貫而出，轉換要快。

（二十四）倒翻風火輪法

【方法】

（1）由左預備勢。當乙方上左步用左直拳向甲方胸部擊來時，甲方右腳迅速向右側前方上步，左腳向右腳後偷步，同時，用右手將乙方來拳壓下（圖75）。

（2）上動不停。甲方隨即用右腳跟掃擊乙方前腳，同時，用右掌砍擊乙方背部（圖76）。

【要領】

轉換要快，砍擊要猛。

圖 77　　　　　　　　　　圖 78

(二十五) 撲面掌法

【方法】

由左預備勢。當乙方上左步，用右擺拳向甲方腰部擊來時，甲方右膝迅速上提，用左掌拍按乙方來拳，同時用右掌拍擊乙方面部（圖 77）。

【要領】

收腹提膝，一按一拍，勁達掌根。

(二十六) 小圈手法

【方法】

（1）由左預備勢。當乙方上右步，用右直拳向甲方胸部擊來時，甲方迅速用右手纏抓乙方來拳腕部，同時，將左掌伏於體左下側（圖 78）。

（2）上動不停。甲方身體前傾，以左掌砍擊乙方右肋

圖79

圖80

部（圖79）。

【要領】

動作幅度宜小且快，發勁短促迅捷。

（二十七）大圈手法

圖81

【方法】

（1）由左預備勢。當乙方上左步，用右直拳向甲方面部擊來時，甲方迅速用左手牽抓乙方來拳（圖80）。

（2）上動不停。甲方隨即用右腳踩擊乙方左膝部（圖81）。

【要領】

牽抓要快而穩，踩擊要猛而狠。

圖 82 圖 83

(二十八)衝鋒連環手法

【方法】

（1）由左預備勢。當乙方上左步，用雙拳向甲方胸部擊來時，甲方迅速用左右兩手由外向內拍擋乙方來拳（圖82）。

（2）上動不停。甲方隨即用右掌拍擊乙方頭部（圖83）。

【要領】

兩手動作宜小，拍擊宜快而強勁有力。

(二十九)黃昏錘法

【方法】

左預備勢。當乙方上左步，用左直拳向甲方胸部擊來時，甲方迅速用左手按壓乙方來拳，同時用右擺拳擺擊乙

圖84　　　　　　　　　　　　圖85

方頭部（圖84）。

【要領】

按壓要恰到好處，以改變乙方拳路，擺擊要迅捷。

（三十）黑虎偷心錘法

【方法】

由左預備勢。當乙方上左步，用左直拳向甲方面部擊來時，甲方左腳迅速向右側前方上步蹲身，避過乙方之攻擊，同時，用左直拳擊打乙方胸部（圖85）。

【要領】

下蹲要快，擊拳要準。

（三十一）分心錘法

【方法】

由右預備勢。當乙方上左步，用左直拳向甲方胸部擊

圖 86　　　　　　　　　圖 87

來時，甲方左腳迅速向左側前方上步，右腳向左腳後方退一步，閃身避開乙方之攻擊，同時，用左拳擊打乙方胸窩（圖86）。

【要領】

上步即打，用爆發勁。

(三十二)斬切掌法

【方法】

由右預備勢。當乙方上左步，用左直拳向甲方面部擊來時，甲方右腳迅速上前半步；同時，用右掌畫過乙方來拳手臂內側，砍擊乙方頸部（圖87）。

【要領】

動作乾脆俐索，切忌拖泥帶水。

（三十三）下舍掌法

【方法】

由右預備勢。當乙方上右步，用右直拳向甲方面部擊來時，甲方迅速用左掌拍開乙方來拳，同時用右掌拍擊乙方肋部（圖88）。

【要領】

撐腰拍掌，旋腰發勁。

圖88

（三十四）隨手攢打法

【方法】

（1）由右預備勢。當乙方上左步，用右直拳向甲方胸部擊來時，甲方迅速用右掌挑掛乙方來拳（圖89）。

（2）上動不停。甲方右膝迅捷上提，用左手扣住乙方左腕部，同時，用右掌指戳擊乙方眼部（圖90）。

【要領】

收腹提膝，左扣右戳，穩中求快。

圖89

圖 90

(三十五) 小鬼叫門法

【方法】

（1）由右預備勢。當乙方上右步，用右直拳向甲方胸部擊來時，甲方左腳迅速向左前方上步，閃身避開乙方之攻擊，同時，用右掌按壓或用手抓住乙方右腕（圖91）。

（2）上動不停。甲方隨即用左掌按壓乙方來拳，同時，用右掌拍擊

圖 91

圖 92

乙方頭頂（圖92）。

【要領】

纏抓按壓要快而準，拍擊要猛而狠。

（三十六）拗步錘法

【方法】

（1）由右預備勢。
當乙方上左步，用左直拳
向甲方胸部擊來時，甲方
迅速以右拳背按壓乙方來
拳，同時，用左鉤拳擊打
乙方下頜（圖93）。

【要領】

轉髖沉肘，發勁短
促。

圖 93

（三十七）力撑錘法

【方法】

由右預備勢。當乙方上左步，用左直拳向甲方面部擊來時，甲方右腳迅速向右側橫移半步，左腳隨即亦向右側橫移一步，同時，閃身避開乙方之攻擊，以右拳擊打乙方左肋部（圖94）。

圖94

【要領】

閃身要快，擊拳要沉。

（三十八）撩陰錘法

【方法】

由右預備勢。當乙方上左步，用左擺拳向甲方頭部擊來時，甲方左腳迅速上前一步，蹲身避開乙方之攻擊，同時，用左拳撩擊乙方襠部（圖95）。

【要領】

下蹲躲閃要快，擊拳要準。

圖95

(三十九)抑揚錘法

【方法】

（1）由右預備勢。當乙方上左步，用左直拳向甲方肋部擊來時，甲方迅速用右拳砸擊乙方來拳（圖96）。

（2）上動不停。甲方趁勢用右拳勾打乙方下頜（圖97）。

【要領】

動作幅度短小精悍，發勁短促有力。

圖96

圖97

圖 98

(四十) 擺　擊

【方法】

由左預備勢。當乙方上左步，用左直拳向甲方腹部擊
來時，甲方身體右閃，避開乙方之攻擊，同時以左手扣壓
乙方左腕，用右拳背擺擊乙方耳部（圖98）。

【要領】

扣腕要準而緊，擺拳要迅而猛。

(四十一) 拐　腿

【方法】

由右預備勢。當乙方用左腳向甲方胸部蹬踢過來時，
甲方身體右閃，迅速用右手拐帶乙方左腳（圖99）。

【要領】

右閃身與屈臂拐帶要協調一致。

圖99

(四十二)接　腿

【方法】

由右預備勢。當乙方用右腳向甲方左肋部掃踢時，甲方左手迅速屈臂緊貼左肋處，同時左腳向右橫移一步，身體稍向左轉，用右臂內側接住乙方右腳（圖100）。

圖100

【要領】

護肋之左臂要貼緊左肋部位，接腿之右手要快而緊。

（四十三）抄　腿

【方法】

由左預備勢。當乙方用右腳向甲方胸部踹踢過來時，甲方迅捷用左手抄接乙方來腿腿彎處，同時用右手扣住乙方來腳腳跟或腳踝往前送（圖101）。

【要領】

閃身要快捷，抄接要緊固。

（四十四）探

【方法】

由左預備勢。甲方趁乙方不備之機，左拳以抖勁前伸（圖102）。

【要領】

此著實乃佯攻，有「撥草驚蛇」之意，為下一著之或攻擊或退閃設下埋伏。

圖101

圖102

（四十五）插

【方法】

由右預備勢。當乙方上左步，用左直拳向甲方腹部擊來時，甲方身體後閃，同時，用右手拍按乙方來拳，用左直拳擊打乙方面部（圖103）。

圖 103

【要領】

後閃要快，拍按要穩，出拳要以寸勁抖發。

（四十六）轉環錘

【方法】

（1）由右預備勢。甲方上右步，用左腳向甲方肋部踢來，乙方身體後仰，避開甲方之攻擊（圖 104）。

（2）上動不停。甲方右腳迅速後撤半步，或將身體重心後移，以避開乙方之攻擊，同時，用右拳砸擊乙方來腳（圖 105）。

圖 104

圖 105

圖 106

（3）上動不停。甲方趁乙方來腿落下之空隙，迅速上右步，以右直拳擊打乙方面部（圖 106）。

【要領】

閃身撤步要快，下砸要猛，擊拳要狠。

圖 107

(四十七)金圈逼命手法

【方法】

（1）由右預備勢。當乙方上左步，用左直拳向甲方面部擊來時，甲方迅速用右掌挑掛乙方來拳（圖107）。

（2）上動不停。甲方趁乙方進右步而右拳未打出之機，以左手食指、中指、拇指扼擊乙方喉部（圖108）。

【要領】

挑掛要快、扼擊要狠。

圖 108

第六節　腿　技

(一)踩腿截擊法

【方法】

（1）由左預備勢。當乙方上左步，用右直拳向甲方面部擊來時，甲方迅速用左手擋架乙方來拳，同時用右腳踩踢乙方前腿膝部（圖109）。

圖109

（2）上動不停。甲方右腿向後落地，隨即用左手抓拉乙方來拳，同時用右直拳擊打乙方面部（圖110）。

【要領】

架拳與踩踢要快，擊拳要準而猛。

圖110

圖 111

（二）踔腿法

【方法】

（1）由左預備
勢。當乙方上左步，
用左直拳向甲方面部
擊來時，甲方上體迅
速後仰，避開乙方之
攻擊，同時，用左腳
腳尖彈踢乙方前腿脛
骨（圖 111）。

圖 112

（2）上動不停。甲方左腳落下，以左直拳擊打乙方面
部（圖 112）。

【要領】

彈踢要準且快，擊拳要直且猛。

(三)迎門腿法

【方法】

由左預備勢。當乙方上左步，用右直拳向甲方面部擊來時，甲方左腳迅速向左側移步，閃身避開乙方之攻擊，同時，用右腳腳尖彈踢乙方前腿脛骨（圖113）。

圖113

【要領】

閃身即踢，勁貫腳尖。

(四)前低掃腿法

【方法】

（1）由左預備勢。當乙方上左步，用右直拳向甲方面部擊來時，甲方上體迅速後仰，避開乙方之攻擊，同時，用左腳前腳背掃踢乙方前腿膝部內側（圖114）。

（2）上動不停。甲方左腳向前落地，同時，用右直拳擊打乙方

圖114

面部（圖 115）。

【要領】

掃踢動作幅度宜小，勁由腿彎內側發出之。

(五)虎尾腿法

【方法】

由左預備勢。當乙方上左步，用右直拳向甲方面部擊來時，甲方

圖 115

迅速右轉體 180°，身體後仰，避開乙方之攻擊，同時，用右腳側踹乙方腹部（圖 116）。

【要領】

轉體宜平穩，側踹宜迅捷。

圖 116

(六)跺子腿法

【方法】

由左預備勢。當乙方用右腳向甲方腰部掃踢來時，甲方迅速用左腳側踹乙方腹部（圖117）。

【要領】

以踹腿破掃腿，要後發而先至。

圖117

(七)化截連環腿法

【方法】

（1）由左預備勢。當乙方用右腳向甲方膝部踹踢來時，甲方迅速上提左膝，以避開乙方之攻擊（圖118）。

圖118

（2）上動不停。甲方隨即用左腳踹擊乙方前腿膝部（圖119）。

【要領】

提膝要快而高，側踹要準而快。

（八）前掃趙腿法

【方法】

由左預備勢。當乙方用左腳向甲方頭部掃踢來時，甲方迅速下蹲，避開乙方之攻擊，同時，兩手撐地，用右腳掃踢乙方右腳（圖120）。

【要領】

下蹲要快，掃踢要借腰力發出之。

圖119

圖120

（九）後掃趟腿法

【方法】

由左預備勢。當乙方用右腳向甲方頭部掃踢來時，甲方迅速下蹲，閃過乙方之攻擊，同時，兩手撐地，用右腳後跟掃踢乙方左腳（圖121）。

【要領】

下蹲要快，勁貫腳後跟。

（十）下蹬腿法

【方法】

由左預備勢。當乙方上右步，用右直拳向甲方面部擊來時，甲方上體迅速後仰，避開乙方之攻擊，同時，用右腳跟踩踢乙方前腿膝部（圖122）。

（2）上動不停。甲方右腳前落地，同時，用右直拳直擊乙方面部（圖123）。

圖 121

圖 122

圖 123　　　　　　　　　圖 124

【要領】

踩踢落腳，收發自如。

(十一)撩陰腿法

【方法】

由左預備勢。當乙方上左步，用右直拳向甲方胸部擊來時，甲方左腳迅速向左側移步，閃身避開乙方之攻擊，同時，用右腳腳尖撩踢乙方襠部（圖 124）。

【要領】

撩踢之右腳尖要準，支撐之左腳掌要穩。

(十二)外撇腿法

【方法】

由左預備勢。當乙方上左步，用右直拳向甲方面部擊來時，甲方上體迅速後仰，避過乙方之攻擊，同時用左腳

圖 125

擺踢乙方頭部（圖 125）。

【要領】

擺踢要準而快，力求擊中乙方面部。

（十三）內撇腿法

【方法】

　　由左預備勢。
當乙方上左步，用
左直拳向甲方胸部
擊來時，甲方迅速
用左手拍擊或緊扣
乙方來拳，同時，
用右腳掃踢乙方背
部（圖 126）。

圖 126

圖 127

【要領】

扣拳宜緊，擺踢宜猛。

(十四)翻天腿法

【方法】

由左預備勢。當乙方上左步，用左直拳向甲方胸部擊來時，甲方迅速用右腳踢擊乙方左手肘部（圖 127）。

【要領】

身體微下蹲，以便將勁力集中於踢出之右腳。

(十五)點踢連環腿法

【方法】

（1）由左預備勢。甲方用右腳彈踢乙方腰部（圖128）。

圖 128

圖 129

（2）上動不停。當乙方下蹲攔截時，甲方迅速用右腳掃踢乙方頸部（圖 129）。

【要領】

指下打上，迅捷連貫。

（十六）掃踢連環腿法

【方法】

（1）由左預備勢。甲方先用右直拳佯攻乙方面部，乙方以左腳後退避開甲方之攻擊（圖130）。

（2）上動不停。當乙方左腳後退避過甲方之攻擊時，甲方迅速用右腳背掃踢乙方胸窩處（圖131）。

（3）上動不停。甲方右腳落地，同時，用左腳背掃踢乙方右側腰部（圖132）。

【要領】

趁乙方後退立腳未穩之機，快速連環掃踢以取勝。

圖130

圖131

圖132

（十七）蹬踢連環腿法

【方法】

（1）由左預備勢。當乙方上左步，用右直拳向甲方胸部擊來時，甲方上體迅速後仰，避開乙方之攻擊，同時，用右腳蹬踢乙方胸窩處（圖133）。

（2）上動不停。當乙方左腳後退避開甲方之攻擊時，甲方右腳前落地，同

圖133

圖 134

時，用左腳蹬踢乙方胸窩
處（圖 134）。

【要領】

借腰腹之力蹬踢，勁
注腳後跟。

（十八）後掃腿法

【方法】

由左預備勢。當乙方
上左步，用右直拳向甲方
面部擊來時，甲方左腳迅

圖 135

速向左側移步，閃身避開乙方之攻擊，同時，用右腳背掃
踢乙方左肋部（圖 135）。

【要領】

閃身要快，掃踢要猛。

圖 136

（十九）後擺腿法

【方法】

由左預備勢。當乙方上左步，用左直拳向甲方面部擊
來時，甲方迅速右轉身 180°，身體後仰，避開乙方之攻
擊，同時，用右腳後擺踢擊乙方胸部（圖 136）。

【要領】

轉體要穩，擺踢要準。

（二十）捆腿法

【方法】

由左預備勢。當乙方上左步，用左直拳向甲方面部擊
來時，甲方迅速用右拳挑掛乙方來拳，同時用右腳掃踢乙
方左腳（圖 137）。

圖 137

【要領】

防上攻下，以快打慢。

（二十一）窩心腿法

【方法】

由左預備勢。當乙方上左步，用左右擺拳向甲方頭部擊來時，甲方迅速用兩手挑架乙方來拳，同時用右腳蹬踢乙方胸窩處（圖 138）。

【要領】

此著乃為破敵雙峰貫耳一式而設，吞身收腹，挑架宜穩，踢出宜沉。

圖 138

（二十二）白蛇吐信腿法

【方法】

（1）由左預備勢。當乙方上左步，用右直拳向甲方胸部擊來時，甲方迅速用左手拍按乙方來拳，同時用右手食、中二指戳擊乙方眼部（圖139）。

（2）上動不停。甲方左腳後撤，而用右腳側踹乙方腹部（圖140）。

【要領】

攻上取下，連貫而發。

圖139

圖140

圖 141

圖 142

(二十三)勾踹連用腿法

【方法】

（1）由左預備勢。當乙方上左步，用左直拳向甲方胸部擊來時，甲方左腳迅速向右側移步閃身避開乙方之攻擊，同時甲方用左手迅捷抓住乙方來拳，以右腳勾踢乙方前腳（圖141）。

（2）上動不停。當乙方抬腿避過甲方之攻擊時，甲方隨即用右腳側踹乙方後腿膝部內側（圖142）。

【要領】

勾踢不中，繼以側踹，快速連用，令對手防不勝防。

(二十四)回身腿法

【方法】

（1）由左預備勢。當乙方上右步，用右直拳向甲方面

部擊來時，甲方迅速右轉體
180°，身體後仰，避開乙方
之攻擊，同時用右腳擺踢乙
方背部（圖143）。

【要領】

轉身擺踢要迅捷，支撐
腳要穩固。

（二十五）絞絲腿法

【方法】

圖143

（1）由左預備勢。當
乙方用右腳向甲方背部掃踢時，甲方迅速用右腳蹬踢乙方
來腿內側（圖144）。

（2）上動不停。甲方右腳點地，左腳滑於右腳旁，隨
即以右腳側踹乙方腹部（圖145）。

圖144

圖 145

【要領】

蹬踢要準，於蹬踢後之點地、滑步、側踹之轉換要快捷。

（二十六）跐踢連環腿法

【方法】

（1）由左預備勢。甲方用右腳腳尖彈踢乙方前腿膝部，乙方左腳後退，避開甲方之攻擊（圖146）。

（2）上動不停。甲方右腳落地於前，同時用左腳

圖 146

圖 147

腳尖彈踢乙方前腿膝部（圖 147）。

【要領】

彈踢連出，踢擊要準。

（二十七）騈踢連環腿法

【方法】

（1）由左預
備勢。當乙方上右
步，用左直拳向甲
方面部擊來時，甲
方上體迅速後仰，
避開乙方之攻擊，
同時用左腳腳掌外
沿側踹乙方前腿膝
部（圖 148）。

圖 148

（2）上動不停。當乙方右腳後退避過甲方之攻擊時，甲方左腳向前落地，同時用右腳腳掌外沿側踹乙方前腿膝部（圖149）。

【要領】

側踹連出，踹擊要準。

圖149

（二十八）蹬掃連環腿法

【方法】

（1）由左預備勢。甲方用右腳蹬踢乙方胸部，乙方左腳後退，避過甲方之攻擊（圖150）。

（2）上動不停。甲方右腳落地於前，同時用左腳背掃踢乙方頭部（圖151）。

【要領】

先蹬後掃，直曲連出。

圖150

圖 151

(二十九)右下躲閃

【方法】

由右預備勢。當乙方左腳向甲方頭部掃踢時,甲方身體迅速下蹲,並向右躲閃,避開乙方左腳之攻擊(圖 152)。

【要領】

蹲椿要穩,以腰為軸,身體稍向右轉。

圖 152

(三十)後　閃

【方法】

由右預備勢。當乙方
上左步，用左直拳向甲方
面部擊來時，甲方上身迅
速後仰，避開乙方左直拳
之攻擊（圖153）。

【要領】

後閃要快捷，動作幅
度宜小。重心移至後腳，
前腳踮起。

圖153

(三十一)提　膝

【方法】

由右預備勢。當乙方
用右腳向甲方腰部掃踢
時，甲方右腳後滑半步，
提左膝攔截乙方右腳之掃
踢（圖154）。

【要領】

滑步提膝，轉換要快
捷。

圖154

附錄一
武術恢復疲勞之我見

筆者習武三十餘年，回顧與筆者同在一起習武的武學愛好者，有的因訓練過度勞累患腰肌勞損症，不得不間斷性習武；有的因排打不得法傷了肺臟，不得不放棄習武；有的因當天訓練後疲勞身體不能夠及時得到恢復，以致習武時斷時續……其中，因不能及時消除疲勞而間斷性習武的現象較為普遍。筆者認為，一個成功的武學愛好者，就應做到「文武道」兼修，「誠專恆」並練，而間斷性習武，這就犯了無恆之大忌。習武之人，於早晨起床——5點至7點，晚將就寢——21點至23點，這兩個時辰，萬不可間斷習武，如此功力易增長；若有間斷，是謂習武無恆，又稱習武無本，要求功力之增長，難矣！

蓋有恆乃習武有成之本。而要做到習武有恆，就很有必要結合武術運動的特點，將如何高效率地消除運動性疲勞作為一個武學愛好者必修的課題來加以研究。

怎樣才能高效率地使運動性疲勞得到消除呢？筆者是從兩個方面來研究這一課題的：一、什麼是武術運動性疲勞？二、造成武術運動性疲勞的原因及消除的辦法究竟是什麼？

一、什麼是武術運動性疲勞？

疲勞，顧名思義，就是疲乏、勞累之義。武術運動性疲勞，即指習武過程中運動量過度或刺激過強，致使人體肌肉、器官、神經的反應減弱，如肌肉疲勞、視覺疲勞之類。反應減弱，就不能起正常的反應。這種情形，多表現於開始學武之前三年內。

在進行基本功訓練、套路訓練、器械訓練時，或表現為呼吸急促有聲，或表現為手酸腿軟，或表現為腰酸背痛，或表現為饑餓難忍，或表現為訓練之後的體困神倦，想要早早入睡。這些由強化訓練而出現的現象合在一起，就產生了具有武術運動特徵的運動性疲勞。這種疲勞可分為兩個部分：一部分是形體的疲勞，主要包括肌肉疲勞、筋骨疲勞、內臟器官疲勞；另一部分是神的疲勞，主要包括眼的疲勞、腦的疲勞、神經的疲勞。

二、造成運動性疲勞的原因及
消除辦法究竟是什麼？

要透徹了解運動性疲勞這一問題的實義，就需由表及裡、由淺入深地作三層探討，方可使運動性疲勞的真實內涵得到透徹的解說。

(一)運動性疲勞的具體解說

上文已將運動性疲勞分作兩個部分：即形體的疲勞和

神的疲勞。由此推之，造成運動性疲勞的原因也可分為兩部分：一是體力的消耗，一是腦力的消耗。用八個字加以概括，那就是「多動勞身，多慮勞神」。合而言之，造成運動性疲勞的原因是力的過度消耗。

從這一解說，我們只能得到關於運動性疲勞的問題的第一層解說，這是一種比較大眾化的解說，也是一種膚淺而不透徹的解說。

(二) 運動性疲勞的義理解說

由具體解說深入到第二層解說，即義理解說。從這一層考察，我認為，造成運動疲勞的原因，除了力的消耗的因素外，還有肺部的緊張，念頭的向外。兩個人一同訓練一趟六合拳，訓練的趟數相同，訓練的時間、速率、運動量也相同，但由於其中一個只用肺部呼吸，而另一個主要採用腹部呼吸，由此訓練的效果就明顯不同。前者練拳完畢，呼吸急促，氣喘吁吁；後者練拳完畢，呼吸平緩，氣定神閑。結果前者顯得更為疲勞。

次言念頭的向外。兩個人在一起訓練矮襠走圈，訓練的圈數相同，都是 50 圈；訓練的距離相同，都是直徑 2 公尺的圈子；訓練的力的消耗量都是一樣，都是相同的時間內走完 50 圈。但由於其中一個走圈者念頭向外——心裡牽掛著與別人踐約的念頭走圈，另一個走圈者念頭向內——心裡無事可以牽掛，只將一縷念頭繫於小腹下端之陰蹺氣穴。由此訓練的效果就明顯不同：前者走圈，樁子時高時矮，速度忽快忽慢；後者走圈，樁子不時高時矮，始終保持矮樁子；速度不忽快忽慢，始終保持快速度。

結果前者比後者更加疲勞！試問：何以力的消耗程度一樣，而覺著疲勞的程度卻大不一樣呢？由此便可以證明運動性疲勞並不僅僅是因為力的消耗，造成武術運動性疲勞的原因，除了力的消耗之外，還有兩個主要因素：肺部的緊張，念頭的向外留意。

(三)運動性疲勞的眞實解說

由義理解說，再深入到第三層解說，即真實解說，從這一層考察，就可將造成武術運動性疲勞原因的深層含義透徹地揭示出來。

1.肌肉、筋、骨骼的緊張

運動時，由於肌肉、筋、骨骼的緊張，造成體力的消耗。在套路訓練時，需做左右、前後、上下的各方位的運動，肌肉的放鬆與受壓，壓出細胞內的力，以趨向於攻擊對方之部位，筋的屈與伸，骨骼的拉動與收縮，一在護衛臟腑，使不受攻擊；一在增強攻擊之力度。

肌肉的適度受壓，筋的適度伸展，骨骼的適度拉動，可以產生肌肉、筋、骨骼的適時適度的緊張，使身體組織保持伸縮的彈性，保持正常的反應。適時、適度的緊張，產生適度的形體的疲勞。

相反，肌肉的過度受壓，筋的過度伸展，骨骼的過度拉動，則造成肌肉、筋、骨骼的持續過久的緊張，會使身體組織失去伸縮的彈性，失去正常的反應。過久、過度的緊張，便造成極度的形體的疲勞。

適度的形體的疲勞是必要的，也是正常的疲勞，因這

種疲勞可以經過當天夜裡的道功與睡眠得到恢復，不致影響第二天的晨練。而極度的形體的疲勞則是應該力戒的，因這種疲勞儘管在當天夜裡經過道功與睡眠，但卻不能夠在第二天早晨將體力恢復到正常的運動狀態，從而使第二天之晨練停輟，使習武無恆，故此種疲勞應當力戒。

力戒極度疲勞之必要，在於保證武術運動的有恆訓練。究其理，如同一條橡皮筋，拉得過久、過度之後，就不能再縮了。筋拉得過久、過度，彈性組織就會鬆弛，不能再緊張起來拉動肌肉與骨骼，失去了正常的彈性，這就造成極度疲勞。

故自然門武術之基本功訓練，很講究壓腿與踢腿的配合訓練，將此種訓練之運動量分作十份，其中三份運動量用於壓腿，七份運動量則用於踢腿——簡稱「壓三踢七」。壓三踢七之必要，就在於保持筋的彈性，使之不受損傷。

2. 肺部的緊張

學武者於初學之時，由於不會胎息，只會用肺部呼吸，故於套路訓練之時，打拳踢腿，氣即上浮，呼吸變得急促而極不舒暢。呼吸的功能，在一面吸取空氣中的氧氣，一面釋放血液中的二氧化碳，使污血變為新血。但由於呼吸的急促而導致吸取氧氣與釋放二氧化碳的不充分，污血不能徹底的漂清，如是污血便留存於靜脈血管內，留存過多，即造成鬱積，鬱積的污血可以阻滯體內諸器官的新陳代謝運動，而使全身發生中毒現象。

中毒現象之發生，身體就覺著疲勞了。要避免這種疲

勞的產生，可以自然門道功訓練中形成的胎息來減輕肺部呼吸的負擔，繼以自然門矮襠走圈功夫泄去體內火性，火性一泄，則閃展騰挪，氣不上浮，呼吸平緩，氣定神閑。呼吸平緩，則肺不緊張；肺不緊張，則疲勞不生。

3. 念頭的向外

念頭的向外，可以造成多量的疲勞，上文已有述及。避免因念頭向外而造成的疲勞，其法在念頭對內的留意。因念頭對內的留意，可以免除對外的留意。荀況有言：「目不能兩視而明，耳不能兩聽而聰。」由此推之，心（念頭）不能兩用而靈。念頭之對外留意，即為識神；念頭之對內留意，即為元神。

念頭在道家又喻之為「神火」，居人體頭部，當其向下留意於臍下關元穴內之精水，即可以燒精水以化作蒸騰之炁，升入頭頂泥丸宮內，這在道家稱之為「水升火降」。候泥丸宮內之炁至稠密狀態時，炁中之陰質與陽質交感，而凝結為津水，下注於口中。精水的化炁可以補充體內因武術運動而消耗的力；由炁所凝之津水，吞之對內臟器官、肌肉、筋骨均有滋養潤滑作用，可以消除因武術運動造成的形體疲勞。念頭實為頭部泥丸宮內炁之陰質與陽質交感而發之電流，當其對外留意時，即處於耗電狀態；當其對內留意時，則處於蓄電狀態。

自然門宗師杜心武之女杜玉瑩所傳之練功歌訣言：「不動之動，才是生生不已之動。」「在不動中求速功」。不動之動，就是念頭之處於空寂淨慮之本然狀態，而非處思慮煩惱之人為狀態。換言之，就是念頭對內留

意——繫念黃庭。念頭為先行官，炁為隨從，繫念頭於黃庭之內（臍內空處），則炁必隨念頭積存於黃庭。炁為人體內生命之高能量，是由元神神火燒津水化來的帶光色的氣，其光人能看見，炁之流動，疾如電閃，人能覺察，可放出電波，形成磁場給人療病。故積炁可以蓄積電流，為武術運動提供動的生命高能量之源。

自然門經過矮襠走圈與不動念頭之道功訓練，將生命之低能量內炁練化為高能量內炁，以疾如電閃之炁打通陰蹻氣穴，則兩腿之動亦疾如電閃，故自然門矮襠走圈功夫成，即能達到進可閃於敵之背後，退可如抽鞘之俐索的速快絕倫的技擊境界。

少林拳主硬，武當拳主柔，自然拳兼採二家之長——主快。能達此境界，則武術運動過程中所產生的因肌肉、筋、骨骼的緊張而致的力的消耗，可以隨耗隨補；肺部的緊張，可以腹部之胎息化解之；念頭的向外，可以繫念於黃庭的道功化解之，能達如是之境界，則因武術運動而起之一切運動性疲勞，盡可以避免之、化解之、消除之。

武術運動性疲勞可以自然門矮襠走圈功夫及道功化解之，則因不能及時消除疲勞而致習武無恆之現象可以杜絕之。如是以武演道，以道助武，武道合一，可使習武有恆，是謂有得於習武之本，得者德也。一言以蔽之，曰：「有德者功力日日長，無德者功力日日減。」

附錄二
萬籟聲先生講堂錄

——謹以此實錄獻給萬籟聲先生誕辰一百周年紀念日

　　此講堂錄是筆者於 1989 年在福州市竹林景小院聽萬籟聲先生講課的實錄。記得那一年上半年，在竹林景小院裡，先生總是先講課，後教武。先生於小院西邊臺階上面東坐在一靠椅上，我與于章元、巫海鋒、彭曄、陳榮華、陳志、陳寶林、陳鼎元、曹瑞、馬振州、小白 10 位師兄弟坐院中小凳上聆聽先生講課。

　　講課的內容很廣泛；有的是談宗教方面的，有的是談學武條件與作用的，有的是談物質與精神關係的，有的是談信仰的，有的是談如何做人的道理的，有的是談生理的，有的是談杜心五偷襲徐矮師軼事的，有的是談如何才能成為一名合格的武術師的……更多的是談武德與自然門武術技擊原理。每次講課 20 分鐘。完了之後，先生就在竹林景小巷裡教我們練武。

　　先生教武的風格很獨特，如教八仙劍，先生手持竹劍，總是先一個招式接著一個招式從頭到尾做示範，我們師兄弟也手持竹劍跟在先生後面一個招式接著一個招式地模仿、學習。每比畫出一個招式，先生即說出下一個招式的名稱，以提醒我們。一趟劍教完之後，師兄弟中若有誰

學不會的，或對某一招式之要領掌握不好的，就請學全的或對某一招式要領掌握較好的師兄弟相幫，再示範，再講解。若是大家都不會，再一起向先生請教。

先生此時總喜歡找我們當中的一位師兄弟做對練示範，或先生攻，徒弟守；或徒弟攻，先生守，邊比畫邊講析招式的要領，然後再讓我們師兄弟兩人一組、兩人一組地對練，再揣摸，再體會。

我覺得先生這種教法，有示範、有互教、有對練，有適時的點撥，既簡便易學，學起來快，又體會深刻。有的招式，儘管只是一招，卻終生受用。既有口頭講析，又有對練較量。而最讓我們師兄弟感動的，是先生以年近九十的高齡，仍不辭辛勞地將每一個招式比畫得形神兼備，力求到位。每次下課，我們11位師兄弟總是一個挨一個地依次在先生面前深鞠一躬，口裡說道：「老師，好好休息，學生回去了！」先生點頭示意，我們才一一拜別而去……

上述是筆者當年在先生門下學武聽課的點滴回憶。2003年2月21日，是先生誕辰一百周年紀念日，筆者謹將當年在先生門下聽課的筆記整理出來，以語錄的方式記之於下，以獻給先生誕辰一百周年紀念日，同時也讓更多的武學愛好者通過語錄來了解先生作為一代武術教育名家的師德風範與武術經驗。

萬籟聲先生言：「道講清靜無為。孔夫子講中庸，佛教講大慈大悲，耶教講自由、平等、博愛。自由須講道理，自由不可過度；清靜無為。留肉體於世間，不做事，徒知靜心養性，無多益處於社會。博愛不成立，你愛他，他不愛你，奈何？且強盜竊殺，於己則不可愛；平等，水

準有高低，技藝有高下，平等同樣是有限度的……學武須知自然大道，道有道功，道不專指道理，乃指老子之道。學武之道乃強國強家強族強種之道，小可保身保家，造就完善之人格，大可交友，闖天下。有了完善之精神建設，方有美妙之世界。精神建設如內八段錦，可使耳聰目明，精神煥發。生活須有規律。首須改良心緒，修養內臟。內有健康之心緒，外有堅強之體格。有陽有陰，方有神仙。神由鍛鍊而來，牙齒與神經相通，故知味。神為神經中之元氣，亦為物質所化生，無神者為傻子，物質分有形、無形兩種，若氣，望之不見為無形；若風，甚者拔屋倒人為有形，原子、中子能炸死人，但原子、中子視之不見為無形物質。神經若電網，眼睛若鎢絲，血氣若電。血氣足眼睛則亮。沒有鎢絲，燈亮不了。將兩手中指相對搓熱。按摩眼球三十六轉，閉目，左視七次，右視七次，翻手如鳥翼遠眺，可增目力。陰陽相撞方起火，陰陰、陽陽各相排斥，由此可類推一切。氣→血→精→元氣充滿骨髓，為人體發顯動作之源泉。神仙不管己事，己事由己決定之，故凡事須自己多操習之。人與天道合，你害病之時還得害病，發跡之時錢用不完，窮時想富也富不起來。先苦才能見世真，不歷其境，不知其苦。『吃得苦中苦，方為人上人』，太苦太富均不行，二者相參則好。」

「得道者，知做人做事的道理。『得道者多助，失道者寡助。』『信義俠勇』四字，乃我自然門弟子立身處世之道。信則與人辦事講信用，重然諾，不背信、不忘義；義則同道之友須有互助精神，須出物出力出心；俠則鋤強扶弱，欺壓良善者該殺，貧弱孤苦者當救濟；勇則合理之

事，放膽去做。一個人不怕死，就怕被侮辱，與其侮辱中生，不如奮鬥中亡。做人須通情達理，不合情理之事當遠之。做事須有賞罰，須公平。大丈夫不埋怨天、不責備人，只責備自己無能。知己無能就當奮發有為，否則就是王八蛋！一個人想要做的事情，你想要攔都攔他不住；一個人不想做的事情，你強迫他都無辦法。交友取其長者為己學之，己有利於對方則助之，此亦一樂事矣。信仰與迷信不同。信仰者知其理，按理辦事，終必有成就；迷信者不知其理，盲目去做，終多蠢事。成大事者多從傻子做起，在他人眼裡為傻子，在己則是在己思維指揮下之超越俗人之壯舉。如王顯齋大師年輕時因情緣一事，看空一切，出家了空一切。他曾作詩以明悟道之心跡：『三女合諧都是姦，送君直到鬼門關，明知那事色是空，靈物虛虛不可還。』」

「做人須有功夫，有學問。功夫，不分南北，軟、硬、輕三功聚之。功夫攻則令人生畏，守則若觀泰山。學武須具下述四大要素：一乃聚財，二乃拜師，三乃天資，四乃環境。學武須兼學傷科。《武術匯宗》文、武、道、醫均有。學武技之道，先學架子，再弄清攻守之含義，繼之以苦練下去……拳式多兩下少兩下沒問題，關鍵是要掌握其用意。頂項胸腰背、肩肘腕胯膝、手眼身法步，自然門要求將上述十五個要素合為一體用於攻守技擊之中。演拳不出上下、左右、前後六合之方位。技擊時講究勾、閃、刺、扎、虛實、巧打六法。意在小腹、口閉、鼻呼吸，手足由輕漸重，敲擊樹幹等物，打擊對手，擊其吃不消之處為要。手心上向為陽，下向為陰。腳直出為踮，退

為勾，外踢為駢，內踢為踩，正踢為蹬；手有勾、攔、架、格。『手是兩扇門，全憑腿打人』——對打之原則，在善於保持距離，如波浪，彼浪卷來此浪退，此浪推去彼浪退，彼慢我慢，彼快我也快，攻可化守，守可化攻。對打之要在擊敵於一點處發勁，餘皆鬆活，鬆活則快，如炮彈，彈頭碰擊之處則炸，彈頭與炮間之距離為空，如為實則打不遠，在近處即爆炸。對打之巧，巧在攻防距離中剛差一點之把握，剛差一點，打之不中；妙，善於化解；化，以其人之法治其人。

　　一次杜心五曾於徐矮師於椅中打瞌睡之時，以棍直捅其心窩，矮師連人帶椅飛起隨棍之捅來而後移，棍端就差那麼一寸，捅之不中。又一次，矮師在灶前炖羊肉，杜心五趁其剛從火上端起土砂鍋之機，即雙手持長杆大刀自身後猛劈其頭部，刀砍於灶沿之上，火星四濺，而人卻無影無蹤，抬頭一望，矮師手持土砂鍋已然立於灶臺之上……徐矮師之技可謂入於巧妙化之境界矣……南方拳道，以氣使勁，得氣病；北方拳道，以力使勁，得力病；自然門拳道，以意使氣，得神氣。

　　自然門包含了中國一切拳技武功之操練法則，代表了南北家學武之道，在氣質、形神、法道上勤下工夫，方才有其成就。教武人眾之時須有軍訓配合，一則排隊，縱列橫排；二則向前看，向右看；三則喊名號，高聲喊之，高聲應：『有！』究學武之作用，早睡早起，旺盛新陳代謝，代替不良嗜好，養成良好之風氣……且自然拳，練之雅順大方，可強身自衛，國家有難，可為國效力。武術練好，以一當十，有了大力氣，方有大勇敢，養出無窮的勇

氣，豪強的精神。武功好，還須有好學問，口齒餒俐，能舉例示範，會普通話，參加過全國武術大賽成名者。明代戚繼光所著之《紀效新書》，余著之《武術匯宗》，日本武術界甚重視。」

「現代科技用於造福人民，同時霸權國家也用於殺人，你怎麼理解它？——有好必有壞，有壞必有好。有唯物必有唯心，一方之存在以另一方之存在為依據，二者取其佳者、為己用者為自然大道。」

「人由無而來，又回到無之中。人由猴而來，猴又由何發展而來？雞生蛋還是蛋生雞？……估計均由化生萬物之精子、卵子相合而來，但精子、卵子又從何而生成之……」

由上述語錄觀之，先生之人格精神，盡在「信義俠勇」四字之中。筆者在先生門下學武聽課僅半年不足，時間雖短，但在做人之理上明白了做人應以「信義俠勇」四字為立身處世之本，悟出了修道應以老子莊子之道為追溯之源，品味出學武不光是為功夫出眾，還應與學醫、修道、武德、愛國、有益於國家社會相結合，才能將常人之體能推至最高境界。

惜筆者不能長侍師旁，故此語錄不能涵蓋先生一生之言行，僅為先生晚年思想中之點滴拾綴。雖為點滴，讀者亦可由斯以觀先生思想中閃爍之火星點點。雖只點滴，先生之言行，亦足以為吾等習武後生景仰之師德風範矣！

末了，筆者賦詩一首以贊先生。

詩云：

　　農大邂逅杜心五，棄學從武自然門，

六年磨礪結碩果，武技大進稱英豪。
南京國術大賽上，力挫群雄奪武魁，
《武術匯宗》之發表，四海傳揚名聲噪。
五虎同下兩廣時，傳爲武壇之佳話，
矮師心五萬籟聲，《奇門三傑》書中表。
「信義俠勇」鑄人格，俠肝義膽錚錚骨，
一脈宗風道釋武，力倡武術強國道。

附錄三
「信義俠勇，立身之本」
——謹以此文獻給萬籟聲先生誕辰一百周年紀念日

　　我自幼嗜武，走入社會後，因感所學雜而不得其要領，遂有了拜謁名師以求武學精髓的志趣。

　　1988 年底，因從《武林》雜誌上得知自然門第三代傳人萬籟聲先生寓居福州，任福州市自然門武館總館長，遂於 1989 年初慕名赴閩。先從福州自然門武館館長呂耀欽老師學習武當三豐太極拳。

　　在館內學武一周，方才打聽得知萬籟聲先生家住竹林景小院，在館內只是掛名而已，並不親到館內教武。於是將自己來閩欲拜萬籟聲先生為師的誠意向呂耀欽老師言明，徵得呂老師的贊同，遂備見師禮三次造訪先生。

　　第一次造訪，院內一位熱情的鄰居說：「你來的不是時候，先生一大早就出門去了！」並接著介紹說：「先生的書屋就在面東座西的那兩扇木門內，來這兒訪先生的人可多了，你來訪他莫不是想要學武？」「是！」「你從什麼地方來？」「雲南。」「那麼大老遠跑來學武？」「是。」「要拜先生學武的人可多了。可是先生今年 87 歲了，年紀大了，來訪的人多被拒之門外，我勸你還是回去吧！」「不。既然我來了，豈有連先生一面都沒見就回去的道理！相煩您給幫忙引薦一下！」「我可幫不上你的

忙，你一定要見先生，就改天來吧！」

抬眼望去，先生書房門左邊的窗檐上方，有國家領導人接見先生的合影，有先生與兩位西洋武術愛好者的對練照，有文士吳學光給先生題寫的一幅詩文。

其詩贊云：

「文才驚宇內，武略震寰中，

　弱冠興基業，耄年顯異功。

　懸壺揚古義，德道尚遺風，

　俠膽錚錚骨，平生浩氣雄。」

還有先生手書之銘文：「炎黃子孫要爭氣。」

這院中之布局，足見國家領導人對先生的重視，對武術的重視，亦足見中外武術愛好者對先生的仰慕之情。

第二次造訪，那位熱情的鄰居說：「你又沒來在時候上，先生剛出門講學去了！你還來嗎？」「來，一定來！」鄰居豎起大拇指說：「小伙子，真有你的！」

第三次造訪，先生正好在書房內看報，見我站在門外，先生問：「這兩天你來找過我？」——一定是好心的鄰居向先生說起過我來訪的事，我恭敬地向先生點了點頭。「你為什麼想跟我學武？」「愛好！」「僅只是愛好？」

「學生拜讀過先生撰寫的《武術匯宗》一書，對先生的文才武略實感欽佩，尤其是讀了《奇門三傑》一書，十分敬重自然門一派之奇人偉跡，俠肝義膽，故而不辭旅途奔勞，竭誠獻至。敢請先生不吝賜教，收學生為徒，學生家母多年被風濕病所折磨，痛苦不堪，久醫不見其效。學

生知學武可以強健體魄，袪除疾病，願以己所學，教會家母，袪除病痛，並願以己所學，造福鄉梓！」

「你年紀輕輕，有為民之志趣，其志可嘉啊！行，我就收下你！彭曄，你去叫陳榮華進來！」

先生遂開香堂，陳榮華、彭曄於書桌上點燃兩隻大紅蠟燭，放上香爐，在我耳畔吩咐了幾句，彭曄遞香三炷給我。先生端坐書桌旁之一靠椅上，我即於距先生兩公尺處站定，面向先生，深鞠躬三下，跪下，叩頭一下，輕挪腳步，走向香爐，將三炷香高舉，口裡喊出發自肺腑之言：

「學生陳曉濤（筆者昔日姓名）慶幸得蒙先生垂愛，收為門徒，己願今日終得變成現實，感動不已，願盡心盡力，學好武藝，為家母袪病，為家鄉人的健康做點有益之事，以不辜負先生收徒之情！」

回頭望先生，先生會心地微笑點頭：「甚好，就是這樣。師父可算沒把你看走眼！從今日始，你就是為師門下之徒了！……你想學什麼？」「自然拳！」「走，到院內去！」於是先生在前，我隨後，先生每教一招，我就仿學一招。比畫三遍，我即將此拳學會。先生很高興說：「你悟性還算不錯！」

先生以傳授一套自然拳予我的方式作為見面禮，當時我大為感動。為了牢記此拳之每一個細節，我當天練至月牙偏西，夜色濃濃時，方才入睡。

第二天到先生書房，先生即向我一一引薦了幾位師兄：大師兄于章元，接下來依次認識的尚有馬振周、曹瑞、彭曄、陳鼎元、陳志、范小華、王進、陳寶林、巫海峰、小白。每天下午兩點半，我和師兄們總是提前 20 分鐘

到小院內恭候先生，先生亦是準點開課，先在小院內授課，後到院外小巷內教武，每天如是。

一晃半年。一天，我收到家母發來的一封電報，言病重住院，催我速歸，遂與先生拜別，拜別之時，先生贈給名片一張，合影一張，竹林景院內小照一張，藥方一張（因家母患風濕病多年，恩師知悉後即開此方相贈），並囑托道：

「學武須識自然大道。道有道功，道不專指道理，乃指老莊之道。我自然門徐祖師爺就是受了老莊道學的啟發而創此門派的。你以教書為生，又是大學中文專業畢業生，最好不過，要一邊習武，一邊參禪悟道。你文化底子好，要多讀些道家典籍，用老莊道學思想來充實完善自然門武學，為我自然門作一部以道釋武的專著。老莊道學思想中的『道』，後人歧解太多，望你能參透『道』的真諦。要參悟大道，就參老莊的。佛家禪宗，不妨也了解一些，因其與道學之性功也有相通之處！學武之道，乃強國、強家、強族、強種之道，小可保身保家，造就完善人格，大可交友、闖天下，而交友、闖天下，又當以『信義俠勇』四字作為立身處世之本。記住啦：功夫要天天練，不要荒廢了！」

聽此真情至理之言，為徒銘感肺腑，不禁潸然淚下。此情此景，猶在眼前……然此一別，遂不復與恩師謀面。恩師之人格精神，盡在「信義俠勇」四字之中。吾感恩師之情義，遂取「信義俠勇」之首字「信」，更名為陳懷信，以示懷念恩師之人格精神，懷念恩師傾心相待之情義，不敢有忘於恩師垂訓之語……

回雲南後，恩師所囑，實不敢忘，一邊習武不輟，一邊翻閱十卷本《道藏要籍選刊》與《釋氏十三經》，拜山訪川，問道問僧，以求參禪悟道，借道家佛家理論以充實完善自然門。經13年努力，今達所願，著成《自然門功夫精義》一書，以不辜負先生之願望與囑托！

　　福州一行，任重道遠，學生當再接再厲，在自然大道上馬不停蹄地走下去。

附錄四
自然門武學歌訣

一、**內功心法** 儘管用於技擊的招式不盡相同，但相通的一點就是要有一套合適的心法作內在聯繫，據此觸類旁通，通而徹悟，這就是自然門十六字心法——「動靜無始，變化無端。虛虛實實，自然而然。」

二、**性功心法** 念無他想，常處空寂。——「其寐不夢，其覺無憂。」

三、**命功心法** 神入氣穴，常注黃庭。——「其食不甘，其息深深。」

四、**體** 念無他想，神入氣穴。——「真人之息以踵，常人之息以喉。」

五、**用** 一気伸縮，循環無端。——氣歸丹田，勿忘勿助，似有似無。

六、**功法原理** 善調陰陽，功從中出。——「隨意動從椿功中訓練而出。

七、**基本功十五字** 手眼身法步、肩肘腕胯膝、頂項胸腰背。

八、**步法格言** 閃如清風，躲如抽鞘。

九、**手法格言** 扣如鋼鈎刺如刀，碰如鐵石黏如膠。

相對如嬰兒，舉手不能逃。

十、短手八字　揮、劈、撩、砍、騰、摟、閃、展。

十一、文講八法，武講八式　八法者，點、橫、豎、鈎、折、挑、撇、捺。八式者，手上四式：摟、打、騰、封。腳下四式：踢、彈、掃、掛。字寫得多妙，不外乎此八法之運用高明；功練得多高，不出此八式之運用精到。

十二、身法格言

身似彎弓手似箭，眼似流星腿似踮。

吞身如鶴縮，吐手如蛇奔。

活潑似猿猴，兩足如磨心。

若問真消息，氣穴尋淵源。

十三、軟硬輕功夫特點

掌須斷石，骿須穿板。踮須破竹，翻須騰空。手如鋼鈎，身如鐵石。硬則如鋼，軟則如膠。重則如生根，輕則如走冰。一腿掃去，木椿可斷；縱騰挪移，如飛鳥穿林；目測懸錢，知游移分厘；耳聽腦畔，辨左右拳風；腳步進退，能閃躲自如。身輕如燕，輕而有根，軟而有硬，隨意所如，無往不適。

十四、打法格言

生擒捉拿，閃躲圓滑。

吞吐浮沉，綿軟巧脆。

出手軟如綿，上身硬似鐵。

出手起腿一條線，打出見影不見形。

勁有明暗，法有黏閃。

一黏就走，一走就打。

不拘打式，自然而來。

十五、自然接物　「不多人恩，亦不損人。」「信義俠勇，立身之本。」「隨心所欲，縱橫自如。」

十六、自然門對抗秘訣

隨方就圓，隨直就橫，勿拘執，勿大意，圓轉自如，縱橫捭闔，守如待兔，急如雷電，浪步浪步，無始無終，不及不離，自然而然。

後 記

　　我對自然門功夫的專門訓練緣於 1989 年初，該書的構思緣起於我的自然門武學啟蒙恩師萬籟聲先生的囑托。在我的武學深造之師杜飛虎以及師兄梁超群、江蘭青、江一文的要求與鼓勵下，業經十三載春秋著成此書稿。在我作自然門功夫訓練的過程中，深深感受到道學義理與自然門功夫密切相聯，體會到萬師所說「我自然門就是徐祖師爺在老莊道學之啟發下而悟創的」誠非虛語，正是基於此，萬師囑我著寫一本以道釋武的自然門功夫專著，以達普及推廣之目的。

　　於是我在萬師所言「學武須識自然大道，要參悟大道，就參老莊的，老莊道學思想中『道』，後人歧解太多，望你能參透『道』的真諦！」的啟發下，從探明老子述道之初衷入手展開道學研究，從道學意義上的道、生命學意義上的道、哲學意義上的道、武學意義上的道這四個角度展開與自然門功夫的內在聯繫。透由學術化、程序化之論證，與探幽索微式的闡述，以揭自然門歷代傳人中均出奇人、出真功之秘。

　　孟子說得好：「得道者多助！」我與武有緣，慶幸所

遇多奇人異士、武術名家，故於著寫此書的過程中，甚得眾道相助。諸如湖南省臨澧縣中國杜心五自然門武館館長、自然門第四代傳人杜飛虎的點撥與題詞。中國萬籟聲武術研究會會長、自然門第四代傳人梁超群遠在法國，聞知出書一事，欣然為該書題詞。臺灣太極拳協會理事長張肇平先生遠在臺灣，也聞訊題詞相贈。《武當》雜誌社主編、武當拳法研究會秘書長譚大江先生對作者所寫該書中之武學論文提出指導性意見，認為寫武術書也好，寫武學論文也罷，既要寫出共性，同時又要突出個性，共性與個性不容混同。孫式太極拳傳人孫劍雲告以「練拳要能夠將外形與內意在速度功力上很好地結合起來！」武當郭高一道長告以「道在自身，無須遠求！」鐘雲龍道長告以「太極拳是為道士們修練內丹而設之輔助拳法！」游玄德道長告以「練功夫要選擇氣場好之場地，採外以補內，才有助於功力之增長！」溫縣趙堡太極拳「鄭悟清拳法研究會會長」鄭鈞先生告以「掌拍沙袋與硬功拍打有損內丹之形成！」「鄭悟清拳法研究會副會長」原寶山先生告以「學拳須知曉拳訣！」陳式太極拳傳人陳小旺先生告以「拳之半出拳心要空，近打擊點時拳心方緊！」陳式太極拳傳人之一的陳正雷先生告以「太極拳是一種哲理！」師兄梁超群告以「師之所存，道之所在！」師兄江蘭青告以「色不異空、空不異色！」師兄江一文告以「聽自然之風聲，觀自然之電光與自然之閃電！」恩師杜飛虎告以「善調陰陽，功從中出！」中國武協鄭企平先生告以「你們自然門可是民間武術的一塊奇寶！」

　　……這些點點滴滴的誠心相告，對我著寫該書啟示良

多。尤其難能可貴的是，在我發出的多封要求發表該書的懇請函中，首先得到了人民體育出版社的來函支持！來函中言：「大作《自然門功夫精義》，應該說是一部好書，萬籟聲先生是我國著名武術家，他的心血理應以圖書形式流傳於後世，造福於後人。陳老師不辭辛苦，完成萬老的此一心願，也確實是為國人做了一件好事。此書如能得以出版，應該說是武術界的一件喜事。希望能與老師合作，將這本書盡快問世！」在我之書稿即將付梓出版之際，能收到此吐自肺腑、肝膽與共之至誠之言，我是雙目含著感激之淚的。在淚光中，我禁不住想起了萬籟聲恩師的真情囑托，想起了杜飛虎恩師的熱情叮囑，想起了師兄弟們一張張殷切厚望的面容，想起了一位位武林前輩對武學的津津樂道，作為一個武術後生的我，怎能不感從心發、淚為之下呢！

也正是緣於此，誠向為該書出版給予鼎力支持與相助的武術界領導、老師及同仁們致以我發自內心深處的感謝！同時，還要感謝湖南臨澧杜心虎自然門武館館長杜飛虎題詞、作序；法國萬籟聲自然門武協主席梁超群先生的題詞。並向攝影師徐斌、趙宏泉，及技擊法的協助示範者陳啟榮致以謝意。

五生齋主人　陳懷信
於 2003 年 6 月 15 日書於

大展出版社有限公司
品冠文化出版社　圖書目錄

地址：台北市北投區（石牌）　　電話：(02) 28236031
　　　致遠一路二段 12 巷 1 號　　　　　　28236033
郵撥：01669551＜大展＞　　　　　　　　28233123
　　　19346241＜品冠＞　　　　傳真：(02) 28272069

・熱 門 新 知・品冠編號 67

1.	圖解基因與 DNA	（精）	中原英臣主編	230 元
2.	圖解人體的神奇	（精）	米山公啟主編	230 元
3.	圖解腦與心的構造	（精）	永田和哉主編	230 元
4.	圖解科學的神奇	（精）	鳥海光弘主編	230 元
5.	圖解數學的神奇	（精）	柳谷晃著	250 元
6.	圖解基因操作	（精）	海老原充主編	230 元
7.	圖解後基因組	（精）	才園哲人著	230 元
8.	圖解再生醫療的構造與未來		才園哲人著	230 元
9.	圖解保護身體的免疫構造		才園哲人著	230 元

・圍 棋 輕 鬆 學・品冠編號 68

1.	圍棋六日通	李曉佳編著	160 元

・生 活 廣 場・品冠編號 61

1.	366 天誕生星	李芳黛譯	280 元
2.	366 天誕生花與誕生石	李芳黛譯	280 元
3.	科學命相	淺野八郎著	220 元
4.	已知的他界科學	陳蒼杰譯	220 元
5.	開拓未來的他界科學	陳蒼杰譯	220 元
6.	世紀末變態心理犯罪檔案	沈永嘉譯	240 元
7.	366 天開運年鑑	林廷宇編著	230 元
8.	色彩學與你	野村順一著	230 元
9.	科學手相	淺野八郎著	230 元
10.	你也能成為戀愛高手	柯富陽編著	220 元
11.	血型與十二星座	許淑瑛編著	230 元
12.	動物測驗—人性現形	淺野八郎著	200 元
13.	愛情、幸福完全自測	淺野八郎著	200 元
14.	輕鬆攻佔女性	趙奕世編著	230 元
15.	解讀命運密碼	郭宗德著	200 元
16.	由客家了解亞洲	高木桂藏著	220 元

·女醫師系列· 品冠編號 62

1. 子宮內膜症	國府田清子著	200 元
2. 子宮肌瘤	黑島淳子著	200 元
3. 上班女性的壓力症候群	池下育子著	200 元
4. 漏尿、尿失禁	中田真木著	200 元
5. 高齡生產	大鷹美子著	200 元
6. 子宮癌	上坊敏子著	200 元
7. 避孕	早乙女智子著	200 元
8. 不孕症	中村春根著	200 元
9. 生理痛與生理不順	堀口雅子著	200 元
10. 更年期	野末悅子著	200 元

·傳統民俗療法· 品冠編號 63

1. 神奇刀療法	潘文雄著	200 元
2. 神奇拍打療法	安在峰著	200 元
3. 神奇拔罐療法	安在峰著	200 元
4. 神奇艾灸療法	安在峰著	200 元
5. 神奇貼敷療法	安在峰著	200 元
6. 神奇薰洗療法	安在峰著	200 元
7. 神奇耳穴療法	安在峰著	200 元
8. 神奇指針療法	安在峰著	200 元
9. 神奇藥酒療法	安在峰著	200 元
10. 神奇藥茶療法	安在峰著	200 元
11. 神奇推拿療法	張貴荷著	200 元
12. 神奇止痛療法	漆浩著	200 元
13. 神奇天然藥食物療法	李琳編著	200 元
14. 神奇新穴療法	吳德華編著	200 元

·常見病藥膳調養叢書· 品冠編號 631

1. 脂肪肝四季飲食	蕭守貴著	200 元
2. 高血壓四季飲食	秦玖剛著	200 元
3. 慢性腎炎四季飲食	魏從強著	200 元
4. 高脂血症四季飲食	薛輝著	200 元
5. 慢性胃炎四季飲食	馬秉祥著	200 元
6. 糖尿病四季飲食	王耀獻著	200 元
7. 癌症四季飲食	李忠著	200 元
8. 痛風四季飲食	魯焰主編	200 元
9. 肝炎四季飲食	王虹等著	200 元
10. 肥胖症四季飲食	李偉等著	200 元
11. 膽囊炎、膽石症四季飲食	謝春娥著	200 元

·彩色圖解保健· 品冠編號 64

1.	瘦身	主婦之友社	300 元
2.	腰痛	主婦之友社	300 元
3.	肩膀痠痛	主婦之友社	300 元
4.	腰、膝、腳的疼痛	主婦之友社	300 元
5.	壓力、精神疲勞	主婦之友社	300 元
6.	眼睛疲勞、視力減退	主婦之友社	300 元

·休閒保健叢書· 品冠編號 641

1.	瘦身保健按摩術	聞慶漢主編	200 元

·心 想 事 成· 品冠編號 65

1.	魔法愛情點心	結城莫拉著	120 元
2.	可愛手工飾品	結城莫拉著	120 元
3.	可愛打扮 & 髮型	結城莫拉著	120 元
4.	撲克牌算命	結城莫拉著	120 元

·少 年 偵 探· 品冠編號 66

1.	怪盜二十面相	（精）	江戶川亂步著	特價	189 元
2.	少年偵探團	（精）	江戶川亂步著	特價	189 元
3.	妖怪博士	（精）	江戶川亂步著	特價	189 元
4.	大金塊	（精）	江戶川亂步著	特價	230 元
5.	青銅魔人	（精）	江戶川亂步著	特價	230 元
6.	地底魔術王	（精）	江戶川亂步著	特價	230 元
7.	透明怪人	（精）	江戶川亂步著	特價	230 元
8.	怪人四十面相	（精）	江戶川亂步著	特價	230 元
9.	宇宙怪人	（精）	江戶川亂步著	特價	230 元
10.	恐怖的鐵塔王國	（精）	江戶川亂步著	特價	230 元
11.	灰色巨人	（精）	江戶川亂步著	特價	230 元
12.	海底魔術師	（精）	江戶川亂步著	特價	230 元
13.	黃金豹	（精）	江戶川亂步著	特價	230 元
14.	魔法博士	（精）	江戶川亂步著	特價	230 元
15.	馬戲怪人	（精）	江戶川亂步著	特價	230 元
16.	魔人銅鑼	（精）	江戶川亂步著	特價	230 元
17.	魔法人偶	（精）	江戶川亂步著	特價	230 元
18.	奇面城的秘密	（精）	江戶川亂步著	特價	230 元
19.	夜光人	（精）	江戶川亂步著	特價	230 元
20.	塔上的魔術師	（精）	江戶川亂步著	特價	230 元
21.	鐵人Q	（精）	江戶川亂步著	特價	230 元
22.	假面恐怖王	（精）	江戶川亂步著	特價	230 元

・武　術　特　輯・ 大展編號 10

·彩色圖解太極武術· 大展編號 102

1.	太極功夫扇	李德印編著	220 元
2.	武當太極劍	李德印編著	220 元
3.	楊式太極劍	李德印編著	220 元
4.	楊式太極刀	王志遠著	220 元
5.	二十四式太極拳(楊式)＋VCD	李德印編著	350 元
6.	三十二式太極劍(楊式)＋VCD	李德印編著	350 元
7.	四十二式太極劍＋VCD	李德印編著	350 元
8.	四十二式太極拳＋VCD	李德印編著	350 元
9.	16 式太極拳 18 式太極劍＋VCD	崔仲三著	350 元
10.	楊氏 28 式太極拳＋VCD	趙幼斌著	350 元
11.	楊式太極拳 40 式＋VCD	宗維潔編著	350 元
12.	陳式太極拳 56 式＋VCD	黃康輝等著	350 元
13.	吳式太極拳 45 式＋VCD	宗維潔編著	350 元
14.	精簡陳式太極拳 8 式、16 式	黃康輝編著	220 元
15.	精簡吳式太極拳＜36 式拳架・推手＞	柳恩久主編	220 元
16.	夕陽美功夫扇	李德印著	220 元
17.	綜合 48 式太極拳＋VCD	竺玉明編著	350 元
18.	32 式太極拳（四段）	宗維潔演示	220 元
19.	楊氏 37 式太極拳＋VCD	趙幼斌著	350 元
20.	楊氏 51 式太極劍＋VCD	趙幼斌著	350 元

·國際武術競賽套路· 大展編號 103

1.	長拳	李巧玲執筆	220 元
2.	劍術	程慧琨執筆	220 元
3.	刀術	劉同為執筆	220 元
4.	槍術	張躍寧執筆	220 元
5.	棍術	殷玉柱執筆	220 元

·簡化太極拳· 大展編號 104

1.	陳式太極拳十三式	陳正雷編著	200 元
2.	楊式太極拳十三式	楊振鐸編著	200 元
3.	吳式太極拳十三式	李秉慈編著	200 元
4.	武式太極拳十三式	喬松茂編著	200 元
5.	孫式太極拳十三式	孫劍雲編著	200 元
6.	趙堡太極拳十三式	王海洲編著	200 元

·導引養生功· 大展編號 105

1.	疏筋壯骨功＋VCD	張廣德著	350 元

2. 導引保建功＋VCD　　　　　張廣德著　350元
3. 頤身九段錦＋VCD　　　　　張廣德著　350元
4. 九九還童功＋VCD　　　　　張廣德著　350元
5. 舒心平血功＋VCD　　　　　張廣德著　350元
6. 益氣養肺功＋VCD　　　　　張廣德著　350元
7. 養生太極扇＋VCD　　　　　張廣德著　350元
8. 養生太極棒＋VCD　　　　　張廣德著　350元
9. 導引養生形體詩韻＋VCD　　張廣德著　350元
10. 四十九式經絡動功＋VCD　　張廣德著　350元

・中國當代太極拳名家名著・大展編號106

1. 李德印太極拳規範教程　　　李德印著　550元
2. 王培生吳式太極拳詮真　　　王培生著　500元
3. 喬松茂武式太極拳詮真　　　喬松茂著　450元
4. 孫劍雲孫式太極拳詮真　　　孫劍雲著　350元
5. 王海洲趙堡太極拳詮真　　　王海洲著　500元
6. 鄭琛太極拳道詮真　　　　　鄭琛著　450元
.7. 沈壽太極拳文集　　　　　　沈壽著　630元

・古代健身功法・大展編號107

1. 練功十八法　　　　　　　　蕭凌編著　200元
2. 十段錦運動　　　　　　　　劉時榮編著　180元
3. 二十八式長壽健身操　　　　劉時榮著　180元
4. 三十二式太極雙扇　　　　　劉時榮著　160元

・太極跤・大展編號108

1. 太極防身術　　　　　　　　郭慎著　300元
2. 擒拿術　　　　　　　　　　郭慎著　280元

・名師出高徒・大展編號111

1. 武術基本功與基本動作　　　劉玉萍編著　200元
2. 長拳入門與精進　　　　　　吳彬等著　220元
3. 劍術刀術入門與精進　　　　楊柏龍等著　220元
4. 棍術、槍術入門與精進　　　邱丕相編著　220元
5. 南拳入門與精進　　　　　　朱瑞琪編著　220元
6. 散手入門與精進　　　　　　張山等著　220元
7. 太極拳入門與精進　　　　　李德印編著　280元
8. 太極推手入門與精進　　　　田金龍編著　220元

·實用武術技擊· 大展編號 112

1. 實用自衛拳法　　　　　　　　　溫佐惠著　250元
2. 搏擊術精選　　　　　　　　　　陳清山等著　220元
3. 秘傳防身絕技　　　　　　　　　程崑彬著　230元
4. 振藩截拳道入門　　　　　　　　陳琦平著　220元
5. 實用擒拿法　　　　　　　　　　韓建中著　220元
6. 擒拿反擒拿88法　　　　　　　　韓建中著　250元
7. 武當秘門技擊術入門篇　　　　　高翔著　250元
8. 武當秘門技擊術絕技篇　　　　　高翔著　250元
9. 太極拳實用技擊法　　　　　　　武世俊著　220元
10. 奪凶器基本技法　　　　　　　　韓建中著　220元
11. 峨眉拳實用技擊法　　　　　　　吳信良著　300元

·中國武術規定套路· 大展編號 113

1. 螳螂拳　　　　　　　　　　　　中國武術系列　300元
2. 劈掛拳　　　　　　　　　　　　規定套路編寫組　300元
3. 八極拳　　　　　　　　　　　　國家體育總局　250元
4. 木蘭拳　　　　　　　　　　　　國家體育總局　230元

·中華傳統武術· 大展編號 114

1. 中華古今兵械圖考　　　　　　　裴錫榮主編　280元
2. 武當劍　　　　　　　　　　　　陳湘陵編著　200元
3. 梁派八卦掌（老八掌）　　　　　李子鳴遺著　220元
4. 少林72藝與武當36功　　　　　　裴錫榮主編　230元
5. 三十六把擒拿　　　　　　　　　佐藤金兵衛主編　200元
6. 武當太極拳與盤手20法　　　　　裴錫榮主編　220元
7. 錦八手拳學　　　　　　　　　　楊永著　280元
8. 自然門功夫精義　　　　　　　　陳懷信編著　500元

·少 林 功 夫· 大展編號 115

1. 少林打擂秘訣　　　　　　　　　德虔、素法編著　300元
2. 少林三大名拳 炮拳、大洪拳、六合拳　　門惠豐等著　200元
3. 少林三絕 氣功、點穴、擒拿　　　德虔編著　300元
4. 少林怪兵器秘傳　　　　　　　　素法等著　250元
5. 少林護身暗器秘傳　　　　　　　素法等著　220元
6. 少林金剛硬氣功　　　　　　　　楊維編著　250元
7. 少林棍法大全　　　　　　　　　德虔、素法編著　250元
8. 少林看家拳　　　　　　　　　　德虔、素法編著　250元
9. 少林正宗七十二藝　　　　　　　德虔、素法編著　280元

國家圖書館出版品預行編目資料

自然門功夫精義／陳懷信　編著
──初版，──臺北市，大展，2006 年〔民 95〕
面；21 公分，──（中華傳統武術；8）
ISBN 957-468-451-2（平裝）

1.武術─中國
528.97　　　　　　　　　　　　　　95002264

【版權所有・翻印必究】

自然門功夫精義

ISBN 957-468-451-2

編 著 者／陳 懷 信
責任編輯／張 建 林
發 行 人／蔡 森 明
出 版 者／大展出版社有限公司
社　　址／台北市北投區（石牌）致遠一路 2 段 12 巷 1 號
電　　話／（02）28236031・28236033・28233123
傳　　眞／（02）28272069
郵政劃撥／01669551
網　　址／www.dah-jaan.com.tw
E - mail／service@dah-jaan.com.tw
登 記 證／局版臺業字第 2171 號
承 印 者／高星印刷品行
裝　　訂／建鑫印刷裝訂有限公司
排 版 者／弘益電腦排版有限公司
授 權 者／北京人民體育出版社
初版 1 刷／2006 年（民 95 年）4 月

定價／500 元

●本書若有破損、缺頁敬請寄回本社更換●

大展好書　好書大展
品嘗好書　冠群可期